五燈會元

（宋）釋普濟 編撰　曾琦云 校注

校注 ㈤

華齡出版社
HUALING PRESS

图书在版编目（CIP）数据

《五灯会元》校注／（宋）释普济编撰；曾琦云校
注. —— 北京：华龄出版社，2023.12
ISBN 978 – 7 – 5169 – 2610 – 9

Ⅰ．①五… Ⅱ．①释…②曾… Ⅲ．①禅宗 – 中国 –
北宋 Ⅳ．①B946.5

中国国家版本馆 CIP 数据核字（2023）第 185093 号

策划编辑	于建平		责任印制	李未圻
责任编辑	郑　雍		装帧设计	基正传媒

书　　名	《五灯会元》校注	编　　撰	（宋）释普济
出　　版	华龄出版社		
发　　行	HUALING PRESS	校　　注	曾琦云
地　　址	北京市东城区安定门外大街甲 57 号	邮　　编	100011
发　　行	(010)58122255	传　　真	(010)84049572
承　　印	三河市南阳印刷有限公司		
版　　次	2023 年 12 月第 1 版	印　　次	2023 年 12 月第 1 次印刷
规　　格	787mm×1092mm	开　　本	1/16
印　　张	258	字　　数	2414 千字
书　　号	ISBN 978 – 7 – 5169 – 2610 – 9		
定　　价	480.00 元（全 6 册）		

目 录

（五）

第十五章 青原下六世——青原下十世（上）（云门宗）

第一节 青原下六世 …………… 1786
　雪峰存禅师法嗣 …………… 1786
　　云门文偃禅师 …………… 1786
第二节 青原下七世 …………… 1810
　云门偃禅师法嗣 …………… 1810
　　白云子祥禅师 …………… 1810
　　鼎州德山缘密圆明禅师 ……… 1811
　　巴陵颢鉴禅师 …………… 1813
　　随州双泉山师宽明教禅师 …… 1815
　　香林澄远禅师 …………… 1816
　　洞山守初禅师 …………… 1819
　　洪州泐潭道谦禅师 ……… 1822
　　金陵奉先深禅师 ………… 1822
　　随州双泉郁禅师 ………… 1824
　　韶州披云智寂禅师 ……… 1824
　　韶州舜峰义韶禅师 ……… 1825
　　南岳般若寺启柔禅师 …… 1826
　　潞府妙胜臻禅师 ………… 1826
　　荐福承古禅师 …………… 1826
　　金陵清凉智明禅师 ……… 1828
　　潭州南台道遵法云禅师 …… 1828
　　双峰竟钦禅师 …………… 1829
　　韶州资福诠禅师 ………… 1830

　　黄云元禅师 …………… 1830
　　龙境伦禅师 …………… 1831
　　韶州云门山爽禅师 ……… 1831
　　白云闻禅师 …………… 1831
　　韶州净法禅想章禅师 ……… 1832
　　韶州温门山满禅师 ……… 1832
　　英州大容諲禅师 ………… 1832
　　广州罗山崇禅师 ………… 1833
　　韶州云门常宝禅师 ……… 1833
　　郢州林溪竟脱禅师 ……… 1833
　　韶州广悟禅师 …………… 1834
　　广州华严慧禅师 ………… 1834
　　韶州长乐山政禅师 ……… 1834
　　英州观音和尚 …………… 1834
　　韶州林泉和尚 …………… 1835
　　韶州云门煦禅师 ………… 1835
　　瑞州黄檗法济禅师 ……… 1835
　　信州康国耀禅师 ………… 1835
　　潭州谷山丰禅师 ………… 1835
　　颖州罗汉匡果禅师 ……… 1835
　　鼎州沧溪璘禅师 ………… 1836
　　洞山清禀禅师 …………… 1836
　　蕲州北禅悟通寂禅师 ……… 1836

庐州南天王永平禅师 ………… 1837

湖南永安朗禅师 ………… 1837

湖南湘潭明照禅师 ………… 1837

西川青城大面山乘禅师 ………… 1838

兴元府普通封禅师 ………… 1838

韶州灯峰净源真禅师 ………… 1838

大梵圆禅师 ………… 1838

澧州药山圆光禅师 ………… 1839

信州鹅湖云震禅师 ………… 1839

庐山开先清耀禅师 ………… 1840

襄州奉国清海禅师 ………… 1840

韶州慈光禅师 ………… 1840

韶州双峰慧真禅师 ………… 1841

潭州保安师密禅师 ………… 1841

韶州云门法球禅师 ………… 1841

韶州佛陀山远禅师 ………… 1842

连州慈云山深禅师 ………… 1842

庐山化城鉴禅师 ………… 1842

庐山护国和尚 ………… 1843

庐州天王徽禅师 ………… 1843

庐州庆云和尚 ………… 1843

岳州永福院朗禅师 ………… 1844

郢州芭蕉山弘义禅师 ………… 1844

郢州赵横山和尚 ………… 1844

信州西禅钦禅师 ………… 1844

庐州南天王海禅师 ………… 1845

桂州觉华普照禅师 ………… 1845

益州铁幢觉禅师 ………… 1845

延长山和尚 ………… 1846

眉州福化充禅师 ………… 1846

眉州黄龙赞禅师 ………… 1846

衡州大圣院守贤禅师 ………… 1847

舒州天柱山和尚 ………… 1847

云门朗上座 ………… 1847

郢州纂子山庵主 ………… 1848

第三节 青原下八世 ………… 1848

白云祥禅师法嗣 ………… 1848

韶州大历和尚 ………… 1848

连州宝华和尚 ………… 1849

月华山月禅师 ………… 1849

南雄地藏和尚 ………… 1850

乐净含匡禅师 ………… 1850

韶州后白云和尚 ………… 1851

韶州白云福禅师 ………… 1851

德山密禅师法嗣 ………… 1852

鼎州文殊应真禅师 ………… 1852

南岳南台勤禅师 ………… 1852

鼎州德山绍晏禅师 ………… 1852

潭州鹿苑文袭禅师 ………… 1852

澧州药山可琼禅师 ………… 1852

巴陵干明院普禅师 ………… 1853

兴元府中梁山崇禅师 ………… 1853

鄂州黄龙志愿禅师 ………… 1853

益州东禅秀禅师 ………… 1853

普安道禅师 ………… 1853

巴陵鉴禅师法嗣 ………… 1854

渤潭灵澄散圣 ………… 1854

襄州兴化院兴顺禅师 ………… 1854

双泉宽禅师法嗣 ………… 1854

蕲州五祖师戒禅师 ………… 1854

江陵府福昌院重善禅师 ………… 1855

蕲州四祖志湮禅师 ………… 1857

襄州兴化奉能禅师 ………… 1857

唐州天睦山慧满禅师 ………… 1857

鄂州建福智同禅师 ………… 1857

襄州延庆宗本禅师 ………… 1857

鼎州大龙山炳贤禅师 ………… 1858

自岩上座 ………… 1858

香林远禅师法嗣 ………… 1858

随州智门光祚禅师（先住北塔）

………… 1858

灌州罗汉和尚 ………… 1860

灌州青城香林信禅师 ………… 1860

洞山初禅师法嗣 ………… 1861

福严良雅禅师 ………… 1861

荆南府开福德贤禅师 ………… 1861

潭州报慈嵩禅师 ………… 1861

乾明睦禅师 ………… 1861

邓州广济院同禅师 ………… 1862

韶州东平山洪教禅师 ………… 1862

泐潭谦禅师法嗣 ………… 1862

虔州丫山宗盛禅师 ………… 1862

奉先深禅师法嗣 ………… 1862

天台莲华峰祥庵主 ………… 1862

江州崇胜御禅师 ………… 1863

双泉郁禅师法嗣 ………… 1863

鼎州德山慧远禅师 ………… 1863

襄州含珠山彬禅师 ………… 1863

披云寂禅师法嗣 ………… 1864

庐山开先照禅师 ………… 1864

金陵天宝和尚 ………… 1864

舜峰诏禅师法嗣 ………… 1864

磁州桃园山曦朗禅师 ………… 1864

安州法云智善禅师 ………… 1864

般若柔禅师法嗣 ………… 1865

蓝田县真禅师 ………… 1865

妙胜臻禅师法嗣 ………… 1865

西川雪峰钦山主 ………… 1865

荐福古禅师法嗣 ………… 1865

和州净戒守密禅师 ………… 1865

清凉明禅师法嗣 ………… 1866

祥符云豁禅师 ………… 1866

第四节　青原下九世 ………… 1866

文殊真禅师法嗣 ………… 1866

洞山晓聪禅师 ………… 1866

南台勤禅师法嗣 ………… 1868

汝州高阳法广禅师 ………… 1868

潭州石霜节诚禅师 ………… 1868

德山晏禅师法嗣 ………… 1868

鼎州德山志先禅师 ………… 1868

黑水璟禅师法嗣 ………… 1869

峨嵋黑水义钦禅师 ………… 1869

五祖戒禅师法嗣 ………… 1870

洪州泐潭怀澄禅师 ………… 1870

瑞州洞山自宝禅师 ………… 1870

复州北塔思广禅师 ………… 1870

四海端禅师 ………… 1871

潭州云盖志颙禅师 ………… 1871

舒州海会通禅师 ………… 1871

瑞州洞山妙圆禅师 ………… 1871

蕲州义台子祥禅师 ………… 1872

明州天童怀清禅师 ………… 1872

越州宝严叔芝禅师 ………… 1872

蕲州五祖山秀禅师 ………… 1872

襄州白马辩禅师 ………… 1873

随州水南智昱禅师 ………… 1873

福昌善禅师法嗣 ………… 1873

安吉州上方齐岳禅师 ………… 1873

明州育王常坦禅师 ………… 1873

润州金山瑞新禅师 ………… 1874

乾明信禅师法嗣 ………… 1874

澧州药山彝肃禅师 ………… 1874

智门祚禅师法嗣 …………… 1875　　佛日契嵩禅师 …………… 1890
雪窦重显禅师 …………… 1875　　太守许式郎中 …………… 1893
襄州延庆山子荣禅师 ………… 1880　　渤潭澄禅师法嗣 …………… 1893
洪州百丈智映宝月禅师 ……… 1880　　育王怀琏禅师 …………… 1893
韶州南华宝缘慈济禅师 ……… 1881　　临安府灵隐云知慈觉禅师 …… 1898
黄州护国院寿禅师 …………… 1881　　婺州承天惟简禅师 ………… 1899
瑞州九峰勤禅师 …………… 1881　　明州九峰鉴韶禅师 ………… 1900
云盖继鹏禅师 …………… 1881　　婺州西塔显殊禅师 ………… 1901
鄂州黄龙海禅师 …………… 1882　　天台崇善寺用良禅师 ……… 1901
鼎州彰法澄泗禅师 …………… 1882　　临江军慧力有文禅师 ……… 1901
泉州云台因禅师 …………… 1883　　福州雪峰象敦禅师 ………… 1902
福严雅禅师法嗣 …………… 1883　　南康军云居守亿禅师 ……… 1902
潭州北禅智贤禅师 …………… 1883　　瑞州同山永孚禅师 ………… 1902
衡岳振禅师 …………… 1884　　令滔首座 …………… 1902
开福贤禅师法嗣 …………… 1884　　洞山宝禅师法嗣 …………… 1903
日芳上座 …………… 1884　　瑞州洞山清辩禅师 ………… 1903
报慈嵩禅师法嗣 …………… 1885　　北塔广禅师法嗣 …………… 1903
郢州兴阳山逊禅师 …………… 1885　　玉泉承皓禅师 …………… 1903
德山远禅师法嗣 …………… 1885　　四祖端禅师法嗣 …………… 1905
开先善暹禅师 …………… 1885　　福州广明常委禅师 ………… 1905
禾山楚材禅师 …………… 1887　　云盖颙禅师法嗣 …………… 1905
秀州资圣院盛勤禅师 ………… 1887　　南康军云居文庆海印禅师 … 1905
鹿苑圭禅师 …………… 1888　　上方岳禅师法嗣 …………… 1905
第五节　青原下十世（上） … 1888　　越州东山国庆顺宗禅师 …… 1905
洞山聪禅师法嗣 …………… 1888　　金山新禅师法嗣 …………… 1906
云居晓舜禅师 …………… 1888　　安吉州天圣守道禅师 ……… 1906
潭州大沩怀宥禅师 …………… 1890

第十六章　青原下十世（下）——青原下十六世（云门宗）

第一节　青原下十世（下） … 1908　　越州称心省倧禅师 ………… 1913
雪窦显禅师法嗣 …………… 1908　　泉州承天传宗禅师 ………… 1913
天衣义怀禅师 …………… 1908　　处州南明日慎禅师 ………… 1914

投子法宗禅师 …………… 1914
天台宝相蕴观禅师 ………… 1914
岳州君山显升禅师 ………… 1914
洞庭惠金禅师 ……………… 1914
修撰曾会居士 ……………… 1915
延庆荣禅师法嗣 …………… 1916
　圆通居讷禅师 …………… 1916
百丈映禅师法嗣 …………… 1917
　临安府慧因怀祥禅师 …… 1917
　临安府慧因义宁禅师 …… 1917
南华缘禅师法嗣 …………… 1917
　齐州兴化延庆禅师 ……… 1917
　宝寿行德禅师 …………… 1917
　韶州白虎山守升禅师 …… 1917
北禅贤禅师法嗣 …………… 1918
　兴化绍铣禅师 …………… 1918
　法昌倚遇禅师 …………… 1918
　福州广因择要禅师 ……… 1924
开先暹禅师法嗣 …………… 1925
　云居了元佛印禅师 ……… 1925
　东京智海本逸正觉禅师 … 1927
　越州天章元楚宝月禅师 … 1928
钦山勤禅师法嗣 …………… 1929
　鼎州梁山圆应禅师 ……… 1929
第二节　青原下十一世 …… 1929
云居舜禅师法嗣 …………… 1929
　蒋山法泉禅师 …………… 1929
　明州天童澹交禅师 ……… 1931
　建州崇梵余禅师 ………… 1932
　处州慈云院修慧圆照禅师 … 1932
大沩宥禅师法嗣 …………… 1932
　庐山归宗慧通禅师 ……… 1932
　安州大安兴教慧宪禅师 … 1933

育王琏禅师法嗣 …………… 1933
　临安府佛日净慧戒弼禅师 … 1933
　福州天宫慎徽禅师 ……… 1934
灵隐知禅师法嗣 …………… 1934
　临安府灵隐正童圆明禅师 … 1934
承天简禅师法嗣 …………… 1934
　婺州智者山利元禅师 …… 1934
九峰韶禅师法嗣 …………… 1935
　大梅法英禅师 …………… 1935
玉泉皓禅师法嗣 …………… 1937
　郢州林溪兴教文庆禅师 … 1937
夹山遵禅师法嗣 …………… 1937
　江陵福昌信禅师 ………… 1937
天衣怀禅师法嗣 …………… 1938
　惠林宗本禅师 …………… 1938
　法云法秀禅师 …………… 1941
　慧林若冲觉海禅师 ……… 1943
　长芦应夫禅师 …………… 1944
　佛日智才禅师 …………… 1945
　天钵重元禅师 …………… 1947
　瑞岩子鸿禅师 …………… 1948
　庐山栖贤智迁禅师 ……… 1948
　越州净众梵言首座 ……… 1949
　三祖冲会禅师 …………… 1949
　泉州资寿院捷禅师 ……… 1950
　洪州观音启禅师 ………… 1950
　越州天章元善禅师 ……… 1950
　真州长芦体明圆鉴禅师 … 1951
　汀州开元智孜禅师 ……… 1951
　平江府澄照慧慈禅师 …… 1951
　临安府法雨慧源禅师 …… 1951
　秀州崇德智澄禅师 ……… 1952
　泉州栖隐有评禅师 ……… 1952

平江府定慧云禅师 …………… 1952
建宁府乾符大同院旺禅师 …… 1952
无为军铁佛因禅师 …………… 1952
报本法存禅师 ………………… 1952
和州开圣院栖禅师 …………… 1953
福州衡山惟礼禅师 …………… 1953
临安府北山显明善孜禅师 …… 1953
明州启霞思安禅师 …………… 1954
越州云门灵侃禅师 …………… 1954
天台太平元坦禅师 …………… 1954
临安府佛日文祖禅师 ………… 1954
沂州望仙山宗禅师 …………… 1955
瑞州五峰净觉院用机禅师 …… 1955
无为军佛足处祥禅师 ………… 1955
平江府明因慧赟禅师 ………… 1956
兴化军西台其辩禅师 ………… 1956
侍郎杨杰居士 ………………… 1956
称心倧禅师法嗣 ……………… 1957
彭州慧日尧禅师 ……………… 1957
报本兰禅师法嗣 ……………… 1957
福州中际可遵禅师 …………… 1957
法明上座 ……………………… 1958
称心明禅师法嗣 ……………… 1958
洪州上蓝院光寂禅师 ………… 1958
广因要禅师法嗣 ……………… 1959
福州妙峰如璨禅师 …………… 1959
云居元禅师法嗣 ……………… 1959
临安府百丈庆善院净悟禅师
 ……………………………… 1959
常州善权慧泰禅师 …………… 1960
饶州崇福德基禅师 …………… 1960
婺州宝林怀吉真觉禅师 ……… 1960
洪州资福宗诱禅师 …………… 1961

智海逸禅师法嗣 ……………… 1961
瑞州黄檗志因禅师 …………… 1961
福州大中德隆海印禅师 ……… 1961
签判刘经臣居士 ……………… 1963
第三节 青原下十二世 ……… 1965
蒋山泉禅师法嗣 ……………… 1965
清献赵抃居士 ………………… 1965
慧林本禅师法嗣 ……………… 1966
法云善本禅师 ………………… 1966
镇江府金山善宁法印禅师 …… 1967
寿州资寿院圆澄岩禅师 ……… 1968
本觉守一禅师 ………………… 1969
舒州投子修颙证悟禅师 ……… 1969
地藏守恩禅师 ………………… 1970
灵曜晋良禅师 ………………… 1970
明州香山延泳正觉禅师 ……… 1971
安吉州道场慧印禅师 ………… 1971
临安府西湖妙慧文义禅师 …… 1972
处州灵泉山宗一禅师 ………… 1972
普照处辉禅师 ………………… 1972
常州南禅宁禅师 ……………… 1972
越州石佛晓通禅师 …………… 1973
法云秀禅师法嗣 ……………… 1973
东京法云惟白佛国禅师 ……… 1973
保宁子英禅师 ………………… 1974
温州仙岩景纯禅师 …………… 1974
宁国府广教守讷禅师 ………… 1974
兴元府慈济聪禅师 …………… 1974
安州白兆山通慧珪禅师 ……… 1975
庐州长安净名法因禅师 ……… 1975
浮槎山福严守初禅师 ………… 1976
鼎州德山仁绘禅师 …………… 1976
澧州圣寿香积用旻禅师 ……… 1976

瑞州瑞相子来禅师 …………… 1977

庐州真空从一禅师 …………… 1977

襄州凤凰山乾明广禅师 ……… 1977

慧林冲禅师法嗣 ……………… 1978

华严智明禅师 ………………… 1978

镇州永泰智航禅师 …………… 1978

江阴军寿圣子邦圆觉禅师 …… 1978

长芦夫禅师法嗣 ……………… 1978

雪窦道荣禅师 ………………… 1978

长芦宗赜禅师 ………………… 1979

慧日智觉禅师 ………………… 1979

佛日才禅师法嗣 ……………… 1980

夹山自龄禅师 ………………… 1980

天钵元禅师法嗣 ……………… 1981

元丰清满禅师 ………………… 1981

青州定慧院法本禅师 ………… 1982

西京普胜真悟禅师 …………… 1982

瑞岩鸿禅师法嗣 ……………… 1982

明州育王县振真戒禅师 ……… 1982

栖贤迁禅师法嗣 ……………… 1982

舒州王屋山崇福灯禅师 ……… 1982

净众言首座法嗣 ……………… 1983

招提惟湛禅师 ………………… 1983

第四节 青原下十三世 ……… 1984

法云本禅师法嗣 ……………… 1984

净慈楚明禅师 ………………… 1984

长芦道和禅师 ………………… 1985

雪峰思慧禅师 ………………… 1986

宝林果昌禅师 ………………… 1988

郑州资福法明宝月禅师 ……… 1989

云峰志璿禅师 ………………… 1989

东京慧林常悟禅师 …………… 1991

道场有规禅师 ………………… 1991

越州延庆可复禅师 …………… 1992

安吉州道场慧颜禅师 ………… 1992

温州双峰普寂宗达佛海禅师

………………………… 1992

越州五峰子琪禅师 …………… 1993

西京韶山云门道信禅师 ……… 1993

天竺从谏禅师 ………………… 1993

金山宁禅师法嗣 ……………… 1994

婺州普济子淳圆济禅师 ……… 1994

吉州禾山用安禅师 …………… 1994

本觉一禅师法嗣 ……………… 1994

越峰粹珪禅师 ………………… 1994

天台如庵主 …………………… 1995

西竺尼法海禅师 ……………… 1995

投子颙禅师法嗣 ……………… 1995

寿州资寿灌禅师 ……………… 1995

西京白马崇寿江禅师 ………… 1995

邓州香严智月海印禅师 ……… 1996

丞相富弼居士 ………………… 1996

甘露宣禅师法嗣 ……………… 1997

妙湛文照禅师 ………………… 1997

瑞岩居禅师法嗣 ……………… 1998

台州万年处幽禅师 …………… 1998

广灵祖禅师法嗣 ……………… 1998

处州缙云仙岩怀义禅师 ……… 1998

净因岳禅师法嗣 ……………… 1998

福州鼓山体淳禅鉴禅师 ……… 1998

乾明觉禅师法嗣 ……………… 1999

岳州平江长庆应圆禅师 ……… 1999

长芦信禅师法嗣 ……………… 1999

慧林怀深禅师 ………………… 1999

光孝如璨禅师 ………………… 2002

天衣如哲禅师 ………………… 2002

婆州智者法铨禅师…………… 2003
临安府径山智讷妙空禅师…… 2003
金山慧禅师法嗣………………… 2004
报恩觉然禅师………………… 2004
法云白禅师法嗣………………… 2004
智者绍先禅师………………… 2004
沂州马鞍山福圣院仲易禅师
………………………………… 2005
东京慧林慧海月印禅师……… 2005
建隆原禅师…………………… 2005
保宁英禅师法嗣………………… 2005
广福惟尚禅师………………… 2005
雪窦法宁禅师………………… 2006
开先珣禅师法嗣………………… 2006
庐州延昌熙咏禅师…………… 2006
庐州开先宗禅师……………… 2006
甘露颙禅师法嗣………………… 2007
扬州光孝元禅师……………… 2007
雪窦荣禅师法嗣………………… 2007
福州雪峰大智禅师…………… 2007
元丰满禅师法嗣………………… 2007
雪峰宗演禅师………………… 2007
卫州王大夫…………………… 2008
育王振禅师法嗣………………… 2009
明州岳林真禅师……………… 2009
招提湛禅师法嗣………………… 2009
秀州华亭观音和尚…………… 2009
第五节　青原下十四世……… 2010
净慈明禅师法嗣………………… 2010
净慈象禅师…………………… 2010
福州雪峰隆禅师……………… 2010
长芦和禅师法嗣………………… 2010
甘露达珠禅师………………… 2010

临安府灵隐惠淳圆智禅师…… 2010
雪峰慧禅师法嗣………………… 2011
净慈道昌禅师………………… 2011
径山了一禅师………………… 2012
镇江府金山了心禅师………… 2013
香严月禅师法嗣………………… 2013
香严如璧禅师………………… 2013
慧林深禅师法嗣………………… 2013
灵隐慧光禅师………………… 2013
台州国清愚谷妙印禅师……… 2014
台州国清垂慈普绍禅师……… 2014
泉州九座慧邃禅师…………… 2014
报恩然禅师法嗣………………… 2014
秀州资圣元祖禅师…………… 2014
慧林海禅师法嗣………………… 2015
万杉寿坚禅师………………… 2015
开先宗禅师法嗣………………… 2015
黄檗惟初禅师………………… 2015
潭州岳麓海禅师……………… 2016
雪峰演禅师法嗣………………… 2016
西禅慧舜禅师………………… 2016
第六节　青原下十五世……… 2016
雪窦明禅师法嗣………………… 2016
密州耆山宁禅师……………… 2016
净慈昌禅师法嗣………………… 2017
五云悟禅师…………………… 2017
灵隐光禅师法嗣………………… 2017
中竺元妙禅师………………… 2017
圆觉昙禅师法嗣………………… 2018
抚州灵岩圆日禅师…………… 2018
岳麓海禅师法嗣………………… 2018
荆门军玉泉思达禅师………… 2018
第七节　青原下十六世……… 2019

中竺妙禅师法嗣 ·············· 2019 ｜ 光孝深禅师 ················· 2019

第十七章　南岳下十一世——南岳下十三世（上）（临济宗）

第一节　南岳下十一世 ······· 2022
石霜圆禅师法嗣 ·············· 2022
黄龙慧南禅师 ················· 2022
第二节　南岳下十二世 ······· 2031
黄龙南禅师法嗣 ·············· 2031
黄龙祖心禅师 ················· 2031
东林常总禅师 ················· 2036
宝峰克文禅师 ················· 2037
云居元祐禅师 ················· 2041
大沩怀秀禅师 ················· 2044
黄檗惟胜禅师 ················· 2044
祐圣法富禅师 ················· 2044
开元子琦禅师 ················· 2045
仰山行伟禅师 ················· 2046
福严慈感禅师 ················· 2047
云盖守智禅师 ················· 2047
福州玄沙合文明慧禅师 ······· 2048
扬州建隆院昭庆禅师 ·········· 2048
报本慧元禅师 ················· 2049
隆庆庆闲禅师 ················· 2049
舒州三祖山法宗禅师 ·········· 2051
渤潭洪英禅师 ················· 2052
保宁圆玑禅师 ················· 2055
雪峰道圆禅师 ················· 2056
四祖法演禅师 ················· 2057
清隐清源禅师 ················· 2057
安州兴国院契雅禅师 ·········· 2058
齐州灵岩山重确正觉禅师 ······ 2058
虔州廉泉院昙秀禅师 ·········· 2058

南岳高台寺宣明佛印禅师 ····· 2058
蕲州三角山慧泽禅师 ·········· 2059
南岳法轮文昱禅师 ············ 2059
信州灵鹫慧觉禅师 ············ 2059
黄檗积翠永庵主 ·············· 2059
归宗志芝庵主 ················ 2059
第三节　南岳下十三世（上）··· 2061
黄龙心禅师法嗣 ·············· 2061
黄龙悟新禅师 ················ 2061
黄龙惟清禅师 ················ 2064
渤潭善清禅师 ················ 2066
吉州青原惟信禅师 ············ 2067
夹山晓纯禅师 ················ 2067
三圣继昌禅师 ················ 2068
隆兴府双岭化禅师 ············ 2068
泗州龟山水陆院晓津禅师 ····· 2068
保福本权禅师 ················ 2069
潭州南岳双峰景齐禅师 ········ 2069
护国景新禅师 ················ 2070
鄂州黄龙智明禅师 ············ 2070
潭州道吾仲圆禅师 ············ 2070
太史黄庭坚居士 ·············· 2070
观文王韶居士 ················ 2073
秘书吴恂居士 ················ 2073
东林总禅师法嗣 ·············· 2074
渤潭应乾禅师 ················ 2074
开先行瑛禅师 ················ 2075
圆通可仙禅师 ················ 2076
象田梵卿禅师 ················ 2076

褒亲有瑞禅师 …………… 2077
临江军慧力院可昌禅师 ……… 2078
黄州柏子山栖真院德嵩禅师
………………………………… 2078
万杉绍慈禅师 ………………… 2079
南岳衡岳寺道辩禅师 ………… 2080
吉州禾山甘露志传禅师 ……… 2080
东京褒亲旌德寺谕禅师 ……… 2080
隆兴府西山龙泉夔禅师 ……… 2080
南康军兜率志恩禅师 ………… 2080
福州兴福院康源禅师 ………… 2081
慧圆上座 ……………………… 2081
内翰苏轼居士 ………………… 2082
宝峰文禅师法嗣 ……………… 2083
兜率从悦禅师 ………………… 2083
法云杲禅师 …………………… 2087
泐潭文准禅师 ………………… 2089

庐山慧日文雅禅师 …………… 2095
洞山梵言禅师 ………………… 2095
德安府文殊宣能禅师 ………… 2096
桂州寿宁善资禅师 …………… 2096
南岳祝融上封慧和禅师 ……… 2097
瑞州五峰净觉本禅师 ………… 2097
永州太平安禅师 ……………… 2098
潭州报慈进英禅师 …………… 2098
瑞州洞山至乾禅师 …………… 2098
宝华普鉴禅师 ………………… 2099
九峰希广禅师 ………………… 2099
瑞州黄檗道全禅师 …………… 2100
清凉慧洪禅师 ………………… 2101
衢州超化净禅师 ……………… 2103
石头怀志庵主 ………………… 2103
双溪印首座 …………………… 2104

第十五章　青原下六世
——青原下十世（上）（云门宗）

云门耸峻白云低，水急游鱼不敢栖。入户已知来见解，何劳再举轹中泥。（云门朗上座）

第一节　青原下六世

雪峰存禅师法嗣

云门文偃禅师

韶州云门山光奉院文偃禅师，嘉兴人也。姓张氏。幼依空王寺志澄律师出家。敏质生知[1]，慧辩天纵[2]。及长，落发禀具于毗陵坛。侍澄数年，探穷律部。以己事未明，往参睦州。

州才见来，便闭却门。师乃扣门，州曰："谁？"师曰："某甲。"州曰："作甚么？"师曰："己事未明，乞师指示。"州开门，一见，便闭却。师如是连三日扣门。至第三日，州开门，师乃拶入，州便擒住曰："道！道！"师拟议，州便推出曰："秦时𨍏轹钻[3]。"遂掩门，损师一足，师从此悟入。

州指见雪峰，师到雪峰庄，见一僧乃问："上座今日上山去那？"僧曰："是。"师曰："寄一则因缘，问堂头和尚，只是不得道是别人语。"僧曰："得。"师曰："上座到山中，见和尚上堂，众才集便出，握腕立地曰：'这老汉项上铁枷，何不脱却？'"

其僧一依师教。雪峰见这僧与么道，便下座拦胸把住曰："速道！速道！"僧无对，峰拓开曰："不是汝语。"僧曰："是某甲语。"峰曰："侍者将绳棒来。"僧曰："不是某语，是庄上一浙中上座教某甲来道。"峰曰："大众！去庄上迎取五百人善知识来。"

师次日上雪峰，峰才见便曰："因甚么得到与么地！"师乃低头，从兹契合。温研[4]积稔[5]，密以宗印授焉。

师出岭，遍谒诸方，核穷殊轨，锋辩险绝，世所盛闻。

后抵灵树，冥符知圣禅师接首座之说。初，知圣住灵树二十年，不请首座，常云："我首座生也，我首座牧牛也，我首座行脚也。"一日，令击钟三门外接首座。众出迓[6]，师果至。直请入首座寮，解包（《人天眼目》见"灵树章"）。后广主[7]命师出世灵树。

开堂日，主亲临曰："弟子请益。"师曰："目前无异路。"（法眼别云："不可无益于人。"）师乃曰："莫道今日谩诸人好！抑不得已，向诸人前作一场狼籍[8]。忽遇明眼人，见成一场笑具。如今避不得也！且问你诸人从上来有甚事？欠少甚么？向你道无事，已是相埋没也。虽然如是，也须到这田地始得。亦莫趁口快乱问，自己心里黑漫漫地，明朝后日，大有事在。你若根思迟回，且向古人建化门[9]庭东觑西觑，看是个甚么道理？你欲得会么？都缘是你自家无量劫来妄想浓厚，一期闻人说着，便生疑心。问佛问法，问向上向下，求觅解会[10]，转没交涉。拟心即差[11]，况复有言有句，莫是不拟心是么？莫错会好。更有甚么事？珍重！"

上堂："我事不获已，向你诸人道，直下无事，早是相埋没了也。更欲踏步向前，寻言逐句，求觅解会。千差万别，广设问难，赢得一场口滑[12]，去道转远，有甚么休歇时？此事若在言语上，三乘十二分[13]教岂是无言语？因甚么更道教外别传？若从学解机智得，只如十地[14]圣人，说法如云如雨，犹被呵责，见性如隔罗縠[15]。以此故知一切有心，天地悬殊。虽然如此，若是得底人，道火不能烧口，终日说事，未尝挂着唇齿，未尝道着一字。终日着衣吃饭，未尝触着一粒米，挂一缕丝。虽然如此，犹是门庭之说也。须是实得恁么始得。若约衲僧门下，句里呈机，徒劳伫思[16]。直饶一句下承当得，犹是瞌睡汉。"时有僧问："如何是一句？"师曰："举。"

上堂："三乘十二分教，横说竖说，天下老和尚纵横十字说，与我拈针锋许说底道理来看[17]！恁么道，早是作死马医[18]。虽然如此，且有几个到此境界？不敢望汝言中有响、句里藏锋。瞬目千差，风恬浪静。伏惟尚飨[19]！"

僧来参，师乃拈起袈裟曰："汝若道得，落我袈裟圈襆里；汝若道不得，又在鬼窟里坐。作么生[20]？"自代曰："某甲无气力。"

师一日打椎曰："妙喜世界[21]百杂碎，拓钵向湖南城里吃粥饭去来。"

上堂："诸兄弟尽是诸方参寻知识，决择生死，到处岂无尊宿垂慈方便之词？还有透不得底句么？出来举看，待老汉与你大家商量。有么有么？"时有僧出，拟伸问次，师曰："去去西天路，迢迢十万余。"便下座。

举："世尊初生下，一手指天，一手指地，周行七步，目顾四方。云：'天上天下，唯我独尊。'"师曰："我当时若见，一棒打杀与狗子吃却，贵图天下太平。"

师在文德殿赴斋，有鞠常侍问："灵树果子熟也未？"师曰："甚么年中得信道[22]生。"

僧问："如何是西来意？"师曰："山河大地。"曰："向上更有事也无？"师曰："有。"曰："如何是向上事？"师曰："释迦老子在西天，文殊菩萨居东土。"

问："如何是云门山？"师曰："庚峰定穴。"

问："如何是大修行人？"师曰："一楉[23]在手。"

上堂，因闻钟声，乃曰："世界与么广阔，为甚么钟声披七条[24]？"

问："一生积恶不知善，一生积善不知恶。此意如何？"师曰："烛。"

问："如何是和尚非时为人一句？"师曰："早朝牵犁，晚间拽杷。"

举："雪峰云：'三世诸佛向火焰上转大法轮。'"师曰："火焰为三世诸佛说法，三世诸佛立地听。"

上堂："举一则语，教汝直下承当，早是撒屎着汝头上也。直饶拈一毫头，尽大地一时明得[25]，也是剜肉作疮。虽然如此，汝亦须是实到这个田地始得。若未切，不得掠虚[26]，却须退步向自己根脚下，推寻看是个甚么道理？实无丝毫许与汝作解会，与汝作疑惑。况汝等各各当人有一段事，大用现前，更不烦汝一毫头气力，便与祖佛无别。自是汝诸人信根浅薄，恶业浓厚，突然起得许多头角[27]，担钵囊千乡万里受屈作么？且汝诸人有甚么不足处？大丈夫汉阿谁无分？独自承当得，犹不着便，不可受人欺谩，取人处分。才见老和尚开口，便好把特石菶口塞。便是屎上青蝇相似，斗嘙[28]将去，三个五个，聚头商量。苦屈[29]，兄弟！古德一期，为汝诸人不奈何，所以方便垂一言半句，通汝入路[30]。知是般事，拈放一边，自著些子筋骨[31]，岂不是有少许相亲处？快与快与！时不待人，出息不保入息，更有甚么身心别处闲用？切须在意。珍重！”

上堂：“尽乾坤一时将来，着汝眼睫上，你诸人闻恁么道，不敢望。你出来性燥把老汉打一掴[32]，且缓缓子细看，是有是无，是个甚么道理？直饶你向这里明得，若遇衲僧门下，好槌[33]折脚。若是个人，闻说道甚么处有老宿出世，便好蓦面唾污我耳目。汝若不是个手脚[34]，才闻人举，便承当得，早落第二机也。汝不看他德山和尚，才见僧入门，拽杖便趁。睦州和尚才见僧入门来，便云：‘见成公案，放汝三十棒。’自余之辈，合作么生？若是一般掠虚汉，食人涎唾，记得一堆一担骨董[35]，到处驰骋，驴唇马嘴[36]，夸我解问十转五转话。饶你从朝问到夜，论劫恁么，还曾梦见么？甚么处是与人着力处？似这般底，有人屈衲僧斋，也道得饭吃，有甚堪共语处？他日阎罗王面前，不取汝口解说[37]。

“诸兄弟！若是得底人，他家依众遣日；若也未得，切莫容易过时。大须子细！古人大有葛藤[38]相为处[39]。只如雪峰道：‘尽大地是汝自己。’夹山道：‘百草头上荐取老僧，闹市里识取天子。’洛浦云：‘一尘才起，大地全收，一毛头师子全身总是。’汝把取[40]翻覆思量，看日久岁深，自然有个入路。此事无汝替代处，莫非各在当人分上。老和尚出世，只为汝证明。汝若有少许来由，亦昧汝不得。若实未得方便，拨汝即不可。

“兄弟！一等[41]是踏破草鞋，抛却师长父母行脚，直须着些子精彩[42]始得。若未有个入头处，遇着本色咬猪狗手脚[43]，不惜性命，入泥入水相为。有可咬嚼，眨上眉毛，高挂钵囊，拗折拄杖。十年二十年办取彻头[44]，莫愁不成办。直是今生不得彻头，来生亦不失人身。向此门中亦乃省力，不虚孤负平生，亦不孤负师长父母、十方施主。直须在意，莫空游州猎[45]县。横担拄杖，一千里二千里，走这边经冬，那边过夏。好山好水，堪取性，多斋供，易得衣钵[46]。苦屈！苦屈！图他一粒米，失却半年粮。如此行脚，有甚么利益？信心檀越[47]，把菜粒米，作么生消得？直须自看[48]，无人替代。时不待人，忽然一日眼光落地，到前头将甚么抵拟[49]？莫一似落汤螃蟹，手脚忙乱，无汝掠虚说大话处。莫将等闲空过时光，一失人身，万劫不复。不是小事，莫据目前。俗人尚道：

'朝闻道，夕死可矣[50]。'况我沙门，合履践个甚么事？大须努力，珍重！"

僧问灵树："如何是祖师西来意？"树默然。迁化后，门人立行状碑，欲入此语，问师曰："先师默然处如何上碑？"师对曰："师上堂，佛法也太煞[51]有，只是舌头短。"良久曰："长也。"

普请般柴次，师遂拈一片抛下曰："一大藏教，只说这个。"

见僧量米次，问："米箩里有多少达磨眼睛？"僧无对，师代曰："斗量不尽。"

上堂："人人自有光明在，看时不见暗昏昏。作么生是诸人自己光明？"自代曰："厨库三门。"又曰："好事不如无。"

示众："古德道：'药病相治。'尽大地是药，那个是你自己？"乃曰："遇贱即贵。"僧曰："乞师指示。"师拍手一下，拈拄杖曰："接取拄杖子。"僧接得，拗作两橛。师曰："直饶恁么，也好与三十棒。"

上堂："一言才举，千车同辙。该括微尘，犹是化门[52]之说。若是衲僧，合作么生？若将佛意祖意，这里商量，曹溪[53]一路平沉。还有人道得么？道得底出来。"

僧问："如何是超佛越祖之谈？"师曰："鹕饼[54]。"曰："这里有甚么交涉？"师曰："灼然！有甚么交涉？"乃曰："汝等诸人没可作了，见人道着祖意，便问超佛越祖之谈。汝且唤甚么作佛，唤甚么作祖？且说超佛越祖底道理看。问个出三界，汝把将三界来看，有甚么见闻觉知隔碍着汝[55]？有甚么声尘色法与汝可了？了个甚么碗[56]？以那个为差殊[57]之见？他古圣不奈何，横身为物，道个举体全真，物物亲体不可得。我向汝道，直下有甚么事，早是相埋没了也。汝若实未有入头处，且独自参详。除却着衣吃饭、屙屎送尿，更有甚么事？无端起得如许多般妄想作甚么？更有一般底如等闲相似，聚头学得个古人话路，识性记持，妄想卜度，道我会佛法了也。只管说葛藤，取性过时[58]。更嫌不称意[59]，千乡万里，抛却父母师长，作这去就。这般打野榸[60]汉，有甚么死急行脚去。"以拄杖趁下。

上堂："故知时运浇漓[61]，迨于[62]像季[63]！近日师僧，北去言礼文殊，南去谓游衡岳。恁么行脚，名字比丘[64]，徒消信施。苦哉！苦哉！

问着黑漆[65]相似，只管取性过时。设有三个、两个狂学多闻，记持话路，到处觅相似语句，印可老宿。轻忽上流[66]，作薄福业[67]。他日阎罗王钉[68]钉之时，莫道无人向你说。若是初心后学，直须摆动精神，莫空记人说处。多虚不如少实，向后只是自赚。有甚么事？近前。"

上堂，众集，师以拄杖指面前曰："乾坤大地微尘诸佛，总在里许争佛法[69]，觅胜负，还有人谏[70]得么？若无人谏得，待老汉与你谏看。"僧曰："请和尚谏。"师曰："这野狐精。"

上堂，拈拄杖曰："天亲菩萨无端变作一条榔栗杖。"乃画一画曰："尘沙诸佛尽在这里葛藤。"便下座。

上堂："我看汝诸人，二三机中尚不能构得[71]，空披衲衣何益？汝还会么？我与汝注破[72]。久后到诸方，若见老宿举一指，竖一拂子，云：'是禅是道？'拽拄杖打破头便行。若不如此，尽落天魔眷属，坏灭吾宗。汝若实不会，且向葛藤社[73]里看。我寻常向汝道，微尘刹土中，三世诸佛、西天二十八祖、唐土六祖，尽在拄杖头上说法，神通变现，声应十方，一任纵横。汝还会么？若不会，且莫掠虚。然虽如此，且谛当[74]实见也未？直饶到此田地，也未梦见衲僧沙弥在。三家村[75]里，不逢一人。"蓦拈拄杖画一画，曰："总在这里。"又画一画曰："总从这里出去也。珍重！"

师一日以手入木师子口，叫曰："咬杀我也，相救！"

（归宗柔代云："和尚出手太杀[76]。"）

上堂："闻声悟道，见色明心。"遂举起手曰："观世音菩萨，将钱买胡饼。"放下手曰："元来只是馒头。"

上堂："乾坤之内，宇宙之间，中有一宝，秘在形山[77]。拈灯笼向佛殿里，将三门来灯笼上。作么生？"自代曰："逐物意移。"又曰："云起雷兴。"

示众曰："十五日已前不问汝，十五日已后道将一句来。"众无对，自代曰："日日是好日。"

上堂，拈拄杖曰："凡夫实谓之有，二乘析谓之无，圆觉谓之幻有，菩萨当体即空。衲僧家见拄杖便唤作拄杖，行但行，坐但坐，不得动着。"

僧问："如何是佛法大意？"师曰："春来草自青。"

问新到："甚处人？"[78]曰："新罗。"师曰："将甚么过海？"曰："草贼大败。"师引手曰："为甚么在我这里？"曰："恰是。"师曰："一任蹲跳。"僧无对。

问："牛头未见四祖时如何？"师曰："家家观世音。"曰："见后如何？"师曰："火里蝍蟟吞大虫[79]。"

问："如何是云门一曲？"师曰："腊月二十五。"曰："唱者如何？"师曰："且缓缓。"

问："如何是雪岭泥牛吼？"师曰："山河走。"曰："如何是云门木马嘶？"师曰："天地黑。"

问："从上来事，请师提纲[80]。"师曰："朝看东南，暮看西北。"曰："便恁么会时如何？"师曰："东家点灯，西家暗坐[81]。"

问："十二时中，如何即得不空过？"师曰："向甚么处着此一问？"曰："学人不会，请师举。"师曰："将笔砚来。"僧乃取笔砚来，师作一颂曰："举不顾，即差互[82]。拟思量，何劫悟？"

问："如何是学人自己？"师曰："游山玩水。"曰："如何是和尚自己？"师曰："赖遇[83]维那不在！"

问："一口吞尽时如何？"师曰："我在你肚里。"曰："和尚为甚么在学人肚里？"师曰："还我话头来。"

问："如何是道？"师曰："去。"曰："学人不会，请师道。"师曰："阇黎！公验[84]分明，何在重判？"

问："生死到来，如何排遣[85]？"师展手曰："还我生死来。"

问："父母不听，不得出家，如何得出家？"师曰："浅。"曰："学人不会。"师曰："深。"

问："如何是学人自己？"师曰："怕我不知。"

问："万机丧尽时如何？"师曰："与我拈佛殿来，与汝商量。"曰："岂关他事？"师喝曰："这掠虚汉！"

问："树凋叶落时如何？"师曰："体露金风。"

问："如何是佛？"师曰："干屎橛[86]。"

问："如何是诸佛出身处？"师曰："东山水上行。"

问："古人面壁，意旨如何？"师曰："念七。"

问："如何是祖师西来意？"师曰："日里看山。"

师问僧："近离甚么处？"曰："南岳。"师曰："我不曾与人葛藤，近前来！"僧近前，师曰："去。"

僧问："如何是和尚家风？"师曰："有读书人来报。"

问："如何是透法身句？"师曰："北斗里藏身。"

问："如何是西来意？"师曰："久雨不晴。"又曰："粥饭气[87]。"

问："承古有言：'牛头横说竖说，犹未知有向上关捩子[88]。'如何是向上关捩子？"师曰："东山西岭青。"

问："如何是端坐念实相？"师曰："河里失钱河里摝[89]。"

上堂："函盖乾坤[90]，目机铢两[91]，不涉世缘，作么生承当？"众无对，自代曰："一镞破三关[92]。"

僧问："如何是云门剑？"师曰："祖。"

问："如何是玄中的？"师曰："堼。"

问："如何是吹毛剑？"师曰："骼。"又曰："觜[93]。"

问："如何是正法眼？"师曰："普。"

问："如何是啐啄[94]机？"师曰："响。"

问："如何是云门一路？"师曰："亲。"

问："杀父杀母，向佛前忏悔。杀佛杀祖，向甚么处忏悔？"师曰："露。"

问："凿壁偷光时如何？"师曰："恰。"

问："三身中那身说法？"师曰："要。"

问："承古有言：'了即业障本来空，未了应须偿宿债。'未审二祖是了未了？"师曰："确。"

师垂语曰："会佛法如河沙，百草头上道将一句来？"自代云："俱。"

僧问："如何是一代时教？"师曰："对一说。"

问："不是目前机，亦非目前事时如何？"师曰："倒一说。"

问："如何是法身向上事？"师曰："向上与汝道即不难，作么生会法身？"曰："请和尚鉴。"师曰："鉴即且置，作么生会法身？"曰："与么与么。"师曰："这个是长连床上学得底，我且问你，法身还解吃饭么？"

僧无对。

师问岭中顺维那："古人竖起拂子，放下拂子，意旨如何？"顺曰："拂前见，拂后见。"师曰："如是，如是。"师后却举问僧："汝道当初诺伊，不诺伊？"僧无对，师曰："可知礼也。"

问僧："甚处来？"[95]曰："礼塔来。"师曰："谑我。"曰："实礼塔来。"师曰："五戒也不持。"

师尝举："马大师道：'一切语言是提婆宗[96]，以这个为主。'"乃曰："好语，只是无人问我。"时有僧问："如何是提婆宗？"师曰："西天九十六种，你是最下种。"

问僧："近离甚处？"曰："西禅。"师曰："西禅近日有何言句？"僧展两手，师打一掌。僧曰："某甲话在。"师却展两手。僧无语，师又打。

师举临济三句语问塔主："只如塔中和尚得第几句？"主无对。师曰："你问我。"主便问，师曰："不快即道。"主曰："作么生是不快即道？"师曰："一不成，二不是。"

问直岁[97]："甚处去来？"曰："刘茆[98]来。"师曰："刈得几个祖师？"曰："三百个。"师曰："朝打三千，暮打八百。东家杓柄长，西家杓柄短。又作么生？"岁无语，师便打。

僧问："秋初夏末，前程若有人问，作么生祇对？"师曰："大众退后。"曰："未审过在甚么处？"师曰："还我九十日饭钱来。"

有讲僧参，经时乃曰："未到云门时，恰似初生月。及乎到后，曲弯弯地。"师得知，乃召问："是你道否？"曰："是。"师曰："甚好。吾问汝：'作么生是初生月？'"僧乃斫额作望月势，师曰："你如此，已后失却目在。"僧经旬日复来，师又问："你还会也未？"曰："未会。"师曰："你问我。"僧便问："如何是初生月？"师曰："曲弯弯地。"僧罔措，后果然失目。

上堂："诸和尚子莫忘想，天是天，地是地，山是山，水是水，僧是僧，俗是俗。"良久曰："与我拈案山[99]来。"僧便问："学人见山是山、水是水时如何？"师曰："三门为甚么骑佛殿，从这里过？"曰："恁么则不妄想去也。"师曰："还我话头来。"

上堂："你若不相当，且觅个入头处。微尘诸佛在你舌头上，三藏圣教在你脚跟底。不如悟去好！还有悟得底么？出来对众道看。"

示众："尽十方世界，乾坤大地，"以拄杖画云："百杂碎。三乘十二分教，达磨西来，放过即不可。若不放过，不消一喝。"

示众："真空不坏有，真空不异色。"僧便问："作么生是真空？"师曰："还闻钟声么？"曰："此是钟声。"师曰："驴年梦见么？"

上堂："平地上死人无数，过得荆棘林者是好手。"时有僧出，曰："与么，则堂中第一座有长处也。"师曰："苏噜[100]苏噜。"

瑶长老举菩萨手中赤幡，问师："作么生？"师曰："你是无礼汉。"瑶曰："作么生无礼？"师曰："是你外道奴也作不得。"

僧问："佛法如水中月，是否？"师曰："清波无透路。"曰："和尚从何得？"师曰："再问复何来？"曰："正与么时如何？"师曰："重叠关山路。"

上堂，拈拄杖曰："拄杖子化为龙，吞却乾坤了也。山河大地，甚处得来？"

师有偈曰："不露风骨句，未语先分付。进步口喃喃，知君大罔措[101]。"

示众："大用现前，不存轨则。"时有僧问："如何是大用现前？"师拈起拄杖，高声唱曰："释迦老子来也！"

上堂："要识祖师么？"以拄杖指曰："祖师在你头上踏跳。要识祖师眼睛么？在你脚跟下。"又曰："这个是祭鬼神茶饭。虽然如此，鬼神也无厌足。"

示众："一人因说得悟，一人因唤得悟，一人闻举便回去。你道便回去意作么生？"复曰："也好与三十棒。"

上堂："光不透脱，有两般病。一切处不明，面前有物，是一。又，透得一切法空[102]，隐隐地似有个物相似，亦是光不透脱。又，法身亦有两般病。得到法身，为法执不忘，己见犹存，坐在法身边，是一。直饶透得法身去，放过即不可，子细点检将来，有甚么气息？亦是病。"

问僧："光明寂照遍河沙，岂不是张拙秀才[103]语？"曰："是。"师曰："话堕也。"

僧问："如何是法身？"师曰："六不收。"

问："不起一念，还有过也无？"师曰："须弥山。"

问："如何是清净法身？"师曰："花药栏[104]。"曰："便恁么去时如何？"师曰："金毛师子。"

问："如何是尘尘三昧[105]？"师曰："钵里饭，桶里水。"

问："一言道尽时如何？"师曰："裂破。"

问："如何是佛法大意？"师曰："面南看北斗[106]。"

问："一切智通无障碍时如何？"师曰："扫地泼水相公来。"

师到天童，童曰："你还定当[107]得么？"师曰："和尚道甚么？"童曰："不会则目前包裹。"师曰："会则目前包裹。"

师到曹山，见示众云："诸方尽把格则，何不与他道却，令他不疑去。"师问："密密处[108]为甚么不知有？"山曰："只为密密，所以不知有。"师曰："此人如何亲近？"山曰："莫向密密处亲近。"师曰："不向密密处亲近时如何？"山曰："始解亲近。"师应"喏喏"。

师到鹅湖，闻上堂曰："莫道未了底人，长时浮逼逼[109]地。设使了得底，明明得知有去处，尚乃浮逼逼地。"师下，问首座："适来和尚意作么生？"曰："浮逼逼地。"师曰："首座久在此住，头白齿黄，作这个语话？"曰："上座又怎么生？"师曰："要道即得，见即便见。若不见，莫乱道。"曰："只如道浮逼逼地，又怎么生？"师曰："头上着枷，脚下着杻。"曰："与么则无佛法也。"师曰："此是文殊普贤大人境界。"

僧举："灌溪[110]上堂，曰：'十方无壁落，四面亦无门。净裸裸，赤洒洒，没可把。'"师曰："举即易，出也大难。"曰："上座不肯和尚与么道那？"师曰："你适来与么举那？"曰："是。"师曰："你驴年梦见灌溪？"曰："某甲话在。"师曰："我问你，十方无壁落，四面亦无门，你道大梵天王与帝释天商量甚么事？"曰："岂干他事？"师喝曰："逐队吃饭汉[111]。"

师到江州，有陈尚书[112]者请斋，才见便问："儒书中即不问，三乘十二分教自有座主，作么生是衲僧行脚事？"师曰："曾问几人来？"书曰："即今问上座。"师曰："即今且置，作么生是教意？"书曰："黄卷赤轴。"师曰："这个是文字语言，作么生是教意？"书曰："口欲谈而辞丧，心欲缘而虑忘。"师曰："口欲谈而辞丧，为对有言。心欲缘而虑忘，为对妄想。作么生是教意?"书无语。师曰："见说尚书看《法华经》，是否?"书曰："是。"师曰："经中道：'一切治生产业，皆与实相不相违背。'且道非非想天[113]有几人退位?"书无语。师曰："尚书且莫草草[114]！三经五论，师僧抛却，特入丛林，十年二十年，尚不奈何，尚书又争得会?"书礼拜曰："某甲罪过。"

师唱道灵树、云门凡三十载，机缘语句备载广录。以乾和七年己酉四月十日顺寂，塔全身于方丈。后十七载，示梦阮绍庄曰："与吾寄语秀华宫使特进李托，奏请开塔。"遂致奉敕迎请内庭供养，逾月方还。因改寺为"大觉"，谥"大慈云匡真弘明禅师"。

【注释】

[1] 敏质生知：资质聪敏，生而知之。生知：不待学而知之。语本《论语·季氏》："生而知之者上也。"

[2] 天纵：亦作"天从"。天所放任，意谓上天赋予。后常用以谀美帝王。《论语·子罕》："固天纵之将圣，又多能也。"

[3] 秦时𨭉（duó）铎（lì）钻：𨭉铎，转动。秦代的锥钻，钻刃已腐蚀无用，禅林喻机思迟钝，机锋陈旧。此处即此意。后喻指公案古则，此义较为晚出。《圆悟语录》卷二："上堂云：'……吞底栗棘蓬，跳底金刚圈。分外展家风，秦时𨭉铎钻。'"《大慧语录》卷四："上堂：'今朝又是六月半，记得一则旧公案。'拈拄杖，卓一下，云：'拄杖子吞却法身，露柱在傍偷眼看。看不看，拈起秦时𨭉铎钻。虽然如是，这一则旧公案，妙喜（大慧自称）与他重剖判。'掷下云：'万别与千差，吾道一以贯。'"《从容庵录》六，第九二则《云门一宝》："示众云：'得游戏神通大三昧，解众生语言陀罗尼。拽转睦州秦时𨭉铎钻，弄出雪峰南山鳖鼻蛇。还识得此人么?'"也作"秦时铎落钻""秦时之钻"等。（摘自《禅宗大词典》）

[4] 温研：温习研究。温：温习。《论语·为政》："温故而知新，可以为师矣。"邢昺疏："温：寻也。言旧所学得者，温寻使不忘，是温故也。"唐代王维《山中与裴秀才迪书》："足下方温经，猥不敢相烦。"

[5] 积稔（rěn）：犹积年。《晋书·羊祜传》："履谦积稔，晚节不遂，此远近所以为之感痛者也。"

[6] 出迓（yà）：出外迎接。迓，迎接。唐代柳宗元《龙城录·赵师雄醉憩梅花下》："见一女人，澹妆素服，出迓师雄。"

[7] 广主：五代时盘踞广东地区的南汉国王刘氏。南汉为五代十国之一，所辖

面积为今广东、广西、海南三省。

[8] 狼籍：也作"狼藉"。散乱，衰败。杜牧《叹花》："如今风摆花狼籍，绿叶成阴子满枝。"

[9] 建化门：佛祖建立的教化法门。禅家认为建化门并非顿悟妙法，只是适宜于多数中下根器的方便法门。

[10] 解会：指执着于虚幻事物、强作区别对立的见解或解释。《大慧宗门武库》："照觉（禅师）以平常无事、不立知见解会为道，更不求妙悟。"

[11] 拟心即差：生起分别执着之心，即与真如相违背。禅林指意谓稍生思虑迟疑便与禅法相违背。如《临济语录》："大德！到这里学人着力处不通风，石火电光，即过了也。学人若眼定动，拟心即差，动念即乖。"

[12] 口滑：言辞滑利，啰唆不停。谓参学者热衷于言句问答，纠缠于解说古则，实际上反而成为悟道之障碍。再如《大慧语录》卷四："我且问尔，禅作么生参？既为无常迅速，生死事大。已事未明，求师决择。要得自己明白心地安乐，不是儿戏。而今人个个道，我怕死参禅。参来参去，日久月深，打入葛藤窠里，只赢得一场口滑，于自己分上添得些儿狼籍。返不如未入众时，却无许多事。"《〈景德传灯录〉译注》注释"指口舌之争"有误。

[13] 三乘十二分：三乘指声闻乘、缘觉乘、菩萨乘，又叫小乘、中乘、大乘，小乘即声闻乘，中乘即缘觉乘，大乘即菩萨乘。十二分教，即十二部经，一切经分为十二种类之名。

[14] 十地：大乘佛教菩萨有十地，包括欢喜地、离垢地、发光地、焰慧地、极难胜地、现前地、远行地、不动地、善慧地、法云地。此十地是菩萨五十二位修行中的第五个十位，在此十地，渐开佛眼，成一切种智，已属圣位。

[15] 罗縠（hú）：一种疏细的丝织品。汉代赵晔《吴越春秋·勾践阴谋外传》："饰以罗縠，教以容步。"《燕丹子》卷下："罗縠单衣，可掣而绝；八尺屏风，可超而越。"宋代庄季裕《鸡肋编》卷上："苏州以黄草心织布，色白而细，几若罗縠。"

[16] 伫（zhù）思：沉思，凝思。

[17] 与我拈针锋许说底道理来看：与我拈出针锋那么一点大的道理来看。旧校本标点有误。"看"字不能在后句，作"看怎么道"。《〈景德传灯录〉译注》标点亦出现相同错误。

[18] 作死马医：把死马当作活马医。意谓对中下根器学人尽最大的努力，以方便教法使之悟道。

[19] 伏惟尚飨（xiǎng）：伏在地上恭敬地请被祭者享用供品。伏惟：下对上

陈述时的表敬之辞。尚：希望的意思。飨：泛指请人受用，祭祀的意思。常用在祭文的最后。本书常用在禅师的开示之后，以结束本次上堂。

[20] 又在鬼窟里坐。作么生：旧校本标点有误，参见项楚《〈五灯会元〉点校献疑三百例》。

[21] 妙喜世界：维摩居士之国土。《维摩诘经·见阿閦佛国品》曰："佛告舍利弗：'有国名妙喜，佛号无动，是维摩诘于彼国没而来生此。'"

[22] 信道：指知道、料知。宋代柳永《瑞鹧鸪》词："须信道，缘情寄意，别有知音。"

[23] 榼（kē）：古代盛酒的器具。

[24] 七条：一种袈裟用七幅布条纵横缝制而成，为僧人在法事仪式中所穿。又，代指袈裟。亦称"郁多罗"。

[25] 直饶拈一毫头，尽大地一时明得：旧校本作"直饶拈一毫头尽大地，一时明得"有误。

[26] 掠虚：说大话，窃取虚名。

[27] 头角：禅林用语。指烦恼之念。又凡夫起有所得之心，称为头角生。《〈景德传灯录〉译注》注释为"本指野兽头上的角，引申比喻突出、著名"有误，望文生义，脱离了佛教词语的含义。

[28] 唼（shà）：即"唼食"。犹咬、吞食。《百喻经·治秃喻》："昔有一人，头上无毛，冬则大寒，夏则患热，兼为蚊虻之所唼食。"

[29] 苦屈：对众生受苦的感叹。屈，冤枉，此处指枉受痛苦。因为众生为妄想执着而有痛苦，所有一切痛苦本来就是不存在的，所以说枉受痛苦。

[30] 古德一期，为汝诸人不奈何，所以方便垂一言半句，通汝入路：旧校本标点有误，参见项楚《〈五灯会元〉点校献疑三百例》。一期：指一个人的一生。与一生、一世、一代、一形等同义。此处指古德说法度生之时间。

[31] 著些子筋骨：振作一点精神，努点力，留点神。些子：点儿，一点儿。又本书第十七章"兜率从悦"条："直须摆动精神，着些筋骨。向混沌未剖已前荐得，犹是钝汉，那堪更于他人舌头上，咂啖滋味，终无了日。"

[32] 尽乾坤一时将来，着汝眼睫上，你诸人闻怎么道，不敢望。你出来性燥把老汉打一掴：旧校本《〈景德传灯录〉译注》标点均有误。

[33] 槌（chuí）：指敲击之工具。

[34] 手脚：角色。下文"若未有个入头处，遇着本色咬猪狗手脚"意义相同。又指本事、手段。《碧岩录》卷一，第二则："雪窦可谓大有手脚，一时与尔交加颂出。"又第三则："若是本分人到这里，须是有驱耕夫之牛、夺饥人之食底手

脚，方见马大师为人处。”亦作“脚手”。

[35] 骨董：指价值不大的杂碎旧物，禅家多指陈旧落套的言句话头等。此处即是此意。也说作“骨底骨董”。又指不悟道法、只能背诵公案言句的参禅者。《圆悟语录》卷一五：“有真正宗师，不惜眉毛，劝令离却如上恶知恶见，却返谓之心行移换，摆撼煅炼，展转入荆棘林中。所谓打头不遇作家，到老只成骨董。”《密庵语录·示道禅人》：“一盲引众盲，相牵入火坑。所谓打初不遇作家，到底翻成骨董。”

[36] 驴唇马嘴：对禅僧不明心地却夸夸其谈的讥斥语。

[37] 不取汝口解说：不会听取你能言善辩的解说。

[38] 葛藤：指文字、语言一如葛藤之蔓延交错，本用来解释、说明事相，反遭其缠绕束缚。此外，又指公案中难以理解之语句；更引申作问答功夫。玩弄无用之语句，称为闲葛藤；执着于文字语言，而不得真义之禅，称为文字禅，或葛藤禅。

[39] 为处：即“为人处”，指接引人的地方。

[40] 把取：持，拿握。此处指牢牢记住那些祖师大德说过的话。

[41] 一等：同样。

[42] 着些子精彩：与上文“着些子筋骨”意义相同。

[43] 手脚：见上文解释，取“角色”之意。

[44] 彻头：彻底领悟。

[45] 猎：经过。

[46] 好山好水，堪取性，多斋供，易得衣钵：所到之处都是好山好水，随意悦目，又有很多美食斋供，容易得到施主各种布施。取性：随意适性，任性。此处各种版本标点有误，影响理解全句。

[47] 信心檀越：指有清净心的施主。信心：信受所闻所解之法而无疑心，亦即远离怀疑之清净心。檀越：施主。

[48] 自看：自己参究，自己留神。如敦煌本《坛经》：“五祖忽一日唤门人尽来，门人已集，五祖曰：‘……汝等总且回房自看，有智惠者，自取本性般若之知，各作一偈呈吾。吾看汝偈，若悟大意者，付汝衣法，禀为六代。火急急！’”

[49] 抵拟：应付，对付。

[50] 朝闻道，夕死可矣：出自《论语·里仁》：“子曰：‘朝闻道，夕死可矣。’”

[51] 太煞：方言。过分。同“太杀”。

[52] 化门：又作“建化门”。佛祖建立的教化法门。禅家认为建化门并非顿

悟妙法，只是适宜于多数中下根器的方便法门。

[53] 曹溪：禅宗六祖惠能，在广东韶州府曹溪，说法渡生，后人遂把曹溪代表六祖。

[54] 鹕饼：又称胡麻饼，或写作"糊饼""胡饼"。俗称"烧饼"。鹕：同"糊"。一种涂以香油，嵌入芝麻，炉中烘烤的面饼，其制法从胡地传来，故称。《释名·释饮食》："胡饼，作之大漫冱也，亦言以胡麻着上也。"

[55] 汝把将三界来看，有甚么见闻觉知隔碍着汝：旧校本标点有误，"看"字不能在下句开头。

[56] 有甚么声尘色法与汝可了？了个甚么碗：《〈景德传灯录〉译注》标点有误。此处两个"了"要分开标点，不能作"了了个什么碗"。"了"可理解为"明了，领悟"。

[57] 差殊：指差异、不同。

[58] 只管说葛藤，取性过时：只管说一些别人不理解的公案，以示高明，随意适性，虚度时光。《〈景德传灯录〉译注》将"葛藤"理解为"啰唆"，有误。

[59] 更嫌不称意：《〈景德传灯录〉译注》标点有误，不能作"只管说葛藤，取性过时，更嫌不称意"。"更嫌不称意"前面要用句号，这是下句的开始，"取性过时"后若是逗号，就会造成错误理解。

[60] 打野榸（zhāi）：禅林用语。禅师对行脚僧的詈斥语。榸：枯木之根。打野榸，即叩枯木根之意。原作打野堆，意指聚集众人，成堆打愠，系福州之谚语。圆悟《碧岩集》中解云："野榸，乃山上烧不过底火柴头。"本书第四章"洪州东山慧禅师"条："师喝曰：'这打野榸汉。'"贯休《秋怀赤松道士》："石鳟青蛇湿，风榸白菌干。"

[61] 浇漓：浮薄不厚。多用于指社会风气。南朝齐王融《为竟陵王与刘虬书》："淳清既辨，浇漓代袭。"唐代张九龄《敕岁初处分》："政犹踏驳，俗尚浇漓，当是为理之心未返于本耳。"

[62] 迫于：宝祐本作"代干"，有误，据《景德传灯录》版本更正。迫：及，赶上，到达。

[63] 像季：指像法时代之末期。像法系为正、像、末三时之第二时，其教法运行状况相似于正法时代，故称像法。为有教、行二法而无证果之时代。依南岳思大禅师立誓愿文所载，正法住世五百年，像法住世一千年，末法住世一万年。又据《西方要决》后序："夫以生居像季，去圣斯遥。"或谓像季系直指末法时代。

[64] 名字比丘：又称"名想比丘"。指有名无实之比丘。亦即指未受具足戒之僧，或指不持守净戒之僧。据《释氏要览》卷上载，沙弥尚未受具足戒，而入比

丘数者，是为名字比丘。此外，据《摩诃僧祇律》卷二十九载，沙弥随其年龄之不同，而有三种称呼，由二十岁至七十岁者，称为名字沙弥。此乃以其年岁已可作比丘，而仍为沙弥，故有此称。此处指不持守净戒、有名无实的比丘。

[65] 黑漆：对愚暗不悟者的詈称，斥其心中、眼前一片漆黑。常贬称为"漆桶"。

[66] 上流：本指上品、上等，此处指有真修实证的高僧大德。

[67] 作薄福业：造作薄福之业。《〈景德传灯录〉译注》将"作薄"注释为一个词，有误。本句"薄福"才是一个词。它从梵语翻译而来，谓薄德少福。今世福德浅薄，乃因宿世作恶多，为善少，无宿世之善根，故苦多乐少，不得见闻三宝。新《华严经》卷十："有刹金刚成，杂染大忧怖，苦多而乐少，薄福之所处。"

[68] 钉：盯住。

[69] 乾坤大地微尘诸佛，总在里许争佛法：旧校本标点有误。"微尘诸佛"是佛教常见词语，不要分开，旧校本作"乾坤大地微尘，诸佛总在里许争佛法"，有误。

[70] 谏：劝阻。

[71] 二三机中尚不能构得：二等、三等禅机你们尚且不领悟（更别说一等了）。构得：领悟。

[72] 注破：说破。

[73] 葛藤社：牵扯葛藤禅的群体。社：指集体性组织、团体。

[74] 谛当：指确当、恰当、精当、妥帖。此处是"的确"的意思，加重语气。

[75] 三家村：指偏僻小村。《续传灯录》卷一六"保宁圆玑"条："直饶灵山会上拈花微笑，算来犹涉离微。争似三家村里老翁，深耕浅种，各知其时。有事当面便说，谁管瞬目扬眉？"本书第二十章"天童昙华"条："三家村里臭胡狲，价增十倍。"

[76] 太杀：即"太煞"。又作"大煞"。此处"过分"的意思。

[77] 乾坤之内，宇宙之间，中有一宝，秘在形山：指"形山宝"公案。出自晋代僧肇着《宝藏论》："夫天地之内，宇宙之间，中有一宝，秘在形山。识物灵照，内外空然。寂寞难见，其号玄玄。"禅家如洞山、云门等均拈提此语。《云门广录》卷中："示众云：'中有一宝，秘在形山。拈灯笼向佛殿里，将三门来灯笼上。作么生？'""形山"喻肉体，"宝"者隐指清净法性、自心佛。后世提唱颇多。《碧岩录》卷七第六二则："所以道，乾坤之内，宇宙之间，中有一宝，秘在形山。大意明，人人具足，个个圆成。云门便拈来示众，已是十分现成……他慈悲更与尔下注脚道，拈灯笼向佛殿里，将三门来灯笼上。且道云门怎么道，意作么生？不见古人云：'无明实性即佛性，幻化空身即法身。'又云：'即凡心而见佛心。'形山即是四大五蕴也。

中有一宝，秘在形山，所以道，诸佛在心头，迷人向外求。"亦作"云门一宝"。

[78] 问新到："甚处人?"：旧校本标点有误。不能作："问：'新到甚处人?'"

[79] 火里蝍蟟吞大虫：参见本书无义句注释。按通常情理无法解释的奇特语句，禅家称为"无义句"，与"有义句"相对。

[80] 提纲：亦曰提要，提唱。举宗旨之要文而说明意义者。

[81] 东家点灯，西家暗坐：佛教禅宗认为佛法一如，万物的根性是等无差别的，但是外在的表现确是森罗万象的，因而对参禅者来说，有的能够领悟禅理佛法，做到圆通无碍；有的处于迷妄之中，被事物的外在表现迷惑。（参见语文出版社《佛源语词词典》本条）又比喻各干各的，互不相干。（参见上海辞书出版社《中国俗语大辞典》本条）

[82] 差互：错过时机。

[83] 赖遇：幸好，幸亏。本书第二十章"汾州石楼禅师"条："问僧：'近离甚处?'曰：'汉国。'师曰：'汉国主人还重佛法么?'曰：'苦哉！赖遇问着某甲；若问别人，即祸生。'"又作"怎奈、可惜"解释，表示遗憾、怨恨语气。此处即是此意。"赖遇维那不在"，意谓维那若在，拖出责打。

[84] 公验：指僧人受戒及外出游方，本地官署开具的证书。本书第四章"赵州观音院从谂禅师"条："师因与文远行，乃指一片地曰：'这里好造个巡铺。'文远便去路傍立曰：'把将公验来。'师遂与一掴。远曰：'公验分明，过。'"

[85] 排遣：指排除、遣去。

[86] 干屎橛：禅林用语。原指拭净人粪之橛，取至秽之意。屎橛又作厕筹、净筹、净木、厕简子等。用之者印度之风。《禅林集句》曰："不念弥陀佛，南无干屎橛。"庄周亦有所谓道在屎溺。临济宗为打破凡夫之执情，并使其开悟，对审问"佛者是何物"者，每答以"干屎橛"。盖屎橛原系擦拭不净之物，非不净则不用之，临济宗特提此最接近吾人之物，以教斥其专远求佛而反不知清净一己心田秽污之情形，并用以打破学人之执着。

[87] 粥饭气：即"粥饭僧"。斥责只会吃饭的僧人，相当于今人骂"饭桶"。丁福保《佛学大辞典》"粥饭僧"条："言但吃粥饭无有一用之僧也。《南部新书》曰：'清泰朝李专美除北院，甚有舟楫之叹。时韩伯斋已登庸。因赐之诗曰：伯斋登庸汝未登，凤池鸡池冷如冰，如何且作宣徽使，免被人呼粥饭僧。'《五代史·李愚传》曰：'废帝谓愚等无所事，常目宰相曰：此粥饭僧耳，以为饱食终日而无所用心也。'"

[88] 关捩（lì）子：参见本书第四章"洪州黄檗希运禅师"条："且如四祖下牛头，横说竖说，犹未知向上关捩子。"关捩子：能转动的机械装置，喻物之紧要处。

在禅林指无上至真的禅机妙法，悟道之关键处。亦作"关棙子"。

[89] 摝（lù）：捞取。晋代葛洪《抱朴子·至理》："又以气禁沸汤，以百许钱投中，令一人手探摝取钱，而手不灼烂。"

[90] 函盖乾坤：意谓真如佛性处处存在，包容一切，万事万物无不是真如妙体。本书第十章"净德智筠禅师"条："他古人道，沙门眼把定世界，函盖乾坤，绵绵不漏丝发。所以，诸佛赞叹，赞叹不及比喻，比喻不及道。"又是"云门三句"之一。本书第十二章"明州瑞岩智才禅师"条："僧问：'何是截断众流句？'曰：'好。'曰：'如何是随波逐浪句？'师曰：'随。'曰：'如何是函盖乾坤句？'师曰：'合。'"本书第十八章"九顶惠泉"条："昔日云门有三句，谓函盖乾坤句，截断众流句，随波逐浪句。"《续传灯录》卷三十"痴禅元妙"条："僧问：'如何是截断众流句？'师曰：'佛祖开口无分。'曰：'如何是函盖乾坤句？'师曰：'匝地普天。'曰：'如何是随波逐浪句？'师曰：'有时入荒草，有时上孤峰。'"

[91] 目机铢两：意谓眼目之明锐，能细察铢两之微。铢：古代重量单位，一两的二十四分之一为铢。"铢两"谓极轻微的重量。《碧岩录》卷一第一则："隔山见烟，早知是火；隔墙见角，便知是牛。举一明三，目机铢两，是衲僧家寻常茶饭。"《惟则语录》卷九《宗乘要义》："云门示众云：函盖乾坤句，目机铢两而不涉万缘，汝作么生承当？"

[92] 一镞（zú）破三关：参见本书第十三章"钦山文邃禅师"条："巨良禅客参，礼拜了便问：'一镞破三关时如何？'"镞：箭头，借指箭。

[93] 胔（zì）：肉还没有烂尽的骨殖。亦泛指人的尸体。《礼记·月令》："（孟春之月）掩骼埋胔。"郑玄注："骨枯曰骼，肉腐曰胔。"陆德明释文引蔡邕曰："露骨曰骼，有肉曰胔。"

[94] 啐（cuì）啄（zhuó）：比喻禅林师家与学人二者之机宜相应投合。学人请求禅师启发，譬之如啐；禅师启发学人，譬之如啄。据《禅林宝训音义》载，啐啄，如鸡抱卵，小鸡欲出，以嘴吮声，名为啐；母鸡欲小鸡出，以嘴啮壳，名为啄。故禅林师徒之间机缘相投，多以"啐啄"一词喻称之。若修行者、师家机锋相应投合，毫无间隙，称为"啐啄同时"；而与禅者机锋相应之机法，则称为"啐啄机"。

[95] <u>问僧："甚处来？"</u>：旧校本标点有误，不能作："问：'僧甚处来？'"

[96] 提婆宗：即三论宗。又称龙树宗。系依龙树所著《中论》《十二门论》及其弟子迦那提婆所著《百论》所建立之宗派，为我国大乘宗派之一。以般若空义为本宗思想根干，故又称为中观宗、空宗、无相宗、无相大乘宗、无得正观宗。本宗在印度，由开祖龙树而提婆、罗睺罗、青目等人，次第发展（一说由释尊、文殊、马鸣，而迄龙树等）。姚秦时代，三论乃由鸠摩罗什传至中国，并译为中文。三论义理，

自道生、昙济、道朗、僧诠、法朗而至吉藏（嘉祥大师）集其大成，前此称为古三论。其后法藏就日照三藏所传印度智光论师之三时教判，撰《十二门论宗致义记》二卷，此一系统则称为新三论。吉藏之后，三论之学即不盛行。民国以来，印顺法师精研斯学，所见颇深，有《中观今论》《中观论颂讲记》等书行世。

[97] 直岁：直：当值之义。禅宗寺院中，称一年之间担任干事之职务者为直岁。乃禅宗六知事之一。本为负责接待客僧之职称，但在禅林中则为掌管一切杂事者之称，为一重要职务。原值一年之务，故称直岁。后演变为一月、半月或一日任其职，乃至不定其期限。

[98] 刈（yì）茆（máo）：割茅草。茆，同"茅"。

[99] 案山：我国历代营造宫室时，概以北方吉相而高，南方较低，故北方之山为主山，南方之山则称案山。由此，寺院以后山（即北方之山）称为主山。又有以"主山、案山"代表主客之关系。于禅林中，乃以"主山骑案山"一语，表示主客一如之境界。又以"主山高，案山低"一语，表示主客之差别世界（现象界之差别界）皆含真如不变之理。

[100] 苏噜：方言。犹啰唆。本书第十九章"龙牙智才禅师"条："初住岳麓，开堂日，僧问：'德山棒，临济喝，今日请师为拈掇。'师曰：'苏噜苏噜。'"

[101] 罔措：无所适从，不知所措。

[102] <u>一切处不明，面前有物，是一。又，透得一切法空</u>：旧校本标点有误。"是一"指"这是第一"，"又"指"这是第二"。相当于现在说话排序，第一、第二、第三等，所以要分开断句，使排序清清楚楚。下文亦出现相同错误，均纠正。

[103] 张拙秀才：参见本书第六章"张拙秀才"注释。

[104] 花药栏：檀芍药牡丹等花卉以竹木围其四周者。

[105] 尘尘三昧：于一微尘中入一切之三昧，谓为尘尘三昧。《华严经·贤首品》偈曰："一微尘中入三昧，成就一切微尘定，而彼微尘亦不增，于一普现难思刹。"《碧岩》五十则曰："僧问云门：'如何是尘尘三昧？'门云：'钵里饭，桶里水。'"（摘自丁福保《佛学大辞典》）

[106] 面南看北斗：禅宗无义奇特句。按通常情理无法解释的奇特语句，禅家称为"无义句"，与"有义句"相对。北斗在北方，面向南方怎么可能看见。这是消除了分别对立妄心的禅悟境界。《黄龙语录·送和禅者》："毗卢性清净，清净不须守。宜着弊垢衣，入俗破悭有。五六七八九，面南看北斗。此中若得玄，纵横任哮吼。"《法演语录》卷中："道无不是无，道有不是有。东望西耶尼，面南看北斗。"本书第十九章"保宁仁勇"条："有个汉，怪复丑，眼直鼻蓝鑢，面南看北斗。解使日午金乌啼，夜半铁牛吼。"

[107] 定当：辨识，判明。当：后缀，助词。本书第五章"夹山善会禅师"条："何不向生死中定当取?"本书第十三章"曹山本寂禅师"条："问：'古德道：尽大地唯有此人。未审是甚么人?'师曰：'不可有第二月也。'曰：'如何是第二月?'师曰：'也要老兄定当。'曰：'作么生是第一月?'师曰：'险。'"。

[108] 密密处：最隐秘而无法用语言诠释的地方，也就是佛性、真如等名词的另一种说法。或说"密密心""密密意"等，皆相似。

[109] 逼逼：真实，确切。元代明本《秋夜述古》："九载少林穷的的，一宿曹溪浮逼逼。"

[110] 灌溪：禅师名。参见本书第十一章"灌溪志闲禅师"注释。

[111] 吃饭汉：同"粥饭气""粥饭僧"意义相同，见前文注释。

[112] 尚书：官名。始置于战国时，或称掌书，尚即执掌之义。秦为少府属官，汉武帝提高皇权，因尚书在皇帝左右办事，掌管文书奏章，地位逐渐重要。汉成帝时设尚书五人，开始分曹办事。东汉时正式成为协助皇帝处理政务的官员，从此三公权力大大削弱。魏晋以后，尚书事务益繁。隋代始分六部，唐代更确定六部为吏、户、礼、兵、刑、工。从隋唐开始，中央首要机关分为三省，尚书省即其中之一，职权益重。宋以后三省分立之制渐成空名，行政全归尚书省。

[113] 非非想天：非想非非想天之略。二十八天中最高的天。《心地观经》五曰："三界之顶非非想天，八万劫尽退生下地。"

[114] 草草：草率。

【概要】

文偃禅师（864～949年），五代禅僧。云门宗之祖。俗姓张，世居苏州嘉兴。幼怀出尘之志，依空王寺志澄出家，侍志澄数年，研究四分律。后离去，参睦州道踪，经数载，尽得其旨。既而谒雪峰义存，依住三年，受其宗印。此后历叩诸方，益究玄要，令名日盛。

其后复参韶州灵树如敏座下，如敏推为首座。贞明四年（918年），如敏示寂后，广主刘王请师主持灵树寺。同光元年（923年），建光泰禅院于云门山，海众云集，法化四播。刘王尝迎至内廷叩问宗要，禅师酬答如流，王益崇仰之，赐紫袍及"匡真禅师"之号。乾和七年四月十日，上表辞王，垂诚徒众，端坐示寂。享年八十六，僧腊六十六。

弟子遵其遗嘱，安遗体于方丈中。北宋乾德四年（966年，一说元年，或说三年），迎灵躯于内廷供养月余，太祖追谥"大慈云匡真弘明禅师"。

禅师于灵树、云门二寺力弘禅旨。其机锋险峻，门风殊绝，世称"云门文偃"。

以"函盖乾坤""截断众流""随波逐浪"三句概括其宗旨，世称"云门三句"。于化导学人时，惯以一字说破禅旨，故禅林中有"云门一字关"之美称。此外，亦常以"顾、鉴、咦"三字启发禅者，故又有谓之为"云门三字禅"者。著有法语、偈颂、诗歌等，由门人守坚编录为《云门匡真禅师广录》三卷及《语录》一卷行世。嗣法弟子有实性、圆明、明教、道谦、智寂等八十八位。

【参考文献】

《景德传灯录》卷十九；《禅林僧宝传》卷二；《古尊宿语录》卷十八。

【拓展阅读一】

圣严说禅：北斗里藏身

问：有人问云门文偃禅师："如何在语言上说明法身呢？"禅师回答："北斗里藏身。"事实上北斗星里能藏身吗？云门是不是用这句话来点明法身无处不在？

答：佛的身体共有三种，即法身、报身、化身；成佛的人具备三种身。用智慧证实相，实相是无相的，法身即是无身。因此，法身遍于一切处、一切时，但不能说任何一个时间的点，或任何一个空间的念就是法身或不是法身，法身没有定相。报身又是什么呢？报身是佛修行的功德所成的身体，是福德智慧庄严身；佛在由其愿力所成就的佛国净土中说法度众生，用的就是报身，也就是已经超凡入圣的菩萨们所见到，所接触的那个佛的身体。它可以是千丈身或万丈身，不同福报的菩萨就看到不同的佛之报身。它不是人间父母所生的身体，而是一种功能所产生的现象身。至于化身就是凡夫所见的佛，是由凡夫的人间身所生的，跟人类的身体完全一样，不过比一般人更健康、更庄严，让人见到之后自然生起恭敬心；那也是福德相，是为度凡夫众生的脱胎化身。释迦牟尼佛的身体在印度出现，那就是佛的化身。当人成佛时，三种身体同时出现，也同时完成。当人修行禅法而开悟时，则亲用慧眼见到佛的法身，也见到自己的法身。法身是什么样子呢？法身是无身，是无相而无不相；也就是说没有一个现象是它，也没有一个现象不是它；亦可说处处是佛、处处都不是佛。

有人问云门禅师，法身究竟是什么？他回答："北斗里藏身。"在中国人的信仰中，南极仙翁掌管人的寿命，北斗金星掌管人的死亡。北斗里藏身，等于是说他的身体在死神的手里，也等于没有这个东西。而既然没有身体，北斗也好，南斗也好，它处处在也处处不在；即使说它在北斗，也没什么不对。云门禅师用"北斗里藏身"来回答法身，不是比喻，而是说明，是非常简洁、明白、有力的一句话。

圣严说禅：东山水上行

问：有人问云门文偃禅师说："如何是诸佛出身处？"禅师答："东山水上行。"意思是东边的山在水面行走。一般人一定会说江水是在山边流动，云门为什么要颠倒过来说？而他用这句话去回答那个问题，又似乎风马牛不相及。

答：在云门禅师之前，傅大士也说过"人在桥上过，桥流水不流"，这个经验和东山水上行类似。就一般人而言，人在桥上走，水在桥下流；但从傅大士看来，是桥在流，水没有流。其实有些人也有东山水上行的体会，《楞严经》中亦有"云驰月运，船行岸移"的比喻：云在飘移时，月亮好像在走；船在航行时，两岸好像在移动。这类幻觉与云门禅师所说的"东山水上行"是否是相同的意思呢？不一样！东山水上行是比喻没这样的事，正如红炉一点雪或寒灰中的火星，都无其事。但人往往把真的看成假的，把假的看成真的。从主观立场出发，因为自己在动，所以外界在动；因为自己的心混乱，所以认为环境混乱。如果倒过来从真实面看，那就成了是非颠倒。是水在山边流动，而不是山在水上走；是云在月亮下面飘浮，而不是月亮在走；是船在航道向前行驶，而不是两岸向后移动。也就是说，不要把幻境当成实境，幻境是不实在的，不是真的。如果我们听到"东山水上行"这句话马上就想到实无其事，心中就会非常开朗。比如你丢了一笔钱，难过得不得了，问我怎么办，我说："那是纸，不是钞票；那并不属于你，是人家的。"就把你的注意力和执着的心扭转方向。我们在日常生活中遇到的种种困扰，是经过常识的判断、观点的衡量而产生的。如果更深入一层，或从相反方向去看，就不至于那么痛苦或放不下。"东山水上行"这句话的目的是在解除修行人的执着，从梦想颠倒中清醒过来，使之心无挂碍、明心见性；这也就是指点迷津。

【拓展阅读二】

日种让山著·芝峰译《禅学讲话》本论第三章（摘录）
云门药病相治（第八十七则）

"云门示众云：'药病相治，尽大地是药，那个是自己？'"

这则是依据《华严经》中的："文殊一日，令善财去采药：'不是药者采将来！'善财遍采，无不是药。却来白云：'无不是药者。'文殊云：'是药者采将来！'善财乃拈一茎草度与文殊。文殊提起示众曰：'此药，亦能杀人，亦能活人。'"

即云门所举"药病相应，尽大地是药"，更添一句"那个是自己"的话来诱导大众。故圆悟评云："识取钩头意。"

"尽大地是药"，和善财说的"无不是药者"相同。即是说：尽大地无不是法，宇宙全体都是法。释迦原是不假他力，自己是释迦；弥勒，也是自己是弥勒。什么也不曾假借过，便是物物全真，个个显露，一切都是壁立万仞的法。此是本则的中心思想，云门示众的本意也在此。云门为使人体验此法，说"那个是自己"，给与以思索的端绪。由于这端绪的摄引，才能于法得到把握，这是云门接化的手段。但是，药病相治一着，原为方便的施设，就是释尊四十九年说法，也是应机说教，应病与药的，所以只是一种寻常施设的手段，还不是根本法的直示。换言之：与药，为淘汰众生的业根使之透达洒洒落落的心境的方便耳。圆悟曰："药病相治，也只是寻常语论。你若着有，与你说无，你若着无，与汝说有；你若着不有不无，与汝去粪扫堆上，现丈六金身，头出头没。"

这是药病相治的解说，也是文殊的杀活的手段。然一说到"那个是自己"：这是指到法的本源，为使把握住世界未现、佛祖未出世以前的无名无相的无法的法之钓饵。法的本源：是无道、无禅、无自己、无名、无相的。达到这无名无相的法的本源的立场，却来看宇宙森罗万象时，万象和自己也都是法，都是药。因为若不透入自己即是法之本法，要得到"尽大地是法"的达观，必不可能。故雪窦颂云："尽大地是药，古今何太错！闭门不造车，通途自寥廓。错！错！鼻孔撩天亦穿却。"

何故说"太错"呢？云门希望使人转却一切现象、一切意识，归还到法之本法，可是自古到今，只死在做药会，斯所以错！本源底里的法，是"闭门不造车"的，不凭借种种论究，种种修行，是天然自性真。如万里一条铁，坦坦荡荡地一物也不立。"通途自寥廓"者：是对他之作用言，因为一念起时，则三千诸佛悉起，一一具全，一一本真，任何物也都无少异。次说"错！错！"者：意说"尽大地是药"，已是错；"那个是自己"，也是错！何以故？以本源的法，无名无相故；说是"药"是"自己"，已落于第二义，远离第一义故。至乎是，虽掀起撩天的鼻孔到高而且远的苍空的识见，也须穿却始得，不穿却，都为无用。

于此又作评唱曰："云门云：拄杖子是浪，许你七纵八横；尽大地是浪，看你头出头没。"

"拄杖子"，是本源的法；"浪"，是现象。若识本源底的法全体是现象，就在一物中都体验得本体和现象，既不拘泥于现象，也不滞留于本体，自在的妙用，才自然的自由显现。然而，若仅是认取浪的现象，以离却了本体故，便得不到自由，堕在生灭有无之见中"头出头没"。照这个意义来看："药"，是浪，是现象；"自己"，是拄杖子，是本体。尽大地是药，指显现了的法，是"教内的法"，不外天台所谓"一色一香无非中道"；但是"教外的法"，即是自己的本源底的法，是"闭门不造车"的本自圆成、脱体现成的法。是故通途而成现象，亦无何挂碍，自在无碍。然而，这不是闭门独自耽着冥想上制造出抽象的概念或假定，凡是我们可履践的大道，必定是自然完备成就的。这就是早被达磨喝出了的"廓然无圣"。

第二节　青原下七世

云门偃禅师法嗣

白云子祥禅师

韶州白云子祥实性大师，初住慈光院，广主召入府说法。时有僧问："觉华才绽，正遇明时。不昧宗风，乞师方便。"师曰："我王有令。"

问："祖意教意，是同是别？"师曰："不别。"曰："恁么[1]则同也。"师曰："不妨领话。"

问："诸佛出世，普遍大千。白云一会，如何举扬？"师曰："赚却几人来？"曰："恁么则四众何依？"师曰："没交涉。"

问："即心即佛，示诲之辞。不涉前言，如何指教？"师曰："东西且置，南北作么生？"

问："如何是和尚家风？"师曰："石桥那畔有，这边无，会么？"曰："不会。"师曰："且作丁公[2]吟。"

问："衣到六祖，为甚么不传？"师曰："海晏河清[3]。"

问："从上宗乘，如何举扬？"师曰："今日未吃茶。"

上堂："诸人会么？但向街头市尾、屠儿魁刽、地狱镬汤处会取？若恁么会得，堪与人天为师。若向衲僧门下，天地悬殊。更有一般底，只向长连床上作好人去。汝道此两般人，那个有长处？无事，珍重！"

问僧："甚么处来？"曰："云门来。"师曰："里许有多少水牛？"曰："一个两个。"师曰："好水牛。"

问僧："不坏假名而谈实相，作么生？"僧指倚子曰："这个是倚子。"师以手拨倚曰："与我将鞋袋来。"僧无对。师曰："这虚头汉[4]。"

（云门闻，乃云："须是我祥兄始得。"）

师将示灭，白众曰："某甲虽提祖印，未尽其中事。诸仁者且道其中事作么生？莫是无边、中间、内外已否？若如是会，即大地如铺沙。"良久曰："去此即他方相见。"言讫而寂。

【注释】

[1] 恁么：这样，如此。本书频率最多词汇之一。

[2] 丁公：出自"丁公凿井"典故。春秋时，宋人丁某家中无井，常派一人出外汲水，后来家中挖了井，不须外出挑水，节省一人力，于是对人说："吾穿井得一人。"听者误传成从井中挖得一人。见《吕氏春秋·察传》。汉代王充《论衡·书虚》："俗传言曰，丁公凿井，得一人于井中。夫人生于人，非生于土也。"后用以喻语言之辗转传误。

[3] 海晏河清：沧海平静，黄河水清。形容天下太平。唐薛逢《九日曲池游眺》："正当海晏河清日，便是修文偃武时。"

[4] 虚头汉：称虚妄不实的参学者。

鼎州德山缘密圆明禅师

上堂："僧堂前事，时人知有。佛殿后事，作么生？"

上堂："我有三句语示汝诸人：一句函盖乾坤，一句截断众流，一句随波逐浪。作么生辨？若辨得出，有参学分；若辨不出，长安路上辊辊[1]地。"

僧问："如何是透法身句？"师曰："三尺杖子搅黄河。"

问："百花未发时如何？"师曰："黄河浑底流。"曰："发后如何？"师曰："幡竿头指天。"

问："不犯辞锋时如何？"师曰："天台南岳。"曰："便恁么去时如何？"师曰："江西湖南。"

问："佛未出世时如何？"师曰："河里尽是木头船。"曰："出世后如何？"师曰："这头踢着那头掀。"

上堂："与么来者，现成公案。不与么来者，垛生招箭。总不与么来者，徐六担板[2]。迅速锋铓，犹是钝汉。万里无云，青天犹在。"

上堂："但参活句，莫参死句。活句下荐得，永劫无滞。一尘一佛国、一叶一释迦，是死句，扬眉瞬目、举指竖拂，是死句，山河大地、更无诸讹，是死句。"时有僧问："如何是活句？"师曰："波斯仰面看。"曰："恁么则不谬去也。"师便打。

上堂，举："临济示众曰：'恁么来者，恰似失却。不恁么来者，无绳自缚。十二时中，莫乱斟酌。会与不会，都卢[3]是错。分明与么道，一任天下人贬剥[4]。'"师曰："古镜阔一丈，屋梁长三尺。是汝钵盂锁[5]子阔多少？"

上堂："俱胝和尚[6]，凡有扣问[7]，只竖一指。寒则普天寒，热则普天热。"

僧问："己事未明，如何辨得？"师曰："须弥山顶上。"曰："便恁么去时如何？"师曰："脚下水浅深？"

问："达磨未来时如何？"师曰："千年松倒挂。"曰："来后如何？"师曰："金刚努起拳。"

问："师未出世时如何？"师曰："佛殿正南开。"曰："出世后如何？"师曰："白云山上起。"曰："出与未出，还分不分？"师曰："静处萨婆诃[8]。"

问："如何是和尚家风？"师曰："南山起云，北山下雨。"

问："如何是应用之机？"师喝，僧曰："只这个，为复别有？"师便打。

问："'大用现前，不存轨则'时如何[9]？"师曰："黑地打破瓮。"僧退步，师便打。

问："佛未出世时如何？"师曰："猢狲系露柱。"曰："出世后如何？"师曰："猢狲入布袋。"

问："文殊与维摩对谈何事？"师曰："并汝三人，无绳自缚。"

问："如何是佛？"师曰："满目荒榛。"曰："学人不会。"师曰："劳而无功。"

问："尽大地致一问不得时如何？"师曰："话堕也。"曰："大众总见。"师便打。

问："无踪无迹是甚么人行履？"师曰："偷牛贼。"

问："羚羊未挂角时如何？"师曰："猎屎狗。"曰："挂后如何？"师曰："猎屎狗。"

问："牛头未见四祖时如何？"师曰："秋来黄叶落。"曰："见后如何？"师曰："春来草自青。"

【注释】

[1] 辊辊：犹混混。形容苟且混世。明代陶宗仪《辍耕录·辊否谝三卦》："君子终日辊辊，厉无咎。"

[2] 徐六担板："徐六担板，各见一边"的省略说法。歇后语。肩扛木板行走，看不见木板的另一边。比喻认识不同或认识片面。徐六：唐宋时代口语里的泛指性人物，犹今谓张三、李四。《从容庵录》卷三第三九则"赵州洗钵"："本无迷悟数如麻，独许灵云是作家。玄沙道未彻，雪窦独许作家。徐六担板，各见一边。"

[3] 都卢：都：全部。《道行般若经》卷十"嘱累品"："我般泥洹后，都卢三千大千国界，其中人民，汝悉教入经法中，悉令成就得阿罗汉道。"

[4] 贬剥：贬斥批驳。剥，通"驳"。《临济语录》："一切时中，莫乱斟酌。会与不会，都来是错。分明与么道，一任天下人贬剥。"《大慧宗门武库》："真净和尚退洞山，游浙至滁州琅邪起和尚处。因众请小参，真净贬剥诸方异见邪解，无所忌惮。"又指贬官削职。《武王伐纣平话》卷下："贬剥忠臣，宠信谗佞。"

[5] 锛（fén）：佛教用具，小钵。

[6] 俱胝和尚：参见本书第四章"婺州金华山俱胝和尚"注释。"俱胝"是禅师名，旧校本未加专有名词线，有误。

[7] 扣问：指询问、讨教。宋代魏了翁《跋杨司理德辅之父纪问辩历》："后生初学，哆然自是，耻于扣问者，视此亦可以少警矣。"

[8] 静处萨婆诃：静处坐禅，一心不乱，可以获得圆满的成就。清净参究所达之悟道境界，称为静处萨婆诃。萨婆诃，一种咒语，如《心经》最后的结尾语，感叹词，是究竟成就、吉祥圆满之意，表达祝愿完成之意。

[9] '大用现前，不存轨则'时如何：见本书第五章"幽溪和尚"条注释。

巴陵颢鉴禅师

岳州巴陵新开院颢鉴禅师，初到云门，门曰："雪峰和尚道：'开却门，达磨来也。'我问你作么生？"师曰："筑着和尚鼻孔。"门曰："地神恶发，把须弥山一捆，踔跳上梵天，揦破帝释鼻孔，你为甚么向日本国里藏身？"师曰："和尚莫瞒人好。"门曰："筑着老僧鼻孔，又作么生？"师无语，门曰："将知你只是学语之流[1]。"

师住后，更不作法嗣书，只将三转语上云门：僧问："如何是道？"师曰："明眼人落井。"问："如何是吹毛剑？"师曰："珊瑚枝枝撑着月。"问："如何是提婆宗[2]？"师曰："银碗里盛雪。"门曰："他后老僧忌日，只消举此三转语，足以报恩。"自后忌辰，果如所嘱。

僧问："祖意教意，是同是别？"师曰："鸡寒上树，鸭寒下水。"

问："三乘十二分教即不疑，如何是宗门中事？"师曰："不是衲僧分上事。"曰："如何是衲僧分上事？"师曰："贪观白浪，失却手桡。"

问僧："游山来，为佛法来？"曰："清平世界，说甚么佛法？"师曰："好个无事禅客。"曰："早是多事了也。"师曰："上座去年在此过夏了？"曰："不曾。"师曰："与么，则先来不相识。"下去，师将拂子遗僧，僧曰："本来清净，用拂子作甚么？"师曰："既知清净，切勿忘却。"

（梁山观别云："也须拂却[3]。"）

【注释】

[1] 学语之流：指鹦鹉学舌之辈。

[2] 提婆宗：又曰龙树宗。三论之空宗也，以是为龙树、提婆二大士所显扬者也。

[3] 也须拂却：其他版本有作"也须排却"，宝祐本作"也须拂却"。我国禅家喜以拂子作为庄严具，住持或代理者手持拂子上堂为大众说法，即所谓"秉拂"。本文针对上文来回答。禅师送拂子给僧人，僧人说本来清净，不需要拂子。禅师说："既然知道本来清净，那么切勿忘却了。"禅师之意，拂子可以提醒学人不要忘记了自己的本性。即虽然"本来无一物"，但并不妨碍"时时勤拂拭"。"也须拂却"的含义就是亦需拂子来提醒自己不要忘却了自己的本性，故宝祐本作"也须拂却"正确。《景德传灯录》亦作"也须拂却"。

【概要】

颢鉴禅师，五代宋初之僧。籍贯、生卒年均不详。参云门文偃得悟，嗣其法，为云门宗传人。居于岳州巴陵（湖南岳阳）新开寺，故称"巴陵颢鉴"。善辩，有"鉴多口"之称。

【参考文献】

《景德传灯录》卷二十二；《联灯会要》卷二十六。

随州双泉山师宽明教禅师

上堂，举拂子曰："这个接中下之人。"时有僧问："上上人来时如何？"师曰："打鼓为三军。"

问："向上宗乘如何举唱？"师曰："不敢。"曰："恁么则含生有望？"师曰："脚下水深浅？"

问："凡有言句，尽落有无，不落有无时如何？"师曰："东弗于逮[1]。"曰："这个犹落有无？"师曰："支过雪山西。"

僧问洞山初和尚："如何是佛？"山曰："麻三斤。"师闻之，乃曰："向南有竹，向北有木。"

问："'不可以智知，不可以识识'时如何？"师曰："不入这个野狐群队。"

问："如何是定？"师曰："虾跳不出斗[2]。"曰："如何出得去？"师曰："南山起云，北山下雨。"

问："北斗里藏身[3]，意旨如何？"师曰："鸡寒上树，鸭寒下水。"问："竖起杖子，意旨如何？"师曰："一叶落知天下秋。"

师游山回，首座同众出接，座曰："和尚游山，巉崿[4]不易！"师提起拄杖曰："全得这个力。"座乃夺却，师放身便倒。大众皆进前扶起，师拈拄杖，一时趁散，回顾侍者曰："向道全得这个力。"

师一日访白兆，兆曰："老僧有个《木鱼颂》。"师曰："请举看。"兆曰："伏惟烂木一橛，佛与众生不别。若以杖子击着，直得圣凡路绝。"师曰："此颂有成褫[5]无成褫？"兆曰："无成褫。"师曰："佛与众生不别聻？"侍僧救曰："有成褫。"师曰："直得圣凡路绝聻？"白兆一众失色。

僧问："新年头还有佛法也无？"师曰："无。"曰："日日是好日，年年是好年。为甚却无？"师曰："张公吃酒李公醉。"僧曰："老老大大，龙头蛇尾。"师曰："明教今日失利。"

【注释】

[1] 东弗于逮：佛经中所称"四大洲"之一，位于须弥山东方咸海中。《法演语录》卷中："将东弗于逮作一个佛，南赡部洲作一个佛，西瞿耶尼作一个佛，北郁单越作一个佛。"梵语弗于逮，亦云弗婆提，华言胜身。以其身胜南洲故也。又翻为初，谓日初从此出也。在须弥山东。其土东狭西广，形如半月，纵广九千由旬；人面亦如半月之形，人身长八肘，人寿二百五十岁。

[2] 虾跳不出斗：比喻事物难以摆脱环境的制约。

[3] 北斗里藏身：见本章"云门文偃禅师"条"拓展阅读一"。

[4] 蠛（xī）岭：指艰险、险恶。此处指道路艰险。唐代陆龟蒙《彼农》："世路蠛岭，淳风荡除。"

[5] 成褫：宝祐本"褫（chǐ）"作"褫（sī）"。依《禅宗大词典》作"成褫"，同"成持"。成持，扶持长成。宋代刘克庄《卜算子·惜海棠》词："尽是手成持，合得天饶借。风雨于花有底雠，着意相陵藉。"《敦煌变文集·无常经讲经文》："劝即此日申间劝，且乞时时过讲院，莫辞暖热成持，各望开些方便。"《祖堂集·江西马祖》："西川黄三郎，教两个儿子投马祖出家。有一年却归屋里，大人纔见两僧，生佛一般，礼拜云：'古人道："生我者父母，成我者朋友。"是你两个僧，便是某甲朋友，成持老人。'"

香林澄远禅师

益州青城香林院澄远禅师，汉州绵竹人。姓上官。在众日，普请锄草次，有一僧曰："看！俗家失火。"师曰："那里火？"曰："不见那！"师曰："不见。"曰："这瞎汉。"是时一众皆言远上座败阙[1]。后明教宽闻举，叹曰："须是我远兄始得。"

住后，僧问："美味醍醐，为甚么变成毒药？"师曰："导江纸贵。"

问："见色便见心时如何？"师曰："适来甚么处去来？"曰："心境俱忘时如何？"师曰："开眼坐睡。"

问："北斗里藏身，意旨如何？"师曰："月似弯弓，少雨多风。"

问："如何是诸佛心？"师曰："清则始终清。"曰："如何领会？"师曰："莫受人谩好！"

问："如何是祖师西来意？"师曰："踏步者谁？"

问："如何是和尚妙药？"师曰："不离众味。"曰："吃者如何？"师曰："唉唉^[2]看。"

问："如何是室内一碗灯？"师曰："三人证龟成鳖。"

问："如何是衲衣下事？"师曰："腊月火烧山。"

问："大众云集，请师施设。"师曰："三不待两。"

问："如何是学人时中事？"师曰："恰恰。"

问："如何是玄？"师曰："今日来，明日去。"曰："如何是玄中玄？"师曰："长连床上。"

问："如何是香林一脉泉？"师曰："念无间断。"曰："饮者如何？"师曰："随方斗秤。"

问："如何是衲僧正眼？"师曰："不分别。"曰："照用^[3]事如何？"师曰："行路人失脚。"

问："'万机俱泯迹^[4]，方识本来人'时如何？"师曰："清机自显。"曰："恁么则不别人？"师曰："方见本来人。"

问："鱼游陆地时如何？"师曰："发言必有后救。"曰："却下碧潭时如何？"师曰："头重尾轻。"

问："但有言句尽是宾，如何是主？"师曰："长安城里。"曰："如何领会？"师曰："千家万户。"

问："如何是西来的的意？"师曰："坐久成劳。"曰："便回转时如何？"师曰："堕落深坑。"

问："如何是无缝塔？"师曰："合掌当胸。"曰："如何是塔中人？"师曰："露也。"

问："教法未来时如何？"师曰："阎罗天子。"曰："来后如何？"师曰："大宋国里。"

问："一子出家，九族解脱。目连为甚么母入地狱？"师曰："确。"

问："如何是平常心？"师曰："早朝不审，晚后珍重^[5]！"

上堂："是汝诸人，尽是担钵囊向外行脚，还识得性也未？若识得，试出来道看。若识不得，只是被人热谩将去。且问汝诸人，是汝参学日久，用心扫地煎茶，游山玩水，汝且钉钉，唤甚么作自性？诸人且道，始终不变不异，无高无下，无好无丑，不生不灭，究竟归于何处？诸人还知得下落所在也未？若于这里知得所在，是诸佛解脱法门，悟道见性，始终不疑不虑，一任横行，一切人不奈汝何。出言吐气，实有来处。如人买田，须是收得元本契书。若不得他元本契书，终是不稳。遮莫经官判状，亦是不得。其奈不收得元本契书，终是被人夺却。汝等诸人，参禅学道，亦复如是。还有人收得元本契书么？试拈出看。汝且唤甚么作元本契书？诸人试道看。若是灵利底，才闻与么说着，便知去处。若不知去处，向外边学得千般巧妙，记持解会，口似倾河，终不究竟，与汝自己天地差殊。且去衣钵下体当寻觅看。若有个见处，上来这里道看，老僧与汝证明。若觅不得，且依行队去。"

将示寂，辞知府宋公玭[6]曰："老僧行脚去。"通判[7]曰："这僧风狂，八十岁行脚去那里？"宋曰："大善知识，去住自由。"师谓众曰："老僧四十年，方打成一片[8]。"言讫而逝，塔于本山。

【注释】

[1] 败阙（quē）：同"败缺"，指出现了过失、漏洞、破绽。

[2] 唼（shà）啖（dàn）：吃。

[3] 照用：临济宗创始人义玄接引学人的四种方法。见本书第十一章"临济义玄"注释。

[4] 泯迹：消除一切现象，达到佛教所说的无一切执着的境界，既没有我执，也没有法执。

[5] 早朝不审，晚后珍重：旧校本标点有误。因为旧校本未弄清"不审"与"珍重"是什么意思，所以常常标点出错。"不审"与"珍重"都是问候的意思。

[6] 宋公玭：宋玭（933～993年），字宝臣，华州渭南（今属陕西渭南）人，北宋大藏书家。宋太祖干德年间，以出类拔萃的成绩考进士登科及第，官拜青城主簿，掌文官之职，典领文书，办理事务。一生历任官职之多很是少见，皆以政绩突出而受褒奖。其父宋鸾，官至监察御史。

[7] 通判：官名。宋初始于诸州府设置，即共同处理政务之意。地位略次于州府长官，但握有联署州府公事和监察官吏的实权，号称监州。

[8] 打成一片：禅林用语。指融合一体。即去除一切之情量、计较，而将千差万别之事物融通一片，不再有你我、彼此、主客等之差别情想。禅宗典籍中，常用此语来表示泯绝二元对立之观念，或融合众多纷乱的现象、见解等之情况境界。

【概要】

澄远禅师，宋代禅僧，俗姓上官，绵竹（今属四川）人。幼年投成都真相院出家，十六岁受具足戒。后离蜀入秦。四出游方，依云门文偃，大驱所疑，得嗣其法，侍奉左右达十八年之久，为云门宗传人。还归成都，住迎祥寺天王院，时称水晶宫。宋干德二年（964 年），迁青城山香林院，弘扬云门宗风，说法二十余年。

【参考文献】

《景德传灯录》卷二十三；《联灯会要》卷二十六。

洞山守初禅师

襄州洞山守初宗慧禅师，初参云门。门问："近离甚处？"师曰："查渡[1]。"门曰："夏在甚处？"师曰："湖南报慈。"曰："几时离彼？"师曰："八月二十五。"门曰："放汝三顿棒。"

师至明日，却上问讯："昨日蒙和尚放三顿棒，不知过在甚么处？"门曰："饭袋子[2]！江西湖南便恁么去？"师于言下大悟，遂曰："他后向无人烟处，不蓄一粒米，不种一茎菜，接待十方往来，尽与伊抽钉拔楔[3]，拈却炙脂帽子[4]，脱却鹘臭布衫[5]，教伊洒洒[6]地，作个无事衲僧，岂不快哉！"门曰："你身如椰子大，开得如许大口。"师便礼拜。

住后，上堂："言无展事，语不投机。承言者丧，滞句者迷。还得么？你衲僧分上，到这里须具择法眼始得。只如洞山恁么道，也有一场过。且道过在甚么处？"

僧问："迢迢一路时如何？"师曰："天晴不肯去，直待雨淋头。"曰："诸圣作么生？"师曰："入泥入水。"

问："心未生时，法在甚么处？"师曰："风吹荷叶动，决定有鱼行。"

问："师登师子座，请师唱道情[7]。"师曰："晴干开水道，无事设曹司[8]。"曰："恁么则谢师指示。"师曰："卖鞋老婆脚趔趄[9]。"

问："如何是三宝？"师曰："商量不下。"

问："如何是无缝塔？"师曰："十字街头石师子。"

问僧："甚处来？"曰："汝州。"师曰："此去多少？"曰："七百里。"师曰："踏破几緉草鞋？"曰："三緉。"师曰："甚处得钱买？"曰："打笠子。"师曰："参堂去。"僧应喏。

问："如何是免得生死底法？"师曰："见之不取，思之三年。"

僧问："离却心机意识，请师一句。"师曰："道士着黄瓮里坐。"

问："非时亲觐，请师一句。"师曰："对众怎生举？"曰："据现定举。"师曰："放汝三十棒。"曰："过在甚么处？"师曰："罪不重科[10]。"

问："如何是佛？"师曰："麻三斤。"

问："莲华未出水时如何？"师曰："楚山头倒卓[11]。"曰："出水后如何？"师曰："汉水正东流。"

问："如何是吹毛剑？"师曰："金州客。"曰："用者如何？"师曰："伏惟尚飨。"

问："车住牛不住时如何？"师曰："用驾车汉作么？"

问："如何是衲僧分上事？"师曰："云裏楚山头，决定多风雨。"

问："海竭人亡时如何？"师曰："难得。"曰："便恁么去时如何？"师曰："云在青天水在瓶[12]。"

问："文殊、普贤来参时如何？"师曰："趁向水牯牛栏里着。"曰："和尚入地狱如箭射。"师曰："全凭子力。"

问："如何是正法眼？"师曰："纸捻无油。"

问："牛头未见四祖时如何？"师曰："椰栗木拄杖。"曰："见后如何？"师曰："窦八布衫[13]。"

问："如何是佛？"师曰："灼然谛当。"

问："万缘俱息，意旨如何？"师曰："瓮里石人卖枣圈[14]。"

问："如何是洞山剑？"师曰："作么？"曰："学人要知。"师曰："罪过。"

问："乾坤休着意[15]，宇宙不留心。学人只恁么，师又作么生？"师曰："岘山亭起雾，滩峻不留船。"

问："大众云臻，请师撮其枢要，略举大纲。"师曰："水上浮沤呈五色，海底虾蟆叫月明。"

问："正当恁么时，文殊普贤在甚么处？"师曰："长者八十一，其树不生耳[16]。"曰："意旨如何？"师曰："一则不成，二则不是。"

【注释】

[1] 查渡：地名。在今江西。

[2] 饭袋子：与"粥饭僧""粥饭气"等词大体相同。斥责只会吃饭的僧人，相当于今人骂"饭桶"。

[3] 抽钉拔楔：抽去钉子，拔出木桩，比喻解除妄想疑惑，摆脱俗情迷障。

[4] 炙脂帽子：沾染油脂的帽子。喻指尘俗烦恼、虚妄知见等。

[5] 鹘臭布衫：带着体臭的布衫。喻指尘俗烦恼、虚妄知见等。

[6] 洒洒：赤裸裸，空无一物。禅家用来形容除尽尘俗知解。

[7] 道情：曲艺的一个类别。以唱为主，以说为辅，以渔鼓、简板为伴奏乐器。源于唐代道教宣扬道教的《九真》《承灭》等道曲。后配以词调、曲牌，演变为民间布道时演唱的"新经韵"，也称作"道情""道歌"。

[8] 曹司：官署。诸曹郎中职司所在。唐代白居易《喜张十八博士除水部员外郎》："无复篇章传道路，空留风月在曹司。"

[9] 卖鞋老婆脚趤（lì）趚（sù）：趤趚：行动敏捷的样子。卖鞋的老婆婆走起路来也痛快利落，比喻从事某种职事的人在该方面做起来也擅长。

[10] 罪不重科：重：重复；科：判决，惩处。犯了罪只惩处一次，不再进行第二次的惩处。

[11] 倒卓：倒立。

[12] 云在青天水在瓶：参见本书第五章"澧州药山惟俨禅师"注释。

[13] 窦八布衫：窦八，即"窦八郎"。见《宋高僧传》卷二十五："窦八郎者，岐人也。家且富焉，自荷器鬻水，言语不常。唯散发披衣狂走，与李顺兴相类，或遇牛驴车，必抚掌而笑。迨死焚之，火聚中尽化金色胡蝶而飞去。或手掬衣扇行之，归家供养焉。"一些版本误将"八"作"入"，变成"窦入布衫"，历史上无"窦入"，此处亦将误解。

[14] 枣圈：枣脯的一种。其形如圈，故称。宋代孟元老《东京梦华录·饮食果子》："又有托小盘子卖干果子，乃旋炒银杏……枣圈、梨圈、桃圈、核桃。"

[15] 着意：集中注意力，用心。《楚辞·九辩》："罔流涕以聊虑兮，惟着意而得之。"朱熹集注："着意，犹言着乎心，言存于心而不释也。"

[16] 长者八十一，其树不生耳：出自本书第一章"十五祖迦那提婆尊者"条，可参阅。

【概要】

守初禅师（910～990年），出于傅氏。凤翔良原人也。儿时，闻钟梵声，辄不食危坐终日。母屡试之，不喂亦不索。年十六跪白求出家，母许之。依渭州崆峒沙门志谂剃发，律师净圆受具足戒，夏休诣云门偃禅师。乾祐元年，众请住洞山。淳化元年秋七月，无疾跏趺而化。阅世八十有一，坐六十有五夏。

其"麻三斤"的公案后来很快传遍丛林，象赵州和尚的柏树子公案一样，成为后代禅人参究的主要话头之一。这是用无义句截断学人语路的典型施设。《法演语录》卷下："石头恁么垂示，便类赵州庭前柏树子，洞山麻三斤，云门超佛越祖之谈。"《续传灯录》卷三十二"开善道谦"条："上堂：'洞山麻三斤，将去无星秤子上定过。每一斤恰有一十六两，二百钱重，更不少一毫。正与赵州殿里底一般，只不合被大愚锯解秤锤，却教人理会不得。如今若要理会得，但问取云门干屎橛。'"亦作"洞山麻三斤""洞山三斤"。

《古尊宿语录》卷三十八收有洞山守初禅师语录。

【参考文献】

《禅林僧宝传》卷八；《景德传灯录》卷二十三；《古尊宿语录》卷三十八。

洪州泐潭道谦禅师

僧问："如何是泐潭家风？"师曰："阇黎到来几日也？"

问："但有纤毫即是尘，不有时作么生？"师以手掩两目。

问："当阳[1]举唱，谁是闻者？"师曰："老僧不患耳聋。"

问："悟本无门，如何得入？"师曰："阿谁教汝恁么问？"

【注释】

[1] 当阳：①对着阳光。《全唐诗》卷八〇六"寒山诗"条："当阳拥裘坐，闲读古人诗。"②显露，明白。《景德传灯录》卷二九"罗汉桂琛"条："我宗奇特，当阳显赫。佛及众生，皆承恩力。"《惟则语录》卷二："山河大地，当阳全露法王身；草木丛林，同时尽作师子吼。"又作"当扬"。③当面，当场，当下。《中峰广录》卷四之上《示日本空禅人》："擘破面门，露出肝胆。当阳举似，觌面相呈。"《碧岩录》卷一"第七则"："一句下便见，当阳便透。若向句下寻思，卒摸索不著。"又作"当扬"。此处属于第三个含义。

金陵奉先深禅师

江南主请开堂，才升座，维那白槌曰："法筵龙象众，当观第一义。"师便曰："果然不识，钝置杀人[1]。"时有僧出，问："如何是第一义？"师曰："赖遇[2]适来道了也。"曰："如何领会？"师曰："速礼三拜。"复曰："大众！且道[3]钝置落在阿谁分上？"

师同明和尚在众时，闻僧问法眼："如何是色?"眼竖起拂子[4]。或曰："鸡冠花。"或曰："贴肉汗衫[5]。"二人特往请益[6]，问曰："承闻和尚有三种色语，是否?"眼曰："是。"师曰："鹞子过新罗[7]。"便归众。

时李王在座下，不肯，乃白法眼曰："寡人来日致茶筵，请二人重新问话。"

明日茶罢，备采一箱、剑一口，谓二师曰："上座若问话得是，奉赏杂采一箱。若问不是，只赐一剑。"

法眼升座，师复出问："今日奉敕问话，师还许也无。"眼曰："许。"曰："鹞子过新罗[7]。"捧采便行，大众一时散去。

时法灯作维那，乃鸣钟集众，僧堂前勘师。众集[8]，灯问："承闻二上座久在云门，有甚奇特因缘? 举一两则来商量看。"师曰："古人道：'白鹭下田千点雪，黄莺上树一枝花。'维那作么生商量?"灯拟议，师打一座具便归众。

师同明和尚到淮河，见人牵网，有鱼从网透出。师曰："明兄，俊哉! 一似个衲僧相似。"明曰："虽然如此，争如当初不撞入网罗好!"师曰："明兄，你欠悟在。"明至中夜方省。

【注释】

[1] 钝置杀人：太作弄人了。钝置，亦作"钝致"，指折腾、折磨、作弄。杀，通"煞"，指极、甚。旧译本译为"杀人"有误。

[2] 赖遇：幸亏。

[3] 大众! 且道：旧校本标点有误，作"大众且道"。旧校本亦如此。

[4] 闻僧问法眼："如何是色?"眼竖起拂子：旧校本作"如何是色眼?""眼"是法眼禅师的省略，却移入了引号之内变成"色眼"，出现笑话。

[5] 贴肉汗衫：亦作"着肉汗衫"。喻尘俗情念，区别妄心。

[6] 二人特往请益：旧校本校勘原刻作"三人特往请益"，更正为"二人特往请益"，但宝祐本并非作"三"。

[7] 鹞子过新罗：形容禅机稍纵即逝，如鹞子疾飞，转瞬之间已飞过新罗（古朝鲜）。有时用于言句问答，指出对方迟钝失机，含讥刺之义。《碧岩录》卷一"第一则"："到这里，以情识卜度得么? 所以云门道：'如击石火，似闪电光。'这

个些子，不落心机、意识、情想。等你开口，堪作什么？计较生时，鹞子过新罗！"《缁门警训》卷九《或庵体禅师示众》："支郎入作葛藤多，捏定咽喉不奈何。转得身来添气急，可怜鹞子过新罗。"（支郎：泛指僧人）

[8] 僧堂前勘师。众集：旧校本作"师众集"有误，"勘师"必须连在一起，不能分开。

随州双泉郁禅师

僧问："如何是第一句？"师曰："回头终不顾。"曰："如何是第二句？"师曰："未语先分付。"曰："如何是第三句？"师曰："连根犹带苦。"

上堂："初祖不虚传，二祖不虚受。彼彼[1]大丈夫，因甚么到恁么地？"便下座。

后住舒州海会，僧问："如何是舒州境？"师曰："浣水逆流山露骨。"曰："如何是境中人？"师曰："地有毒蛇沙有虱。"

【注释】

[1] 彼彼：他与他。

韶州披云智寂禅师

僧问："如何是披云境？"师曰："白日没闲人。"

问："如何是不迁义？"师曰："山高不碍白云飞。"

问："以字不成，八字不是[1]，未审是甚么字？"师曰："听老僧一偈：'以字不是八不成，森罗万象此中明，直饶巧说千般妙，不是讴阿[2]不是经。'"

问："如何是色空？"师曰："拾取落花生旧枝。"

问："如何是一尘？"师曰："满目是青山。"

问："如何是毗卢藏中有大经卷？"师曰："拈不得。"曰："为甚拈不得？"师曰："特地却成愁[3]。"

【注释】

[1] 以字不成，八字不是：参见第四章"睦州陈尊宿"条注释。

[2] 讴阿："讴"的音，意思为"有"，读"阿"的音，意思为"无"，题在经文的前面。从汉字的角度看，好像是一个字。这两个字有各种音译，如讴阿、阿忧、阿优等，《祖庭事苑》卷一说："以字不成，其说有三：一谓是'讴、阿'二字；二谓是音，字不译；三谓是梵书'心'字。并指经签题上'以'字也。"对于第三意义的"心"字说，《祖庭事苑》在另一处又说，"或者妄指为梵书心字，梵本且无此说，尤谬。"那么什么是"以字为是，八字不成"的"讴、阿"呢？有两说，一说指佛经之初的"如是我闻"。《祖庭事苑》："所谓讴阿，经首如是我闻，即不在经外签题之上。""下座与大众同到殿上，再讲经首'讴阿'。"（《列祖提纲录》卷四）另外一说，指外道经，唯识宗的窥基说：佛经之首的"如是"两字，"异外道等一切经初置'阿忧'二字。"（《大般若经般若理趣分述赞》卷一）华严宗的澄观说：佛经的经首立"如是"两字，"为异外道故，外道经首皆立'阿优'以为吉故。"（《华严经疏》卷四）此首偈子（以字不是八不成，森罗万象此中明，直饶巧说千般妙，不是讴阿不是经）的意思是，"以字不是八不成"所代表的佛法，把宇宙万像的道理都讲清楚了，世间有那么多的经典，说了那么多道理，如果没有这个"以字不是八不成"的"讴阿"为标识，就不是佛教的经，只有佛经所讲的，才是最合理的。此偈强调了佛经、佛法、佛理的殊胜性。（此注释参见南京清凉寺网站"清凉日日禅"）

[3] 特地却成愁：这样就反而使人忧愁了。特地，亦作"特底"，反而。

韶州舜峰义韶禅师

僧问："正法无言时如何？"师曰："言。"曰："学人不会，乞师端的[1]。"师曰："两重公案。"曰："岂无方便？"师曰："无礼难容。"

问："祖意教意，是同是别？"师曰："日出东方月落西。"

僧正到方丈，曰："方丈得恁么黑！"师曰："老鼠窟。"正曰："放猫儿入好。"师曰："试放看。"正无对，师拊掌笑。

师与老宿渡江次，师取钱与渡子，宿曰："囊中若有青铜片[2]。"师揖曰："长老莫笑。"

【注释】

[1] 端的：指明，说清。

[2] 青铜片：指铜钱，古代货币。

南岳般若寺启柔禅师

僧问："西天以蜡人为验，此土如何？"师曰："新罗人草鞋。"

问："如何是千圣同归底道理？"师曰："未达苦空境，无人不叹嗟。"

上堂，众闻板声集，师因示偈曰："妙哉三下板，知识[1]尽来参。既善分时节，吾今不再三。"便下座。

【注释】

[1] 知识：即善知识，与"恶知识"对称。指教示佛法之正道，令得胜益之师友。又作知识、善友、亲友、善亲友、胜友。

潞府妙胜臻禅师

僧问："金栗如来为甚么却降释迦会里？"师曰："香山南，雪山北[1]。"曰："南赡部洲[2]事又作么生？"师曰："黄河水急浪花粗。"

问："如何是向上一路？"师曰："一条济水贯新罗[3]。"

【注释】

[1] 香山南，雪山北：香山在无热池之北，阎浮提洲之最高中心。汉所谓昆仑山也。《俱舍论》谓之香醉山。今地学家所谓脱兰斯喜马拉雅山也。《观佛三昧海经》曰："雪山有树，名殃伽陀。其果甚大，其核甚小。推其本末，从香山来。以风力故，得至雪山。"《俱舍论》十一曰："大雪山北，有香醉山。雪北香南，有大池水，出四大河。"《西域记》一曰："赡部洲之中池者，阿耨婆答多池也，唐言无热恼。在香山之南大雪山之北，周八百里矣。"（出自丁福保《佛学大辞典》"香山条"）

[2] 南赡部州：佛经所说四洲之一。人类居住的世界。旧云南阎浮提，新云南赡部洲。阎浮者，佛经所说即赡部之树名，提者，洲之义，此洲中地有赡部树，故以为洲名，在须弥山南方之碱海中，故云南。

[3] 一条济水贯新罗：参见本书第十一章"汾阳善昭禅师"条："第三诀，西国胡人说，济水过新罗，北地用镔铁。"

荐福承古禅师

饶州荐福承古禅师，操行高洁，禀性虚明。参大光敬玄禅师，乃曰：

"只是个草里汉。"遂参福严雅和尚，又曰："只是个脱洒衲僧。"由是终日默然，深究先德洪规。一日览云门语，忽然发悟。自此韬藏，不求名闻。栖止云居弘觉禅师塔所，四方学者奔凑，因称"古塔主"也。景佑四年，范公仲淹出守鄱阳，闻师道德，请居荐福，开阐宗风。

僧问："大善知识，将何为人？"师曰："莫。"曰："恁么则有问有答去也。"师曰："莫。"

问："青青翠竹，尽是真如；郁郁黄花，无非般若。如何是般若？"师曰："黄泉无老少。"曰："春来草自青。"师曰："声名不朽。"曰："若然者，碧眼胡僧也皱眉。"师曰："退后三步。"僧曰："苦。"师乃"吽吽[1]"。

问："临济举拂，学人举拳，是同是别？"师曰："讹言乱众。"曰："恁么则依令而行也。"师曰："天涯海角。"

问："一喝分宾主，照用一时行，此意如何？"师曰："干柴湿荽[2]。"僧便喝，师曰："红焰炎天。"

上堂："夫出家者为无为法，无为法中无利益，无功德。近来出家人，贪着福慧，与道全乖。若为福慧，须至明心；若要达道，无汝用心处。所以常劝诸人，莫学佛法，但自休心。利根者画时[3]解脱，钝根者或三五年，远不过十年。若不悟去，老僧与你入拔舌地狱[4]。参！"

【注释】

[1] 吽吽：吽，原为牛、虎之叫声，一般多用于密教，表示摧破、恐怖之声；于禅林中，吽吽二字连用，即表示无法用文字言句诠释之无分别境。

[2] 湿荽（jiāo）：生长在水中湿地的荽白，一种蔬菜。

[3] 画时：指即时、立时。《旧五代史·晋书·少帝纪》："诸州率借钱帛，敕书到日，画时罢征，出一千贯已上者与免科徭，一万贯已上者与授本州岛上佐云。"

[4] 拔舌地狱：造作口业的人所堕落的地狱。《法苑珠林》曰："言无慈爱，谗谤毁辱，恶口离乱，死即当堕拔舌烊铜犁耕地狱。"《往生要集》上本曰："瑜伽四云：'从其口中拔出其舌，以百铁钉而张之，令无皱褶，如张牛皮。'"

【概要】

承古禅师，西川人。少为书生，博学有声。出家从警玄游。又谒南岳雅，雅许入室。游庐山。居宏觉塔院，号"古塔主"。初说法芝山，嗣云门。范仲淹守饶，景佑四年，迎住荐福。

乙酉冬十一月，辞众偈曰："天地本同根，鸟飞空有迹。雪伴老僧行，须弥撼金锡。乙酉冬至日，灵光一点赤。珍重会中人，般若波罗蜜。"偈毕而逝。

【参考文献】

《建中靖国续灯录》卷二；《宗鉴法林》卷五十一。

金陵清凉智明禅师

江南主[1]请师上堂，小长老[2]问："凡有言句，尽落方便。不落方便，请师速道。"师曰："国主在此，不敢无礼。"

【注释】

[1] 江南主：即李后主李煜（937～978年），南唐末代国君，唐元宗李璟第六子。北宋建隆二年（961年），李煜继位，尊宋为正统，岁贡以保平安。开宝四年（971年）十月，宋太祖灭南汉，李煜去除唐号，改称"江南国主"。开宝八年（975年），李煜兵败降宋，被俘至汴京（今河南开封），授右千牛卫上将军，封违命侯。太平兴国三年（978年）七月七日，李煜死于汴京，追赠太师，追封吴王。世称南唐后主、李后主。

[2] 小长老：五代时淮北僧人，或云江南江氏子。南唐后主李煜时至金陵，说后主广施梵刹，又请于牛头山大起兰若，广聚僧徒，日设斋馔食。后主以为一佛出世，颇信重之。及宋师围金陵，后主召其退敌，乃登城大呼，而四面矢石交下，始知其妄，鸩杀之。

潭州南台道遵法云禅师

上堂："从上宗乘，合作么生提纲？合作么生言论？佛法两字当得么？真如解脱当得么？虽然如是，细不通风，大通车马[1]。若约理化门中，一言才启，震动乾坤；山河大地，海晏河清；三世诸佛，说法现前。于此明得，古佛殿前，同登彼岸。无事，珍重！"

问："如何是祖师西来意？"师曰："下坡不走。"

问："牛头未见四祖时如何？"师曰："着衣吃饭。"曰："见后如何？"师曰："钵盂挂壁上。"

问："如何是真如含一切？"师曰："分明。"曰："为甚么有利钝？"师曰："四天打鼓，楼上击钟。"

问："如何是南台境？"师曰："金刚[2]手指天。"

问："如何是色空？"师曰："道士着真红。"

问："十二时中，时时不离时如何？"师曰："谛。"

【注释】

[1] 细不通风，大通车马：指佛法广大无边，可以任意变化。要它细小，连风都透不过；要它变大，可以通行车马。

[2] 金刚：护法天神。持金刚杵之力士，谓之金刚。"执金刚"之略名。《行宗记》二上曰："金刚者，即侍从力士，手持金刚杵，因以为名。"

双峰竟钦禅师

韶州双峰竟钦禅师，益州人也。开堂日，云门和尚躬临证明。

僧问："如何是佛法大意？"师曰："日出方知天下朗，无油那点佛前灯？"

问："如何是双峰境？"师曰："夜听水流庵后竹，昼看云起面前山。"

问："如何是和尚为人一句？"师曰："因风吹火。"

上堂："进一步则迷理，退一步则失事。饶你一向兀然去，又同无情。"僧问："如何得不同无情去？"师曰："动转施为[1]。"曰："如何得不迷理失事去？"师曰："进一步，退一步。"僧作礼，师曰："向来有人恁么会？老僧不肯伊。"曰："请师直指。"师便打出。

问："如何是正法眼？"师曰："山河大地。"

问："如何是法王剑？"师曰："铅刀[2]徒逞，不若龙泉。"曰："用者如何？"师曰："藏锋犹不许，露刃更何堪！"

问："宾头卢[3]应供四天下，还得遍也无？"师曰："如月入水[4]。"

问："如何是用而不杂？"师曰："明月堂前垂玉露，水晶殿里璨真珠。"

有行者问："某甲遇贼来时，若杀即违佛教，不杀又违王敕，未审师意如何？"师曰："官不容针，私通车马。"

广主尝亲问法要，锡慧真广悟号。将示寂，告门人曰："吾不久去世，汝可就山顶预修坟塔。"洎工毕，以闻，师曰："后日子时行矣。"及期，会云门爽和尚等七人夜话，侍者报三更也。师索香焚之，合掌而逝。

【注释】

[1] 施为：指机锋运用，禅法实践。

[2] 铅刀：铅制的刀。铅质软，作刀不锐，故比喻无用的人和物。汉代贾谊《吊屈原赋》："莫邪为钝兮，铅刀为铦。"

[3] 宾头卢：参见本书第二章"宾头卢尊者"注释。佛命宾头卢尊者永住于世，受四天下众生供养。宾头卢为佛弟子名，旧校本未加专有名词线，有误。

[4] 如月入水：就像月亮的影子落在水中，天上的月亮只有一个，但千江有水千江月。

韶州资福诠禅师

僧问："不问宗乘，请师心印。"师曰："不答这话。"曰："为甚么不答？"师曰："不副[1]前言。"

问："觌面难逢处，如何顾鉴咦[2]？乞师垂半偈，免使后人疑。"师曰："锋前一句超调御，拟问如何历劫违！"曰："怎么则东山西岭时人知有，未审资福庭前谁家风月？"师曰："且领前话。"

【注释】

[1] 副：符合。

[2] 顾鉴咦（yí）：云门大师出外散步时，每逢遇到僧人，也不打招呼，只睁大眼睛顾视着他，说："鉴。"学僧准备答话，他马上又说："咦。"有人把这情形记录下来，就成了云门顾鉴咦。顾，是指瞪视的动作。鉴：作名词用，是指镜子；作动词用，是指鉴照。咦：是感叹词，用在此处，有否定的意味。

黄云元禅师

广州黄云元禅师，初开堂日，以手拊绳床曰："诸人还识广大须弥之座也无？若不识，老僧升座去也。"师便坐。

僧问："如何是大汉国境？"师曰："歌谣满路。"

上堂："古人道：'触目未曾无，临机何不道？'山僧即不然，触目未曾无，临机道甚么？珍重！"

龙境伦禅师

广州龙境伦禅师，开堂升座，提起拂子曰："还会么？若会，头上更增头；若不会，断头取活。"

僧问："如何是龙境家风？"师曰："豺狼虎豹。"

问："如何是佛？"师曰："勤耕田。"曰："学人不会。"师曰："早收禾。"

问僧："甚么处来？"曰："黄云来。"师曰："作么生是黄云'郎当[1]媚痴，抹跶[2]为人'一句？"僧无对。

示众曰："作么生是长连床上取性一句？道将来！"

【注释】

[1] 郎当：窝囊，不成器。
[2] 抹跶：方言。又作刮达，方言也说"刮"。意为"大步快走，竞走"。

韶州云门山爽禅师

上堂，僧问："如何是佛？"师曰："圣躬[1]万岁。"

问："如何是透法身句？"师曰："银香台上生萝卜。"

【注释】

[1] 圣躬：犹圣体。臣下称皇帝的身体。亦代指皇帝。晋代袁宏《后汉纪·顺帝纪下》："恐左右忠孝，不欲屡劳圣躬，以为亲耕可废。"《后汉书·班固传下》："俯仰乎乾坤，参象乎圣躬。"李贤注："圣躬，谓天子也。"

白云闻禅师

韶州白云闻禅师，上堂良久，僧出问："白云一路，全因今日。"师曰："不是！不是！"曰："和尚又如何？"师曰："白云一路，草深一丈。"便下座。

问："拟伸一问，师还答否？"师曰："皂荚树头悬，风吹曲不成。"

问："受施主供养，将何报答？"师曰："作牛作马。"

韶州净法禅想章禅师

广主问："如何是禅？"师乃良久，主罔测，因署其号。

僧问："日月重明时如何？"师曰："日月虽明，不鉴覆盆之下。"

问："既是金山，为甚么凿石？"师曰："金山凿石。"

问："如何是道？"师曰："迢迢十万余。"

韶州温门山满禅师

僧问："如何是佛？"师曰："胸题卍字。"曰："如何是祖？"师曰："不游西土。"

有人指壁上画问："既是千尺松，为甚么却在屋下？"师曰："芥子纳须弥作么生？"

问："隔墙见角，便知是牛时如何？"师便打。

问："如何是和尚家风？"师曰："汝曾读书么？"

问："太子初生为甚么不识父母？"师曰："迥然尊贵。"

英州[1]大容谆禅师

僧问："如何是大容水？"师曰："还我一滴来。"

问："当来弥勒下生时如何？"师曰："慈氏宫中三春草。"

问："如何是真空？"师曰："拈却拒阳着。"曰："如何是妙用？"师乃握拳。僧曰："真空妙用，相去几何？"师以手拨之。

问："长蛇偃月[2]即不问，匹马单枪时如何？"师曰："麻江桥[3]下，会么？"曰："不会。"师曰："圣寿寺[4]前。"

问："既是大容，为甚么趁出僧？"师曰："大海不容尘，小溪多搕擨[5]。"

问："如何是古佛一路？"师指地，僧曰："不问这个。"师曰："去。"

师与一老宿相期他往，偶因事不去。宿曰："佛无二言。"师曰："法无一向。"

【注释】

[1] 英州：今属广东英德。

[2] 长蛇偃月：古代军阵。长蛇阵是古代阵法之一，就是把军队排列成一长条的阵势并根据情况变化。偃月，兵器，如《三国演义》中关羽使用青龙偃月刀。

[3] 麻江桥：桥名，在英州城。北宋郑侠（1041～1119年）作《和英州太守何智翁次韵冯仲礼麻江桥》。

[4] 圣寿寺：寺名，在英州南山。今英德市城南二千米外的北江西岸，坐落景色秀丽的南山风景区，即有圣寿寺。据史料记载，圣寿寺始建于梁大中通五年（533年），是岭南地区较早、较著名的佛教丛林。相传禅宗六祖惠能在广州光孝寺剃度后北上韶关曹溪修建南华寺，途经英德圣寿寺并在此开坛讲经，弘扬佛法。北宋苏轼贬官英州，曾游历赋诗。

[5] 搕（kē）捶（zá）：禅林用语。本指粪、粪秽、杂秽，引申为无用而不值一顾之秽物。如禅宗之语录、公案系为导引开悟、打破执着所设之方便机法，故若不知融通无碍，反执着于语录、公案之文字语句，则犹如执取粪秽杂物一般，此即禅林每以"搕捶"戏称语录、公案之故。《云门录》卷上："若是一般掠虚汉，食人脓唾，记得一堆一担搕捶，到处驰骋，驴唇马嘴，夸我解问十转五转话。"（以上摘自《佛光大辞典》）又，《禅宗大词典》"搕捶"条："垃圾。多隐指言句知解，取其污秽、无用之喻义。"

广州罗山崇禅师

僧问："如何是大汉国境？"师曰："玉狗吠时天未晓，金鸡啼处五更初。"

问："丹霞访居士，女子不携篮时如何？"师曰："也要到这里一转。"

问："如何是罗山境？"师曰："布水千寻。"

韶州云门常宝禅师

上堂："至道无难，唯嫌拣择。还有拣择者么？"时有僧问："十方国土中，唯有一乘法。如何是一乘法？"师曰："日月分明。"曰："学人不会。"师曰："清风满路。"

鄞州林溪竟脱禅师

僧问："如何是法身？"师曰："四海五湖宾。"曰："如何是透法身句？"师曰："明眼人笑汝。"

问："如何是本来人？"师曰："风吹满面尘。"

问："牛头未见四祖时如何？"师曰："富贵多宾客。"曰："见后如何？"师曰："贫穷绝往还。"

问："如何是佛？"师曰："十字路头。"曰："如何是法？"师曰："三家村里。"曰："佛之与法，是一是二？"师曰："露柱渡三江，犹怀感恨[1]长。"

问："如何是无缝塔？"师曰："复州城。"曰："如何是塔中人？"师曰："龙兴寺。"

【注释】

[1] 感恨：怨恨，不满。感，通"憾"。《汉书·杜邺传》："（周公、召公）分职于陕，并无弼疑，故内无感恨之隙，外无侵侮之羞。"

韶州广悟禅师

僧问："如何是和尚为人一句？"师曰："因风吹火。"

广州华严慧禅师

僧问："承古有言：'妄心无处即菩提。'正当妄时，还有菩提也无？"师曰："来音已照。"曰："不会。"师曰："妄心无处即菩提。"

韶州长乐山政禅师

僧问："祖师心印，何人提掇？"师曰："石人妙手在。"曰："学人还有分也无？"师曰："木人整不齐。"

英州观音和尚

因穿井次，僧问："井深多少？"师曰："没汝鼻孔。"

问："牛头未见四祖时如何？"师曰："英州观音。"曰："见后如何？"师曰："英州观音。"

问："如何是观音妙智力？"师曰："风射破窗鸣。"

韶州林泉和尚

僧问："如何是林泉主？"师曰："岩下白石。"曰："如何是林泉家风？"师曰："迎宾待客。"

问："如何是道？"师曰："迢迢。"曰："便怎么领会时如何？"师曰："久久忘缘者，宁怀去住情。"

韶州云门煦禅师

僧问："如何是祖师西来意？"师曰："即今是甚么意？"僧曰："恰是。"师便喝。

瑞州黄檗法济禅师

僧问："如何是和尚家风？"师曰："与天下人作榜样。"

问："如何是佛？"师曰："眉粗眼大。"

上堂，良久曰："若识得黄檗帐子，平生行脚事毕。珍重！"

信州康国耀禅师

僧问："文殊与维摩对谈何事？"师曰："汝向髑髅后会，始得。"曰："古人道'髑髅里荐取'又如何？"师曰："汝还荐得么？"曰："恁么则远人得遇于师去也。"师曰："莫谩语。"

潭州谷山丰禅师

僧问："师唱谁家曲？宗风嗣阿谁？"师曰："雪岭梅花绽，云洞老僧惊。"

上堂："骏马机前异，游人肘后悬。既参云外客，试为老僧看。"时有僧才出，师便打，曰："何不早出头来！"便下座。

颖州罗汉匡果禅师

僧问："如何是吹毛剑？"师曰："了。"

问："和尚百年后，忽有人问向甚么处去，如何酬对？"师曰："久后遇作家，分明举似。"曰："谁是知音者？"师曰："知音者即不恁么问。"

问："凿壁偷光时如何？"师曰："错。"曰"争奈苦志专心！"师曰："错！错！"

鼎州沧溪璘禅师

僧问："是法住法位，世间相常住，云门和尚向甚么处去也？"师曰："见么？"曰："错。"师曰："错！错！"

问："如何是西来意？"师曰："不错。"

师因事示颂曰："天地之前径，时人莫强移。个中生解会，眉上更安眉。"

洞山清禀禅师

瑞州洞山清禀禅师，泉州李氏子。

参云门，门问："今日离甚处？"曰："慧林。"门举拄杖曰："慧林大师怎么去，汝见么？"曰："深领此问。"门顾左右微笑而已，师自此入室印悟。

金陵主请居光睦，未几命入澄心堂，集诸方语要，经十稔迎住洞山。

开堂日，维那白槌曰："法筵龙象众，当观第一义。"师曰："好个消息，只恐错会。"时有僧问："云门一曲师亲唱，今日新丰事若何？"师曰："也要道却。"

蕲州北禅悟通寂禅师

上堂，拈拄杖曰："过去、未来、现在三世诸佛微尘菩萨，一时在拄杖头上转大法轮，尽向诸人鼻孔里过。还见么？若见，与我拈将来[1]；若不见，大似立地死汉。"良久曰："风恬浪静，不如归堂。"

问僧："甚处来？"曰："黄州。"师曰："夏在甚处？"曰："资福。"师曰："福将何资？"曰："两重公案。"师曰："争奈在北禅手里。"曰："在手里即收取。"师便打，僧不甘，师随后趁出。

问："如何是佛？"师曰："对面千里。"

【注释】

[1] 将来：指带来、拿来。

庐州南天王永平禅师

僧问：“如何是西来意？”师曰：“不撒沙。”

问：“如何是南天王境？”师曰：“一任观看。”曰：“如何是境中人？”师曰：“且领前话。”

问：“久战沙场，为甚么功名不就？”师曰：“只为眠霜卧雪深。”曰：“恁么则罢息干戈，束手归朝去也。”师曰：“指挥使未到你在[1]。”

【注释】

[1] 指挥使未到你在：指挥使这个官还没轮到你当。旧校本标点有误，“指挥使未到，你在”，中间加逗号就令人费解了。

湖南永安朗禅师

僧问：“如何是洞阳家风？”师曰：“入门便见。”曰：“如何是入门便见？”师曰：“客是主人相师[1]。”

问：“如何是至极之谈？”师曰：“爱别离苦。”

【注释】

[1] 客是主人相师：又作“客是主人相”。相师，指古代以相术为业的人。此语或源于唐代的卢肇《嘲游使君》：“莫道世人无袁许，客子由来是相师。”诗中的袁许，乃指汉代的许负和唐代的袁天罡，二人皆精相人之术。此语字面的意思是，主人之富贵贫贱、好恶习惯等情况，可以从经常与他交往的客人身上看得出来，从这个角度来看，客人就是主人的相师，或者说，客人就是主人的脸面。宗门中指，凡入明眼宗师之门庭者，必无庸闲之辈；凡超绝之士频频出入之处，必是龙窟。永嘉云：“旃檀林，无杂树，郁密森沉师子住。境静林闲独自游，走兽飞禽皆远去。”（摘自兀斋《禅宗语汇摸象》，发于河北省佛协《禅》刊）

湖南湘潭明照禅师

僧问：“如何是湘潭境？”师曰：“山连大岳，水接潇湘。”曰：“如何是境中人?"师曰:"便合知时。"

问:"如何是佛法大意?"师曰:"百惑谩劳神。"

西川青城大面山乘禅师

僧问:"如何是相轮峰?"师曰:"直耸烟岚际。"曰:"向上事如何?"师曰:"入地三尺五。"

问:"如何是佛法大意?"师曰:"兴义门前冬冬鼓。"曰:"学人不会。"师曰:"朝打三千,暮打八百。"

兴元府普通封禅师

僧问:"今日一会,何似灵山?"师曰:"震动乾坤。"

问:"如何是普通境?"师曰:"庭前有竹三冬秀,户内无灯午夜明。"

韶州灯峰净源真禅师

上堂:"古人道:'山河大地普真如。'大众若得真如,即隐却山河大地;若不得,即违古人至言。众中道得者,出来道看;若道不得,不如各自归堂。珍重!"

僧问:"达磨未来时如何?"师曰:"三家村里,两两三三。"曰:"来后如何?"师曰:"千斜不如一直。"

问:"诸法寂灭相即不问,如何是世间相?"师曰:"真不掩假。"

问:"如何是和尚为人一句?"师曰:"不着力。"

大梵圆禅师

韶州大梵圆禅师,因见圣僧,乃问僧:"此个圣僧年多少?"僧曰:"恰共和尚同年。"师喝曰:"这碣斗![1]不易道得。"

【注释】

[1] 碣斗:亦作碣斗、礫斗、杰斗。其义有二:一是比喻黠慧、狡猾之徒的倨傲争斗。碣,为特立之石。黠慧狡猾之徒,为贯彻其说而倨傲巧辩,如碣石之特立,故有此喻。二是不肯认输反妄加强辩者,亦称为碣斗。《净心诫观法》卷下"诫观晚出家人心行法第二十五":"夫晚出家者有十种罪过,一者健斗,世言碣

斗，俗气成性，我心自在，意凌徒众，不受呵责。"

澧州药山圆光禅师

僧问："药峤灯联，师当第几?"师曰："相逢尽道休官去，林下何曾见一人[1]?"

问："水陆不涉者，师还接否?"师曰："苏噜苏噜。"

师问新到："南来北来?"曰："北来。"师曰："不落言诠，速道!速道!"曰："某甲是福建道人，善会乡谈。"师曰："参众去。"僧曰："灼然。"师曰："更踌跳。"便打[2]。

问："如何是祖师西来意?"师曰："道甚么!"

【注释】

[1] 相逢尽道休官去，林下何曾见一人：官场的人见了面，都说不当官是最好的，可在山林间没见到过一个由官场退下来的人。指官场的人不愿为官是假，贪婪权势唯恐丢官是真。出自唐代灵澈《东林寺酬韦丹刺史》："年老心闲无外事，麻衣草座亦容身。相逢尽道休官好，林下何曾见一人?"

[2] 便打：旧校本标点有误。"便打"是叙述语言，不能进入引号内作禅师语。

信州鹅湖云震禅师

僧问："如何是佛?"师曰："阇黎不是。"

问僧："近离甚处?"曰："两浙。"师曰："还将得吹毛剑来否?"僧展两手，师曰："将谓是个烂柯[1]仙，元来却是樗蒲[2]汉。"

问："如何是鹅湖家风?"师曰："客是主人相师。"曰："恁么则谢师周旋去也。"师曰："难下陈蕃[3]之榻。"

【注释】

[1] 烂柯：南朝梁任昉《述异记》卷上："信安郡·石室山，晋时王质伐木，至，见童子数人，棋而歌，质因听之。童子以一物与质，如枣核，质含之，不觉饥。俄顷，童子谓曰：'何不去?'质起，视斧柯烂尽，既归，无复时人。"后以"烂柯"谓岁月流逝，人事变迁。宋代陆游《东轩花时将过感怀》："还家常恐难全

壁，阅世深疑已烂柯。"

[2] 樗（chū）蒲（pú）：亦作"樗蒱"。古代一种博戏，后世亦以指赌博。汉代马融《樗蒲赋》："昔玄通先生游于京都，道德既备，好此樗蒲。"晋代葛洪《抱朴子·百里》："或有围棋樗蒱而废政务者矣，或有田猎游饮而忘庶事者矣。"唐代岑参《送费子归武昌》："知君开馆常爱客，樗蒱百金每一掷。"

[3] 陈蕃：指"陈蕃榻"典故。后汉陈蕃为太守，在郡不接宾客，唯徐稚来特设一榻，去则悬之。见《后汉书·徐稚传》。后因以"陈蕃榻"为礼贤下士之典。唐代张九龄《候使登石头驿楼作》："自守陈蕃榻，尝登王粲楼。"唐代李白《寄崔侍御》："高人屡解陈蕃榻，过客难登谢朓楼。"

庐山开先清耀禅师

僧问："如何是灯灯不绝？"师曰："青杨翻递植。"曰："学人不会。"师曰："无根树下唱虚名。"

问："披云一句师亲唱，长庆今朝事若何？"师曰："家家观世音。"

问："如何是披云境？"师曰："一瓶渌水[1]安窗下，便当生涯度几秋。"曰："如何是长庆境？"师曰："堂里老僧头雪白。"曰："二境同归，应当别理。"师曰："在处得人疑。"

问："古涧寒泉，谁人能到？"师曰："干。"曰："恁么则到也。"师曰："深多少？"

【注释】

[1] 渌水：清澈的水。汉代张衡《东京赋》："于东则洪池清籞，渌水澹澹。"

襄州奉国清海禅师

僧问："青青翠竹，尽是真如。如何是真如？"师曰："点铁成金客，闻名不见形。"曰："恁么则礼谢去也。"师曰："昔时妄想，至今犹存。"

问："承古有云：'见月休观指，归家罢问程。'如何是家？"师曰："试举话头看。"

问："放过即东道西说，不放过怎生道？"师曰："二年同一春。"

韶州慈光禅师

僧问："即心即佛，诱诲之言。不涉前踪，如何指教？"师曰："东西且置，南北事作么生?"曰："恁么则学人罔测去也。"师曰："龙头蛇尾。"

韶州双峰慧真禅师

僧问："如何是和尚非时为人一句?"师曰："吃棒得也未?"僧礼拜，师便打。

潭州保安师密禅师

僧问："辊芥[1]投针时如何?"师曰："落在甚么处?"
（梁山云："落在汝眼里。"）
问："不犯词锋时如何?"师曰："天台南岳。"曰："便恁么去时如何?"师曰："江西湖南。"

【注释】

[1] 辊（gǔn）芥：滚动的芥子。辊：滚动，转动。

韶州云门法球禅师

僧问："如何是西来大道?"师曰："当时妄想，至今不绝。"
问："如何是云门剑?"师曰："长空不匣锋铓[1]色。"曰："用者又如何?"师曰："四海唯清日月明。"
问："如何是道?"师曰："头上脚下。"曰："如何是道中人?"师曰："一任东西。"
问："如何是随色摩尼珠?"师曰："色即不无，作么生是珠?"曰："学人不会，特伸请益。"师曰："云有出山势，水无投涧声。"
问："牛头未见四祖时如何?"师曰："香风吹荟花。"曰："见后如何?"师曰："更雨新好者。"

【注释】

[1] 铓（máng）：刀、剑等的尖端。

韶州佛陀山远禅师

僧问："如何是佛？"师曰："铜头铁额。"曰："意旨如何？"师曰："簸土扬尘。"

连州慈云山深禅师

僧问："宝镜当轩时如何？"师曰："天地皆失色。"

问："如何是教外别传一句？"师曰："扣牙恐惊齿。"

庐山化城鉴禅师

僧问："如何是和尚正法眼？"师曰："新罗人迷路。"

上堂："十方薄伽梵，一路涅槃门。诸禅德！且作么生是涅槃门，莫是山僧这里聚会少时便为涅槃门么？莫错会好！诸禅德，总不恁么会，莫别有商量底么？山僧这里早是事不获已[1]，向诸人恁么道，已是相钝置了也。更拟踏步向前，有何所益？诸禅德！但自无事，自然安乐；任运天真，随缘自在。莫用巡他门户，求觅解会，记忆在心。被他系缚，不得自在。便被生死之所拘，何时得出头？可惜光阴，倏忽便是来生。速须努力！"时有僧问："生死到来，如何免得？"师曰："柴鸣竹爆惊人耳。"曰："学人不会，请师直指。"师曰："家犬声狞[2]夜不休。"

问："如何是菩提路？"师曰："月照旧房深。"

问："如何是和尚家风？"师曰："不欲说似人。"曰："为甚么却如此？"师曰："家丑不外扬。"

问："如何是和尚寻常为人底句？"师曰："量才补职。"曰："恁么则学人无分也。"师曰："心不负人。"

问："佛法毕竟成得甚么边事？"师曰："好个问头，无人答得。"曰："和尚岂无方便？"师曰："云有出山势，水无投涧声。"

问："如何是向上关捩子？"师曰："拔剑搅龙门。"

【注释】

[1] 事不获已：事情还没完，还没有一定的结果或结论。（摘自《佛源语词词典》）

[2] 狞：凶猛，凶恶。

庐山护国和尚

上堂，曰："有解问话者么？出来对众问看。"时有僧出礼拜，师曰："来朝更献楚王看。"便归方丈。

上堂："实际理地，不受一尘。佛事门中，不舍一法。"又曰："一法若有，毗卢堕在凡夫；万法若无，普贤失其境界。诸上座，作么生理论？朝夕恁么上来，向诸上座说个甚么即得？若说三乘十二分教，自有座主律师。若说世谛因缘，又非僧家之所议。若论佛法，从上祖宗，多少佛法，可与评量？总不如是，须知各各当人分上事。作么生是诸上座分上事？知有底，对众吐露个消息，以表平生行脚，参善知识，具烁迦罗目[1]，不被人谩，岂不快哉！还有么？"良久云："若无人出头，买卖不当价，徒劳更商量。珍重！"

僧问："佛未出世时如何？"师曰："云遮海门树。"曰："出世后如何？"师曰："擘破铁围山。"

【注释】

[1] 烁迦罗目：即烁迦罗眼。指金刚眼、坚固眼，即指明定正邪、辨别得失之眼。

庐州天王徽禅师

僧问："如何是一大藏教？"师曰："高座不曾登。"曰："登后如何？"师曰："三段不同，今当第一。向下文长，付在来日。东家篱，西家壁，自己分上又作么生？"僧无对，师便打。

问："如何是从天降下？"师曰："风雨顺时。"曰："如何是从地涌出？"师曰："稻麻竹苇。"

庐州庆云和尚

僧问："三乘十二分教即不问，如何是直截根源？"师曰："十进九退。"曰："如何即是？"师曰："何日得休时。"

问："一言道断时如何？"师曰："未是极则处。"曰："如何是极则处？”师曰：“冬后一阳生。”

问：“诸法实相义，和尚如何说？”师曰："口挂东壁上。”

问："佛令祖令今已委，向上机锋事若何？"师曰："令。"曰："学人不晓，如何指示？"师曰："收。"

岳州永福院朗禅师

问僧："汝是甚处人？"曰："荆南人。"师曰："还过公安渡也无？"曰："过公安渡。"师曰："汝何不判公验？"曰："和尚何得特地？"师曰："争奈岳阳关头何！"僧无语，师便打。

郢州芭蕉山弘义禅师

僧问："如何是最初一句？"师曰："举起分明。"曰："如何受持？"师曰："苏噜悉哩。"

问："学人非时上来，乞师一接。"师曰："汝是甚处人？"曰："河北人。"师曰："不易过黄河。"

郢州赵横山和尚

僧问："十二时中如何用心？"师曰："长连床上吃粥吃饭。"

问："如何是诸佛师？"师曰："平地看高。"

信州西禅钦禅师

僧问："如何是函盖乾坤[1]句？"师曰："天上有星皆拱北。"曰："如何是截断众流句？"师曰："大地坦然平。"曰："如何是随波逐浪句？"师曰："春生夏长。"

问："古殿重兴时如何？"师曰："一回春到一回新。"

【注释】

[1] 函盖乾坤：本书第十八章"九顶惠泉"条："昔日云门有三句，谓函盖乾坤句，截断众流句，随波逐浪句。"故函盖乾坤句、截断众流句、随波逐浪句构成云门三句。云门三句，依起信论，则第一句为一心门，第二句为真如门，第三句为生灭门。

庐州南天王海禅师

僧问："如何是一体真如？"师曰："五郎[1]手里铁弹子。"

问："十度发言九度休时如何"师曰："口边生荆棘。"曰："如何免得此过？"师曰："半路好抽身。"

【注释】

[1] 五郎：杨家将杨五郎。名杨春，字延德，杨家将小说、戏曲及民间传说中人物，金刀老令公杨业的第五子，故称"杨五郎"。官封宣威将军、殿前司马、步军都指挥使。金沙滩一战中只剩下自己单独应战，最后寡不敌众，削发假装僧人逃过追兵，但其后往五台山为僧。

桂州觉华普照禅师

僧问："大千世界为甚么转身不得？"师曰："谁碍阇黎？"曰："争奈转不得！"师曰："无用处。"

问："声色二字如何透得？"师曰："虚空无变易，日月自纷挐[1]。"

问："如何是真如涅槃？"师曰："秋风声飒飒，涧水响潺潺。"

上堂："总似今日，老胡有望，然灯佛不如阇黎。总似今日，老胡绝望，阇黎不如然灯佛。于此明得，大地微尘诸佛、西天二十八祖、唐土六祖、天下老宿，一时拈来山僧拄杖头上转妙法轮。于此明不得，百千诸佛穿你鼻孔，西天二十八祖透过你髑髅。还知么？若不知，山僧与你指出。"良久曰："山河大地有甚么过？久立，珍重！"

【注释】

[1] 纷挐（ná）：亦作"纷拏"。指混乱貌、错杂貌。汉代王逸《九思·悼乱》："嗟嗟兮悲夫，殽乱兮纷挐。"汉代王粲《闲邪赋》："情纷挐以交横，意惨凄而增悲。"

益州铁幢觉禅师

僧问："十二时中如何履践？"师曰："光剃头，净洗钵。"

问："如何是道？"师曰："踏着。"曰："如何是道中人？"师曰：

"退后三步。"

问："诸佛出世，当为何事？"师曰："截耳卧街。"

延长山和尚

新州延长山和尚，后住龙景山，真身现在。

僧问："如何是和尚家风？"师曰："丑拙不可当。"曰："客来如何祇待？"师曰："瓦碗竹箸[1]。"

问："从上古圣向甚么处去？"师曰："不在山间，即居树下。"曰："未审成得个甚么？"师曰："汝还知落处么？"僧无语，师便打。

【注释】

[1] 竹箸（zhù）：竹筷。箸，同"筯"，筷子。旧校本校对有误，作"竹筋"，无论宝祐本还是其他版本均无，并且意义上无法对应。

眉州福化充禅师

僧问："如何是大人相？"师曰："山僧这里不曾容易对阇黎。"曰："如何得相承去？"师曰："白云虽有影，绿竹且无阴。"

问："天皇也恁么道，龙潭也恁么道，未审和尚作么生道？"师曰："汝试道看。"曰："比来请益，岂无方便？"师曰："将谓是海东舶主，元来是北地番人。"

问："如何是佛法大意？"师曰："十字路头华表柱。"曰："学人不会，乞师再指。"师曰："君自行东我向西。"

眉州黄龙赞禅师

僧问："如何是和尚关捩子？"师曰："少人踏得着。"曰："忽踏得着时如何？"师曰："汝试进前看。"僧便喝，师便打。

问僧："近离甚处？"曰："香林。"师曰："在彼多少时？"曰："六年。"师曰："世尊在雪山六年，证无上菩提。汝在香林六年，成得个甚么？"僧无语，师曰："移厨吃饭汉。"

衡州大圣院守贤禅师

僧问："如何是古佛道场？"师曰："五通庙里没香炉。"

问："如何是佛法大意？"师曰："南斗七，北斗八[1]。"

【注释】

[1] 南斗七，北斗八：南斗只有六星，北斗只有七星，想要找到南斗第七星、北斗第八星是不可能的。禅师之意，要说出真正的佛法大意是不可能的，即"言语道断"之意。

舒州天柱山和尚

上堂曰："莫有作家战将么，试出来与山僧相见。"时有僧出礼拜，师曰："山僧打退鼓。"曰："和尚是甚么心行？"师曰："败将不战。"

问："北斗藏身，意旨如何？"师曰："阇黎岂不是荆南人？"曰："是。"师曰："只见波澜起，不测洞庭深。"

云门朗上座

韶州云门山朗上座，自幼肄业讲肆，闻僧问云门："如何是透法身句？"门曰："北斗里藏身。"师罔测微旨，遂造云门。门才见便把住曰："道！道！"师拟议，门拓开，乃示颂曰："云门耸峻白云低，水急游鱼不敢栖。入户已知来见解，何劳再举轹[1]中泥。"师因斯大悟，即便礼拜。自此依云门为上座。

僧问："如何是解脱？"师曰："穿靴水上行。"

问："如何是透脱一路？"师曰："南赡部洲，北郁单越。"曰："学人不会，意旨如何？"师曰："朝游罗浮[2]，暮归檀特[3]。"

【注释】

[1] 轹（lì）：车轮辗轧。汉代刘向《说苑·善说》："子今不正辔衔，使马卒然惊，妄轹道中行人，必逢大敌。"

[2] 罗浮：指罗浮山。位于广东广州东方博罗县西北之罗浮山脉中。长280余千米，高峰四百余座，为岭南名胜，寺院道观颇多。此山以瑰奇灵秀著称。自汉代

以降，史不绝书。据《太平御览》卷四十一所引载，此山为罗、浮二山之合体，晋代葛洪于此山得仙术，文人谢灵运作罗浮山赋，为世所知。在佛教史上，相传东晋敦煌沙门单道开为最初入罗浮山者。其后僧徒往来渐多，如支法防、僧景、道渐、慧远、慧持诸师均曾入山。南朝刘宋时代，酒泉僧慧览住此山天宫寺；梁代智药亦创建宝积寺。此外并有延祥、南楼、龙华、资福、华首、华严、大慈、延庆诸寺，历代名僧如希迁、惟俨、大颠、行明等均曾留锡于此。（摘自《佛光大辞典》）

[3]檀特：指檀特山，佛陀前世修行之处。关于"檀特山中修道"来自佛陀本生故事，佛陀前世为须大拏太子时修苦行时所住的山即为檀特山。此山之名又作檀陀柯山、檀拏迦山、弹宅迦山、檀陀山、善特山、大泽山、弹多落迦山，译为阴山、治罚山。据载，佛在前世为须大拏太子时，修菩萨行，将身边一切物悉皆施舍，并将妻子施与婆罗门，乃达完全施舍行之境界。

郢州纂子山庵主

僧问："如何是透法身句？"师曰："朝看东南，暮看西北。"

第三节　青原下八世

白云祥禅师法嗣

韶州大历和尚

韶州大历和尚，初参白云，云举拳曰："我近来不恁么也。"师领旨礼拜，自此入室。

住后，僧问："如何是西来意？"师曰："破草鞋。"

问："如何是无为？"师乃摆手。

问："施主供养，将何报答？"师以手捻髭。曰："有髭即捻，无髭又如何？"师曰："非公境界。"

连州宝华和尚

上堂："看天看地，新罗国里，和南[1]不审[2]，日销万两黄金。虽然如此，犹是少分。"又曰："尽十方世界，是个木罗汉，幡竿头上道将一句来。"又曰："天上龙飞凤走，山间虎啸猿啼。拈向鼻孔，道将一句来。"

问僧："甚处来？"曰："大容来。"师曰："大容近日作么生？"曰："近来合得一瓮酱。"师唤沙弥将一碗水来，与这僧照影。

因有僧问大容曰："天赐六铢披挂后，将何报答我皇恩？"容曰："来披三事衲，归挂六铢衣。"师闻之，乃曰："这老冻癑[3]作恁么语话。"容闻，令人传语曰："何以奴缘不断？"师曰："比为抛砖，只图引玉。"

师见一僧从法堂阶下过，师乃敲绳床，僧曰："若是这个，不请拈出。"师喜，下地诘之，僧无语，师便打。

师有时戴冠子，谓众曰："若道是俗，且身披袈裟；若道是僧，又头戴冠子。"众无对。

【注释】

[1] 和南：敬礼之义，原意为度我。系对长上问讯之语，属礼法之一。又作盘那寐、盘谈、烦淡、畔睬、婆南、伴题、伴谈、畔惮南、末捺南。译为我礼、归礼、敬礼、恭敬、度我、稽首。

[2] 不审：是僧人见面时的问候语。

[3] 老冻癑（nòng）：对老禅师的詈称。癑，鼻疾多涕。

月华山月禅师

韶州月华山月禅师，初谒白云。云问："业个甚么？"曰："念《孔雀经》。"云曰："好个人家男女，随鸟雀后走。"师闻语惊异，遂依附，久之乃契旨。寻住月华。

僧问："如何是月华家风？"师曰："若问家风，即答家风。"曰："学人问家风。"师曰："金铜罗汉。"

上堂："举一句语，遍大千界。还有人会得这个时节么？试出来道看。要知亲切。"良久曰："不出头，是好手。久立，珍重！"

僧问："如何是祖师西来意？"师曰："梁王不识。"曰："意旨如何？"师曰："只履西归。"

师入京，上堂。有一官人出，礼拜起，低头良久。师曰："掣电之机，徒劳伫思。"

有一老宿上法堂，东西顾视曰："好个法堂，要且无主。"师闻，乃召曰："且坐吃茶。"宿问曰："玄中最的，犹是龟毛兔角。不向二谛中修，如何密用？"师曰："测[1]。"宿曰："恁么则拗折拄杖，割断草鞋去也。"师曰："细而详之。"

【注释】

[1] 测：宝祐本作"侧"，续藏本作"测"。

南雄地藏和尚

南雄州地藏和尚，上堂，僧问："今日供养地藏，地藏还来否？"师曰："打开佛殿门，装香换水。"

师与大容和尚在白云开火路，容曰："三道宝阶，何以个火路？"师曰："甚么处不是？"

乐净含匡禅师

英州乐净含匡禅师，上堂，良久曰："摩竭提[1]国，亲行此令，去却担簦[2]，截流相见。"

僧问："如何是西来意？"师曰："侧耳无功。"

问："如何是乐净家风？"师曰："天地养人。"

问："如何是乐净境？"师曰："有工贪种竹，无暇不栽松。"曰："忽遇客来，将何供养？"师曰："满园秋果熟，要者近前尝。"

问："龙门有意透者如何？"师曰："滩下接取。"曰："学人不会。"师曰："唤行头[3]来。"

问："但得本，莫愁末。如何是本？"师曰："不要问人。"曰："如何是末？"师乃竖指。

问："如何是乐净境？"师曰："满月团圆菩萨面，庭前棕树夜叉头。"

僧辞，师问：“甚处去？”曰：“大容去。”师曰：“大容若问乐净有何言教，汝作么生祇对？”僧无语，师代云：“但道乐净近日不肯大容。”

因普请打篱[4]次，僧问：“古人种种开方便门，和尚为甚么却拦截？”师曰：“牢下橛着？”

【注释】

[1] 摩竭提：国名，又作“摩竭陀”。中印度国名，王舍城所在。译言持甘露、善胜、无恼、无害等。或为星名，或为古仙人或帝释前身之名。《肇论》曰：“释迦掩室于摩竭，净名杜口于毗耶。”《诸佛要集经》上，佛在摩竭陀国说法，以是时众生不肯听闻奉行，于因沙旧室（帝树译曰石室）坐夏九旬，不使一切人天入室，此间佛以神力变形诣东方普光国天王如来所，讲说诸佛之要集法。

[2] 担簦（dēng）：背着伞。谓奔走，跋涉。南朝宋代吴迈远《长相思》：“虞卿弃相印，担簦为同欢。”簦，古代长柄笠，犹今雨伞。

[3] 行头：头目。

[4] 篱（lí）：篱笆。

韶州后白云和尚

僧问：“古琴绝韵请师弹。”师曰：“伯牙虽妙手，时人听者希。”曰：“恁么则再遇子期也。”师曰：“笑发惊弦断，宁知调不同！”

问：“昔日灵山一会，梵王为主。未审白云甚么人为主？”师曰：“有常侍在。”曰：“恁么则法雨霶霑[1]，群生有赖。”师曰：“汝莫这里卖栀子[2]。”

【注释】

[1] 霶（pāng）霑（tuó）：同“滂沱”，（雨）盛大。

[2] 栀（zhī）子：栀子的果实，一种中药。

韶州白云福禅师

僧问：“如何是佛法的的之意？”师曰：“直。”曰：“学人不会，意旨如何？”师曰：“崖州路上问知音。”

德山密禅师法嗣

鼎州文殊应真禅师

上堂："直钩钓狞龙，曲钩钓虾蟆、蚯蚓，还有龙么？"良久曰："劳而无功。"

僧问："宝剑未出匣时如何？"师曰："在甚么处？"曰："出匣后如何？"师曰："臂长衫袖短。"

问："古人拊掌，意旨如何？"师曰："家无小使，不成君子[1]。"

【注释】

[1] 家无小使，不成君子：小使，原指官中的使役人员，泛指家中的佣人。家中没有佣人，说明地位不高，算不上上层人家。

南岳南台勤禅师

僧问："如何是祖师西来意？"师曰："一寸龟毛重七斤。"

鼎州德山绍晏禅师

僧问："如何是祖师西来意？"师曰："桃源水绕白云亭。"

上堂："一尘才起，大地全收。一毛头上，师子全身。且道一尘才起，大地全收，须弥山重多少？一毛头上，师子全身，大海水有几滴？有人道得，与汝拄杖子，天下横行。若道不得，须弥山盖却汝头，大海水溺却汝身。"

潭州鹿苑文袭禅师

僧问："远远投师，请师一接。"师曰："五门巷里无消息。"僧良久，师曰："会么？"曰："不会。"师曰："长乐坡头信不通。"

澧州药山可琼禅师

上堂，僧出曰："请师答话。"师曰："好。"曰："还当得也无？"师曰："更问。"问："巨岳不曾乏寸土，师今苦口为何人？"师曰："延寿也要道过。"曰："不伸此问，焉辨我师？"师便喝，僧礼拜，师便打。

巴陵干明院普禅师

僧问："万行齐修，古人不许。不落功勋，还许也无？"师曰："一。"曰："学人未晓，乞师再指。"师曰："三十年[1]后。"

【注释】

[1] 三十年：有些版本作"二十年"，宝祐本作"三十年"。

兴元府中梁山崇禅师

僧问："垂丝千尺，意在深潭时如何？"师曰："红鳞掌上跃。"

鄂州黄龙志愿禅师

僧问："迦叶上行衣，何人合得披？"师曰："一片烧痕地，春入又逢青。"

益州东禅秀禅师

僧问："既是善神，为甚么却被雷打？"师曰："世乱奴欺主，年衰鬼弄人。"

问："如何是一代时教？"师曰："多年故纸。"

普安道禅师

鼎州普安道禅师《三句颂》：

函盖乾坤曰："乾坤并万象，地狱及天堂。物物皆真见，头头用不伤。"

截断众流曰："堆山积岳来，一一尽尘埃。更拟论玄妙，冰消瓦解摧。"

随波逐浪曰："辩口利舌问，高低总不亏。还知应病药，诊候在临时。"

三句外曰：“当人如举唱，三句岂能该? 有问如何事，南岳与天台。”

抬荐商量曰： “相见不扬眉，君东我亦西。红霞穿碧落，白日绕须弥。”

巴陵鉴禅师法嗣

泐潭灵澄散圣

因智门宽禅师问曰：“甚处来?”师曰：“水清月现。”门曰：“好好借问。”师曰：“褊衫不染皂。”门曰：“吃茶去。”

师有《西来意颂》曰：“因僧问我西来意，我话居山七八年。草履只裁三个耳，麻衣曾补两番肩。东庵每见西庵雪，下涧长流上涧泉。半夜白云消散后，一轮明月到床前。”

襄州兴化院兴顺禅师

僧问：“如何是和尚深深处?”师曰：“举即易，答即难。”曰：“为甚么如此?”师曰：“过去。”

问：“如何是百千妙门，同归方寸[1]?”师曰：“水底看夜市。”

问：“如何是向上事?”师曰：“楚山头指天。”

【注释】

[1] 方寸：心。本指一寸见方的心部，又作寸心。旧校本校对有误，作“方升”。

双泉宽禅师法嗣

蕲州五祖师戒禅师

僧问：“如何是佛?”师曰：“鼻孔长三尺。”曰：“学人不会。”师曰：“真不掩伪，曲不藏直。”

问：“如何是道?”师曰：“点。”曰：“点后如何?”师曰：“荆三汴四。"

问："宝剑未出匣时如何？"师曰："看。"曰："出匣后如何？"师曰："收。"

问："如何是随色摩尼珠？"师曰："随。"曰："随后如何？"师曰："一个婆婆两个瘿[1]。"

问："得船便渡时如何？"师曰："棹在谁人手？"僧拟议，师曰："云有出山势，水无投涧声。"

上堂："佛病祖病，一时与诸禅德拈向三门外，诸禅德还拈得山僧病也无？若拈得山僧病，不妨见得佛病祖病。珍重！"

问："如何是祖师西来意？"师曰："担不起。"曰："为甚么担不起？"师曰："祖师西来意。"

问："牛头未见四祖时如何？"师曰："高问低对。"曰："见后如何？"师曰："风萧萧，雨飒飒。"

上堂，僧问："名喧宇宙知师久，雪岭家风略借看。"师曰："未在，更道。"僧展两手，师便打。僧礼拜，师竖起拄杖曰："大众，会么？言不再举，令不重行。"便下座。

问僧："近离甚处？"曰："东京。"师曰："还见天子也无？"曰："常年一度出金明池。"师曰："有礼可恕，无礼难容。出去。"

智门问曰："暑往寒来即不问，林下相逢事若何？"师曰："五凤楼前听玉漏[2]。"门曰："争奈主山高、案山低？"师曰："须弥顶上击金钟。"

【注释】

[1] 瘿（yǐng）：囊状肿瘤。多生于颈部，包括甲状腺肿大等。

[2] 玉漏：古代计时漏壶的美称。宋代杨万里《病中夜坐》："玉漏听来更二点，烛花剪了晕重开。"

江陵府福昌院重善禅师

僧问："如何是正法眼？"师曰："夜观乾象[1]。"曰："学人不会，意旨如何？"师曰："日里看山。"

问："如何是佛法的的大意？"师曰："东方甲乙木。"曰："恁么则粉身碎骨也。"师曰："易开终始口，难保岁寒心[2]。"

问："浩浩尘中，如何辨主？"师曰："长安天子，塞外将军[3]。"曰："恁么则权握在手。"师曰："不斩无罪人。"

问："如何是不迁底法？"师曰："死人不坐禅。"曰："学人不会，意旨如何？"师曰："那伽[4]常在定。"

问："离却咽喉唇吻，请师速道。"师曰："福昌口门窄。"曰："和尚为甚么口门窄？"师曰："还我话来。"

问："如何是离筌蹄底句？"师曰："头大帽子小。"曰："意旨如何？"师曰："侧脚反穿靴。"

问："金乌东涌，玉兔西沈[5]时如何？"师曰："措大[6]不骑驴。"曰："恁么则谢师指南。"师曰："更须子细。"

问："牛头未见四祖时如何？"师曰："櫪子[7]数珠。"曰："见后如何？"师曰："铁磬行者。"

问："未施武艺，便入战场时如何？"师曰："老僧打退鼓。"曰："恁么则展阵开旗去也。"师曰："伏惟尚飨。"

上堂："尽乾坤大地，微尘诸佛，总在福昌这里。"拈拄杖画一画，曰："说佛说法，诸禅德若也会得，出来与汝证据[8]。若也不会，花须连夜发，莫待晓风吹。"便下座。

【注释】

[1] 乾象：天象。旧以为天象变化与人事有关。《后汉书·皇后纪上·和熹邓皇后》："仰观干象，参之人誉。"

[2] 易开终始口，难保岁寒心：张口闭口说话容易，保持在恶劣环境下保持不变的品格则很难。

[3] 长安天子，塞外将军：亦作"寰中天子，塞外将军"。寰中天子即皇帝，具有至高无上的权力；塞外将军面临军机敌情，也有临时处理一切事务的权力。禅师常以此语启示学人领悟自心是佛、以我为主的禅旨。本书第十一章"叶县归省禅师"条："僧问：'祖祖相传，传祖印，师今得法嗣何人？'师曰：'寰中天子，塞外将军。'"

[4] 那伽：身变龙而定止于深渊曰那伽定。为保长寿，逢弥勒出世，以愿力而入于那伽定。

[5] 沈（chén）：降落。

［6］措大：旧指贫寒失意的读书人。

［7］槵子：木槵子也。于数珠用之。《校量数珠经》曰："槵子掏一遍，得福千倍。"《木槵子经》曰："若欲灭烦恼障报者，当贯木槵子一百八，常自随，若行若坐若卧，恒常至心无分散意，称佛陀达磨僧伽名，乃过一木槵子。"（摘自丁福保《佛学大辞典》）

［8］说佛说法，诸禅德若也会得，出来与汝证据：旧校本标点有误，修订后重印版亦误，参见项楚《五灯会元点校献疑续补一百例》。

蕲州四祖志諲禅师

僧问："如何是透法身句？"师曰："多年松树老鄰皴[1]。"

问："叶落归根时如何？"师曰："一岁一枯荣。"

【注释】

［1］鄰（lín）皴（cūn）：同"鳞皴"。像鳞片般的皲皮或裂痕。宋代范成大《巫山高》："西真功高佐禹迹，斧凿鳞皴倚天壁。"

襄州兴化奉能禅师

僧问："如何是佛？"师曰："发长僧貌丑。"

唐州天睦山慧满禅师

僧问："如何是佛？"师曰："多年桃核。"曰："意旨如何？"师曰："打破里头人。"

问："如何是祖师西来意？"师曰："三年逢一闰。"曰："合谈何事？"师曰："九日是重阳。"

鄂州建福智同禅师

僧问："如何是透法身句？"师曰："鹦鹉慕西秦。"僧礼拜，师曰："听取一颂：云门透法身，法身何许人？雁回沙塞北，鹦鹉慕西秦。"

襄州延庆宗本禅师

僧问："鱼未跳龙门时如何？"师曰："摆手入长安。"曰："跳过后如何？”师曰：“长安虽乐。”

鼎州大龙山炳贤禅师

僧问：“昔日先师语，如何透法身？”师曰：“万仞峰前句，不与白云齐。”

问：“如何是动乾坤句？”师曰：“透出龙宫还大海，掌开日月倒须弥。”

问：“如何是出家人？”师曰：“深。”曰：“如何是出家法？”师曰：“苦。”

自岩上座

僧问：“如何是无缝塔？”师曰：“砖瓦泥土。”曰：“如何是塔中人？”师曰：“含齿戴发。”

问：“如何是大人相？”师曰：“不曾作模样。”曰：“如何是老人相？”师曰：“无力把拄杖。”

问：“洞山麻三斤，意旨如何？”师曰：“八十婆婆不妆梳。”

香林远禅师法嗣

随州智门光祚禅师（先住北塔）

僧问：“如何是佛？”师曰：“踏破草鞋赤脚走。”曰：“如何是佛向上事？”师曰：“拄杖头上挑日月。”

问：“如何是祖师西来意？”师曰：“眼不见鼻。”曰：“便恁么领会时如何？”师曰：“鼻孔里呷羹。”

问：“曹溪路上还有俗谈也无？”师曰：“六祖是卢行者。”

问：“一切智智清净，还有地狱也无？”师曰：“阎罗王是鬼做。”

上堂：“一法若有，毗卢堕在凡夫；万法若无，普贤失其境界。正当恁么时，文殊向甚么处出头？若也出头不得，金毛师子腰折。幸好一盘饭，莫待糁椒姜[1]。”

上堂："山僧记得，在母胎中有一则语，今日举似大众，诸人不得作道理商量。还有人商量得么？若商量不得，三十年后不得错举。"

问："如何是清净法身？"师曰："满眼是埃尘。"

问："古镜未磨时如何？"师曰："也只是个铜片。"曰："磨后如何？"师曰："且收取。"

问："如何是般若体？"师曰："蚌含明月。"曰："如何是般若用？"师曰："兔子怀胎。"

问："金刚眼中着得个甚么？"师曰："一把沙。"曰："为甚么如此？"师曰："非公境界。"

问："如何是无缝塔？"师曰："四棱着地。"曰："如何是塔中人？"师曰："鼻孔三斤秤不起。"

问："莲花未出水时如何？"师曰："莲花。"曰："出水后如何？"师曰："荷叶。"

上堂："汝等诸人横担挂杖，出一丛林，入一丛林。你道丛林有几种？或有旃檀丛林，旃檀围绕。或有荆棘丛林，荆棘围绕。或有荆棘丛林，旃檀围绕。或有旃檀丛林，荆棘围绕。只如四种丛林，是汝诸人在阿那个丛林里安身立命？若无安身立命处，虚踏破草鞋，阎罗王征你草鞋钱有日在。"

上堂："雪峰辊球[2]，罗汉书字，归宗斩蛇，大随烧畬[3]，且道明甚么边事？还有人明得么？试道看。若明不得，所以道：'斩蛇须是斩蛇手，烧畬须是烧畬人。瞥起情尘生妄见，眼里无筋一世贫[4]。'"

上堂："赫日[5]里我人，云雾里慈悲，霜雪里假褐[6]，雹子里藏身。还藏得身么？若藏不得，却被雹子打破髑髅。"

上堂："东家李四婆，西家来乞火。门外立少时，嗔他停滞我。恶发走归家，虚心屋里坐。可怜群小儿，终日受饥饿。有眼不点睛，空锁髑髅破。"

【注释】

[1] 糁（sǎn）椒姜：混入胡椒与生姜。

[2] 雪峰辊（gǔn）球：公案。参见本书第七章"雪峰义存"条："一日升座，众集定。师辊出木球，玄沙遂捉来安旧处。"辊：滚动。这是禅家无义施设，

旨在截断学人话路意路，不可凭情识意想去猜测理解。后人常见拈提。

　　[3] 烧畲 (shē)：烧荒种田。畲田，是一种采用刀耕火种进行耕种田地的方法，即在播种以前将田地中的草木烧去，以灰作肥料。而烧山耕种之法，即被称为"畲山"。

　　[4] 眼里无筋一世贫：眼光短浅，没有见识的人一辈子要受穷。

　　[5] 赫日：红日。前蜀韦庄《上春词》："瞳眬赫日东方来，禁城烟暖蒸青苔。"宋代苏舜钦《吴越大旱》："二年春及夏，不雨但赫日。"

　　[6] 假褐 (hè)：借褐衣。褐：指粗布或粗布衣，古时贫贱者所服，最早用葛、兽毛，后通常指大麻、兽毛的粗加工品。《诗·豳风·七月》："无衣无褐，何以卒岁？"郑玄笺："褐，毛布也。"

【概要】

　　光祚禅师，宋代云门宗僧。浙江人。生卒年不详。曾参访益州（四川成都）青城山香林院澄远禅师，得其心印，并嗣其法。初住随州（今属湖北）双泉，复徙于智门寺，大振宗风，世称"智门光祚禅师"。其弟子有雪窦重显等三十余人。著有《智门祚禅师语录》一卷行世。

【参考文献】

　　《天圣广灯录》卷二十二；《联灯会要》卷二十七。

灌州罗汉和尚

　　僧问："如何是佛？"师曰："牛头阿旁[1]。"曰："如何是法？"师曰："剑树刀山。"

　　问："如何是佛法大意？"师曰："井中红焰，日里浮沤。"曰："如何领会？"师曰："遥指扶桑日那边。"

　　问："如何是本来心？"师曰："蹉过了也。"

【注释】

　　[1] 阿旁：亦作"阿傍"。梵语。地狱中鬼卒名。

灌州青城香林信禅师

　　僧问："觌面相呈时如何？"师曰："筑着鼻孔。"

洞山初禅师法嗣

福严良雅禅师

潭州福严良雅禅师，居洞山第一座。山参次，僧出问："如何是佛？"山答曰："麻三斤。"参罢，山至寮谓师曰："我今日答这僧话，得么？"曰："恰值某净发[1]。"山曰："你元来作这去就。"拂袖便出。师曰："这老汉将谓我明他这话头不得？"因作偈呈曰："五彩画牛头，黄金为点额。春晴二月初，农人皆取则。寒食[2]贺新正，铁钱三五百。"山见，深肯之。

住福严日，僧问："如何是和尚家风？"师曰："入门便见。"

【注释】

[1] 净发：僧人剃发之称。北魏郦道元《水经注·河水一》："其怀道宗玄之士，皮冠净发之徒，亦往栖托焉。"《法苑珠林》卷十："太子语净发师：'汝能为我净发以不？'其净发师报太子言：'甚能。'即以利刀剃头。"

[2] 寒食：节日名。在清明前一日或二日。

荆南府开福德贤禅师

僧问："去离不得时如何？"师曰："子承父业。"

问："如何是衲僧活计？"师曰："耳里种田。"

上堂："不用思而知，不用虑而解。知解俱泯，合谈何事？"良久曰："一叶落，天下秋。"

问："承和尚有言'隔江招手'，意旨如何？"师曰："被里张帆。"曰："恁么则南山起云，北山下雨去也。"师曰："踏不着。"

潭州报慈嵩禅师

僧问："北斗藏身，意旨如何？"师曰："百岁老人入漆瓮。"

乾明睦禅师

岳州乾明睦禅师，问洞山："停机罢赏时如何？"山曰："水底弄傀僊。"师曰："谁是看玩者？"山曰："停机罢赏者。"师曰："恁么则知音不和也。"山曰："知音底事作么生？"师曰："大尽三十日。"山曰："未在，更道。"师曰："某甲合吃和尚手中痛棒。"山休去。

问："昔日灵山记，今朝嗣阿谁？"师曰："楚山突兀，汉水东流。"曰："恁么则洞山的嗣也。"师曰："听事不真，唤钟作瓮。"

邓州广济院同禅师

僧问："万缘息尽时如何？"师曰："三脚虾蟆飞上天。"

问："如何是透法身句？"师曰："华岳三峰小。"曰："此意如何？"师曰："黄河辊底流。"

韶州东平山洪教禅师

僧问："如何是向上关？"师竖起拂子。僧曰："学人未晓，乞师再指。"师曰："非公境界。"曰："和尚岂无方便？"师曰："再犯不容。"

沩潭谦禅师法嗣

虔州丫山宗盛禅师

上堂："钟声清，鼓声响，早晚相闻休妄想。荐得徒劳别问津，莫道山僧无伎俩。咄！"

奉先深禅师法嗣

天台莲华峰祥庵主

僧问："如何是雪岭泥牛吼？"师曰："听。"曰："如何是云门木马嘶？"师曰："响。"

示寂日，拈拄杖示众曰："古人到这里，为甚么不肯住？"众无对，师乃曰："为他途路不得力。"复曰："毕竟如何？"以杖横肩曰："榔栗横担不顾人，直入千峰万峰去。"言毕而逝。

江州崇胜御禅师

僧问："如何是学人受用三昧？"师曰："横担拄杖。"曰："意旨如何？"师曰："步步踏实。"

双泉郁禅师法嗣

鼎州德山慧远禅师

开堂，示众曰："无量法门悉已具足。然虽如是，且须委悉，始得其余方便。昔时圣人互出，乃曰传灯；尔后贤者差肩，故云继祖。是以心心相传，法法相印。且作么生传？作么生印？"举起拂子曰："此乃人天同证。若如是也，递相证明。其或未晓之徒，请垂下问。"僧问："如何是祖师西来意？"师曰："铁门路险。"

解夏上堂，僧问："九旬禁足今已满，自恣之仪事若何？"师曰："猱狖趁蛱蝶，九步作一歇。"曰："意旨如何？"师示颂曰："两个童儿舁木鼓，左边打了右边舞。刹那变现百千般，分明示君君记取。"

问："亡僧迁化，向甚么处去？"师曰："乌龟钻破壁。"

上堂："枕石漱流，任运天真。不见古者道：'拨霞扫雪和云母，掘石移松得茯苓。'当恁么时，复何言哉？诸禅德要会么？听取一颂：'雪霁长空，迥野飞鸿。段云片片，向西向东。'"

襄州含珠山彬禅师

僧问："如何是正法眼？"师曰："瞎。"

问："如何是和尚关捩子？"师竖起拂子，僧便喝，师便打。

问："如何是三乘教？"师曰："上大人。"曰："意旨如何？"师曰："化三千。"

披云寂禅师法嗣

庐山开先照禅师

僧问："向上宗乘，乞师垂示？"师曰："白云断处见明月。"曰："犹是学人疑处。"师曰："黄叶落时闻捣衣。"

问："如何是和尚家风？"师曰："一条寒涧木，得力胜儿孙。"曰："用者如何？"师曰："百杂碎。"

上堂："丛林规矩，古佛家风。一参一请，一粥一饭。且道明得个甚么？只如诸人心心不停，念念不住，若能不停处停，念处无念，自合无生之理。与么说话，笑破他人口。参！"

金陵天宝和尚

僧问："白云抱幽石时如何？"师曰："非公境界。"

问："如何是和尚家风？"师曰："裂半作三。"曰："学人未晓。"师曰："鼻孔针筒。"

舜峰诏禅师法嗣

磁州桃园山曦朗禅师

僧问："如何是祖师西来意？"师曰："西来若有意，斩下老僧头。"曰："为甚却如此？"师曰："不见道'为法丧躯'。"

安州法云智善禅师

僧问："如何是古佛道场？"师曰："山青水绿。"

般若柔禅师法嗣

蓝田县真禅师

僧问："如何是大定门？"师曰："拈柴择菜。"

上堂："成山假就于始篑，修途托至于初步。上座适来从地炉边来，还与初步同别？若言同，即不会不迁；若言别，亦不会不迁。上座作么生会？还会么？这里不是那里，那里不是这里。且道是一处两处？是迁不迁？是来去不是来去？若于此显明得，便乃古今一如初终。自尔念念无常，心心永灭。所以道：'观方知彼去，去者不至方。'上座适来怎么来，却请怎么去。参！"

妙胜臻禅师法嗣

西川雪峰钦山主

上堂："昨日一，今日二，不用思量，快须瞥地。不瞥地，蹉过平生没巴鼻。咄！"

荐福古禅师法嗣

和州净戒守密禅师

僧问："如何是佛？"师曰："稽首！稽首！"曰："学人有分也无？"师曰："顿首！顿首！"僧作舞而出，师曰："似则恰似，是即未是。"

清凉明禅师法嗣

祥符云豁禅师

吉州西峰云豁禅师，郡之曾氏子。早扣诸方，晚见清凉。问："佛未出世时如何？"凉曰："云遮海门树。"曰："出世后如何？"凉曰："擘破铁围山。"师于言下大悟，凉印可之。归住宝龙，云侣骈集。

真宗皇帝遗使召至，访问宗要。留上苑，经时冥坐不食。上嘉异，赐号"圆净"。辞归，珍锡甚隆，皆不受，以诗宠其行。改"宝龙"曰"祥符"，旌师之居也。

尝有问《易》中要旨者，师曰："夫神生于无形，而成于有形。从有以至于无，然后能合乎妙圆正觉之道。故自四十九衍，以至于万有一千五百二十，以穷天下之理，以尽天下之性，不异吾圣人之教也。"

示寂日，为众曰："天不高，地不厚，自是时人觑不透。但看腊月二十五，依旧而南看北斗。"瞑然而逝。荼毗，获舍利建塔。

第四节　青原下九世

文殊真禅师法嗣

洞山晓聪禅师

瑞州洞山晓聪禅师，游方时在云居作灯头[1]，见僧说泗州大圣[2]近在扬州出现，有设问曰："既是泗州大圣，为甚么却向扬州出现？"师曰："君子爱财，取之以道。"后僧举似莲华峰祥庵主，主大惊曰："云门儿孙犹在。"中夜望云居拜之。

住后，僧问："达磨未传心地印，释迦未解髻中珠。此时若问西来意，还有西来意也无？"师曰："六月雨淋淋，宽其万姓心。"曰："恁么则云散家家月，春来处处花。"师曰："脚跟下到金刚水际是多少？"僧无语。师曰："祖师西来，特唱此事。自是上座不荐。所以，从门入者，不是家珍；认影迷头，岂非大错？既是祖师西来特唱此事，又何必更对切切？珍重！"

问："无根树子向甚么处栽？"师曰："千年常住一朝。"

僧问："如何是离声色句？"师曰："南赡部洲，北郁单越。"曰："恁么则学人知恩不昧也。"师曰："四大海深多少？"

问："古镜未磨时如何？"师曰："此去汉阳不远。"曰："磨后如何？"师曰："黄鹤楼前鹦鹉洲。"

问："如何是佛？"师曰："理长即就[3]。"

上堂："教山僧道甚么即得？古即是今，今即是古。所以，《楞严经》道：'松直棘曲，鹄白乌玄。'还知得么？虽然如是，未必是松一向直，棘一向曲，鹄便白，乌便玄。洞山道：'这里也有曲底松，也有直底棘，也有玄底鹄，也有白底乌。'久立！"

上堂，僧问："学人进又不得，退又不得时如何？"师曰："抱首哭苍天。"僧无语，师曰："汝还知钵盂锁子[4]落处么？汝若知得落处，也从汝问。三十年后，蓦然问着也不定。"

上堂，举："寒山云：'井底生红尘，高峰起白浪。石女生石儿，龟毛寸寸长。若要学菩提，但看此模样。"良久曰："还知落处也无？若也不知落处，看看菩提入僧堂里去也。久立！"

上堂："春寒凝冱，夜来好雪。还见么？大地雪漫漫，春风依旧寒。说禅说道易，成佛成祖难。珍重！"

上堂："晨鸡报晓灵，粥后便天明。灯笼犹瞌睡，露柱却惺惺。"复曰："惺惺直言惺惺，历历直言历历。明朝后日，莫认奴作郎。"

问："德山入门便棒，犹是起模画样。临济入门便喝，未免捏目生花。离此二途，未审洞山如何为人？"师曰："天晴久无雨，近日有云腾。"曰："他日若有人问洞山宗旨，教学人如何举似？"师曰："园疏枯槁甚，担水泼菠棱[5]。"

师一日不安，上堂辞众，述《法身颂》曰："参禅学道莫茫茫，问透法身北斗藏。余今老倒尫羸^[6]甚，见人无力得商量。唯有镘头知我意，栽松时复上金刚。"言讫而寂，塔于金刚岭。

【注释】

[1] 灯头：禅林中司掌灯烛之职称。

[2] 泗州大圣：参见本书第二章"泗州僧伽大圣"注释。

[3] 理长即就：谁的道理妙胜就依从谁。又作"理长则就"。

[4] 镄（fén）子：钵中之小钵，即浅铁钵，如普通之碗。据传，世尊成道时，受四天王四钵，重叠成一钵，外有四唇。

[5] 菠棱（léng）：即菠菜。唐代韦绚《刘宾客嘉话录》："菜之菠棱，本西国中有僧将其子来，如苜蓿、蒲葡，因张骞而至也。"

[6] 尫（wāng）羸（léi）：指瘦弱、衰病。

南台勤禅师法嗣

汝州高阳法广禅师

僧问："如何是大悲千手眼？"师曰："堕坑落堑。"

潭州石霜节诚禅师

僧问："古者道：'卷帘当白昼，移榻对青山。'如何是卷帘当白昼？"师曰："过净瓶来。"曰："如何是移榻对青山？"师曰："却安旧处着。"

上堂："心外无法，法外无心。随缘荡荡，更莫沉吟。你等诸人，才上阶道，便好回去，更要待第二杓恶水泼，作甚么？"

德山晏禅师法嗣

鼎州德山志先禅师

僧问："见色便见心时如何？"师曰："角弓弯似月，宝剑利如霜。"

曰："如何领会？"师曰："金甲似鱼鳞，朱旗如火焰。"

问："远远投师，乞师一接。"师曰："不接。"曰："恁么则虚伸一问。"师曰："少逢穿耳客[1]，多遇刻舟人。"

问："大通智胜佛，十劫坐道场，为甚么不得成佛道？"师曰："贪观天上月，失却掌中珠。"

问："军期急速时如何？"师曰："十字街头满面尘。"曰："为甚么如此？"师曰："知而故犯。"

问："如何是无为之谈？"师曰："石羊石虎喃喃语。"曰："是何言教？"师曰："长行[2]书不尽，短偈[3]绝人闻。"

问："如何是一称南无佛？"师曰："皆以成佛道。"

【注释】

[1] 少逢穿耳客：意谓上等根器、极具悟性者难以遇到。系禅家常语。穿耳客：原指印度僧人，因其多穿耳系环，这里指灵悟者。又如本书第十一章"风穴延沼禅师"条："问：'问问尽是捏怪，请师直指根源。'师曰：'罕逢穿耳客，多遇刻舟人。'"

[2] 长行：谓经文中，直宣说法相，而不限定字句之文句。以文句之行数长故也。是对于偈颂之称，十二分教之中第一修多罗是也。故诸经自能诠之文体分之，则惟长行与偈颂之二者而已。《百论疏》上曰："总谈设教，凡有三门：一但有长行，无有偈颂，如大品之类。二但有偈颂，无有长行，如法句之流。三具存二说，如《法华经》等。"

[3] 短偈：与长行相对的偈颂，参见上条注释。

黑水璟禅师法嗣

峨嵋黑水义钦禅师

上堂，僧出礼拜，师曰："大地百杂碎。"便下座。

五祖戒禅师法嗣

洪州泐潭怀澄禅师

僧问："见者是色，闻者是声。离此二途，请师别道。"师曰："古寺新牌额。"

问："不与万法[1]为侣者，是甚么人？"师曰："观世音菩萨。"

师一日见僧披衲，师曰："得恁么好针线？"曰："只要牢固。"师曰："打草惊蛇作甚么？"曰："客来须看。"师曰："只有这个，更别有？"曰："云生岭上。"师曰："未在，更道。"曰："水滴岩间。"

问："如何是佛法大意？"师曰："文殊自文殊，解脱自解脱。"

【注释】

[1] 万法：又称"诸法"。总赅万有事理之语。即色、心一切差别之法。与一般所说的万象、万事、万物等语相当。又称一切法，泛指宇宙间一切事物。在唯识学中，约万法为百法，复束之以五位，名曰"五位百法"。《大乘百法明门论》曰："一切法者，略有五种，一者心法，二者心所有法，三者色法，四者心不相应行法，五者无为法。"一切法可分作有为法和无为法两类，有为法是因缘造作之法，无为法是万法之实性。在五位百法中，前四位九十四法是有为法，第五位是无为法。（出自凌波居士著《唯识名词白话新解》）

瑞州洞山自宝禅师

上堂："总恁么风恬浪静，那里得来？忽遇洪波浩渺，白浪滔天。当恁么时，觅个水手也难得。众中莫有把拖者么？"众无对，师曰："赚杀一船人。"

僧问："如何是佛？"师曰："腰长脚短。"

复州北塔思广禅师

僧问："如何是衲僧变通之事？"师曰："东涌西没。"曰："变通后如何？"师曰："地肥茄子嫩。"

问："如何是和尚家风？"师曰："左手书右字[1]。"曰："学人不会。"师曰："欧头柳脚[2]。"

【注释】

[1] 左手书右字：相当于成语"左书右息"。意思是左右形式错乱，比喻倒行逆施。但此处禅师用意是，我的做法与世俗相反，这就是我的家风。"左书右息"出自《管子·七法第六》："不明于法而欲治民一众，犹左书而右息之。"尹知章注："息，止也……人右手能书，而左手不能书也。今反用左手书而右手息而不动倒行逆施之譬。"

[2] 欧头柳脚：欧体头，柳体脚。欧柳指著名书法家欧阳询与柳公权。

四海端禅师

蕲州四祖端禅师《法身颂》曰："灯心刺着石人脚，火急去请周医博[1]。路逢庞公[2]相借问，六月日头干晒却。"

【注释】

[1] 医博：宋代时国子监医学博士、诸路州医学博士省称。宋代曾巩《曾巩集》卷二《送刘医博》："小人久病为愁感，每叹地僻无良医。"

[2] 庞公：指庞蕴，参见本书第三章"襄州居士庞蕴"注释。

潭州云盖志颙禅师

僧问："如何是祖师西来意？"师曰："古寺碑难读。"曰："意旨如何？"师曰："读者尽攒眉。"

舒州海会通禅师

僧问："如何是佛法大意？"师曰："柿桶盖棕笠。"曰："学人不晓。"师曰："行时头顶戴，坐则挂高壁。"

瑞州洞山妙圆禅师

僧问："如何是佛？"师曰："头脑相似。"

蕲州义台子祥禅师

僧问："如何是义台境？"师曰："路不拾遗。"曰："如何是境中人？"师曰："桀犬吠尧[1]。"

【注释】

[1] 桀犬吠尧：桀相传是夏代的暴君，尧是传说中的远古时代的圣君。"桀犬吠尧"谓桀的狗向着尧乱叫。比喻坏人的爪牙攻击好人。也谓各为其主。语出汉代邹阳《狱中上书自明》："今人主诚能去骄傲之心，怀可报之意，披心腹，见情素，堕肝胆，施德厚，终与之穷达，无爱于士，则桀之狗可使吠尧，而跖之客可使刺由。"

明州天童怀清禅师

僧问："如何是祖师西来意？"师曰："眼里不着沙。"曰："如何领会？"师曰："耳里不着水。"曰："恁么则礼拜也。"师曰："东家点灯，西家暗坐[1]。"

【注释】

[1] 东家点灯，西家暗坐：佛教禅宗认为佛法一如，万物的根性是等无差别的，但是外在的表现确是森罗万象的，因而对参禅者来说，有的能够领悟禅理佛法，做到圆通无碍；有的处于迷妄之中，被事物的外在表现迷惑。（参见语文出版社《佛源语词词典》本条）又比喻各干各的，互不相干。（参见上海辞书出版社《中国俗语大辞典》本条）

越州宝严叔芝禅师

僧问："如何是佛？"师曰："土身木骨。"曰："意旨如何？"师曰："五彩金装。"曰："恁么则顶礼去也。"师曰："天台榔栗。"

蕲州五祖山秀禅师

僧问："无法可说，是名说法。既是无法可说，又将何说？"师曰："霜寒地冻。"曰："空生不解岩中坐，惹得天花动地来。"师曰："日出冰消。"僧拟议，师曰："何不进语？"僧又无语，师曰："车不横推，理无曲断[1]。"

【注释】

[1] 车不横推，理无曲断：车子不能横着推，道理不能歪曲地评定。喻指做事要按照事物的规律进行，不能违背规律。（参见语文出版社《佛源语词词典》本条）

襄州白马辩禅师

僧问："如何是佛？"师曰："水来河涨。"曰："如何是法？"师曰："风来树动。"

随州水南智昱禅师

上堂："欲识解脱道，鸡鸣天已晓。赵州庭前柏，打落青州枣。咄！"

福昌善禅师法嗣

安吉州上方齐岳禅师

僧问："如何是菩提？"师曰："砖头瓦子。"曰："意旨如何？"师曰："苦。"

上堂："旋收黄叶烧青烟，竹榻和衣半夜眠。粥后放参三下鼓，孰能更话祖师禅？"便下座。

明州育王常坦禅师

僧问："如何是有中有？"师曰："金河峰上。"曰："如何是无中无？"师曰："般若堂前。"

上堂："千花竞发，百鸟啼春，是向上句。诸佛出世，知识兴慈，是向下句。作么生是不涉二途句？若识得，顶门上出气。若识不得，土牛耕石田。"击禅床，下座。

润州金山瑞新禅师

僧问："吾有大患，为吾有身。父母未生，未审此身在甚么处？"师曰："旷大劫来无处所，若论生灭尽成非。"曰："恁么则周遍十方心，不在一切处。"师曰："泥里撼桩。"

上堂："世间所贵者，和氏之璧、隋侯之珠，金山唤作驴屎马粪。出世间所贵者，真如解脱、菩提涅槃，金山唤作屦沸碗鸣[1]。且道怎么说话，落在甚么处？故不是取舍心重，信邪倒见？诸人要知么？猛虎不顾几上肉，洪炉岂铸囊中锥[2]？"

【注释】

[1] 碗鸣：碗在锅中煮沸发出碰撞的声音，比喻多余无意义的话。禅林意在觉悟自性不从言语而得，说得更多又热闹的话都是无意义的。张秀清《"碗鸣"释诂》（2012年2月《齐齐哈尔大学学报》）针对项楚注释该词指出："'碗鸣'不是鬼取物时发出来的声音，而是和尚在'为人'（向学人宣讲授受祖佛言教）时用言语施设发出来的声音，又引申比拟处于此种情态的人或物或事，泛指徒劳无用的人或物或事。敦煌写卷《沙州进奏院状》中的'愰沸万劫，不到家乡'是'碗鸣'的极好注脚。'愰沸'是'碗鸣'的一种变体，'不到家乡'，即'不得禅旨'。"

[2] 猛虎不顾几上肉，洪炉岂铸囊中锥：猛虎向来不食案上之死肉，洪炉也不铸囊中锥一类的小东西。

乾明信禅师法嗣

澧州药山彝肃禅师

僧问："佛未出世时如何？"师曰："大树大皮裹。"曰："出世后如何？"师曰："小树小皮缠。"

问："如何是不动尊？"师曰："四王抬不起。"

智门祚禅师法嗣

雪窦重显禅师

明州雪窦重显禅师，遂宁府李氏子。依普安院仁铣上人出家。受具之后，横经[1]讲席，究理穷玄，诘问锋驰，机辩无敌。咸知法器。金指[2]南游，首造智门，即伸问曰："不起一念，云何有过？"门召师近前，师才近前，门以拂子蓦口打。师拟开口，门又打，师豁然开悟。出住翠峰，后迁雪窦。

开堂日，于法座前顾视大众曰："若论本分相见，不必高升法座。"遂以手画一画曰："诸人随山僧手看，无量诸佛国土一时现前。各各子细观瞻。其或涯际未知，不免拖泥带水。"便升座。上首白椎罢，有僧方出，师约住曰："如来正法眼藏，委在今日。放行则瓦砾生光，把住则真金失色。权柄在手，杀活临时。其有作者，共相证据。"僧出问："远离翠峰祖席，已临雪窦道场，未审是一是二？"师曰："马无千里谩追风[3]。"曰："恁么则云散家家月。"师曰："龙头蛇尾汉。"

问："德山临济棒喝已彰，和尚如何为人？"师曰："放过一着。"僧拟议，师便喝。僧曰："未审只恁么，别有在？"师曰："射虎不真，徒劳没羽。"

问："吹大法螺，击大法鼓，朝宰临筵，如何即是？"师曰："清风来未休。"曰："恁么则得遇于师也。"师曰："一言已出，驷马难追。"僧礼拜，师曰："放过一着。"乃普观大众曰："人天普集，合发明个甚么事？焉可互分宾主，驰骋问答，便当宗乘去？广大门风，威德自在，辉腾今古，把定乾坤。千圣只言自知，五乘[4]莫能建立。所以，声前悟旨，犹迷顾鉴[5]之端；言下知宗，尚昧识情[6]之表。诸人要知真实相为么？但以上无攀仰，下绝己躬[7]，自然常光现前，个个壁立千仞[8]。还辨明得也无？未辨辨取，未明明取。既辨明得，能截生死流，同据佛祖位，妙圆超悟，正在此时。堪报不报之恩，以助无为之化。"

问："如何是佛法大意？"师曰："祥云五色。"曰："学人不会。"师曰："头上漫漫。"

问："达磨未来时如何？"师曰："猿啼古木。"曰："来后如何？"师曰："鹤唳青霄。"曰："即今事作么生？"师曰："一不成，二不是。"

问："和尚未见智门时如何？"师曰："尔鼻孔在我手里。"曰："见后如何？"师曰："穿过髑髅。"

有僧出，礼拜起曰："请师答话。"师便棒，僧曰："岂无方便？"师曰："罪不重科[9]。"复有一僧出，礼拜起曰："请师答话。"师曰："两重公案[10]。"曰："请师不答话。"师亦棒。

问："古人道，北斗里藏身，意旨如何？"师曰："千闻不如一见。"曰："此话大行。"师曰："老鼠衔铁。"

问："古人道，皎皎地绝一丝头[11]，只如山河大地，又且如何？"师曰："面赤不如语直。"曰："学人未晓。"师曰："遍问诸方。"

问："如何是学人自己？"师曰："乘槎[12]斫额[13]。"曰："莫只这便是。"师曰："浪死虚生。"

问："如何是缘生义？"师曰："金刚铸铁券。"曰："学人不会。"师曰："闹市里牌。"曰："恁么则行到水穷处，坐看云起时。"师曰："列下。"

问："四十九年说不尽底，请师说？"师曰："争之不足。"曰："谢师答话。"师曰："铁棒自看。"

问："如何是把定乾坤眼？"师曰："拈却鼻孔。"曰："学人不会。"师曰："一喜一悲。"僧拟议，师曰："苦。"

问："如何是脱珍御服，着弊垢衣？"师曰："垂手[14]不垂手。"曰："乞师方便。"师曰："左眼挑筋，右眼抉肉。"

问："龙门争进举，那个是登科？"师曰："重遭点额。"曰："学人不会。"师曰："退水藏鳞。"

问："寂寂忘言，谁是得者？"师曰："卸帽穿云去。"曰："如何领会？"师曰："披蓑带雨归。"曰："三十年后，此话大行。"师曰："一场酸涩。"

问："坐断毗卢底人，师还接否？"师曰："殷勤送别潇湘岸。"曰："恁么则学人罪过也。"师曰："天宽地窄太愁人。"僧礼拜，师曰："苦屈之词，不妨难吐。"

问："生死到来，如何回避？"师曰："定花板上。"曰："莫便是他安身立命处也无？"师曰："符到奉行。"

上堂，僧问："如何是吹毛剑？"师曰："苦。"曰："还许学人用也无？"师嘘一嘘，乃曰："大众前共相酬唱，也须是个汉始得。若也未有奔流度刃[15]底眼，不劳拈出。所以道，如大火聚，近着即燎却面门。亦如按太阿[16]宝剑，冲前即丧身失命。"乃曰："太阿横按祖堂寒，千里应须息万端，莫待冷光轻闪烁。"复云："看看！"便下座。

上堂，僧问："如何是维摩一默？"师曰："寒山访拾得。"曰："恁么则入不二之门。"师嘘一嘘，复曰："维摩大士去何从，千古令人望莫穷。不二法门休更问，夜来明月上孤峰。"

上堂："春山叠乱青，春水漾虚碧。寥寥天地间，独立望何极！"便下座。却顾谓侍者曰："适来有人看方丈么？"者曰："有。"师曰："作贼人心虚。"

上堂："十方无壁落，四面亦无门。古人向甚么处见客？或若道得接手句，许你天上天下。"

上堂："田地稳密[17]底，佛祖不敢近，为甚么抬脚不起？神通游戏底，鬼神不能测，为甚么下脚不得？直饶十字纵横，朝打三千，暮打八百[18]。"

上堂："大众！这一片田地，分付来多时也，尔诸人四至界畔犹未识在。若要中心树子，我也不惜。"

问："如何是诸佛本源？"师曰："千峰寒色。"曰："未委向上更有也无？"师曰："雨滴岩花。"

上堂，僧问："雪覆芦花时如何？"师曰："点[19]。"曰："恁么则为祥为瑞去也。"师曰："两重公案。"乃曰："雪覆芦花欲暮天，谢家人不在渔船。白牛放却无寻处，空把山童赠铁鞭。"

师一日游山，四顾周览，谓侍者曰："何日复来于此？"侍者哀乞遗偈，师曰："平生唯患语之多矣。"翌日，出杖屦[20]衣盂，散及徒众，乃曰："七月七日复相见耳。"至期，盥沐摄衣，北首而逝。塔全身于寺之西坞。赐"明觉大师"。

【注释】

[1] 横经：横陈经籍。指受业或读书。南朝梁何逊《七召·儒学》："横经者比肩，拥帚者继足。"

[2] 佥指：导引术语。谓两足相并，脚趾用力，一开一合摇动。江陵张家山汉简《引书》："附足离合，摇三十，曰佥指。"此处受师指引南行。

[3] 马无千里谩追风：参阅本书第十二章"瑞岩如胜禅师"条："鹤有九皋难翥翼，马无千里谩追风。"追风：骏马名。北魏·杨衒之《洛阳伽蓝记·法云寺》："琛在秦州，多无政绩，遣使向西域求名马，远至波斯国，得千里马，号曰'追风赤骥'。"

[4] 五乘：一般指人乘、天乘、声闻乘、缘觉乘、菩萨乘。

[5] 顾鉴：指云门顾鉴。云门大师出外散步时，每逢遇到僧人，也不打招呼，只睁大眼睛顾视着他，说："鉴。"学僧准备答话，他马上又说："咦。"有人把这情形记录下来，就成了云门顾鉴咦。顾：是指瞪视的动作。鉴：作名词用，是指镜子；作动词用，是指鉴照。咦：是感叹词，用在此处，有否定的意味。云门大师每每如此，丛林广传，却无人领会其宗旨。后来云门弟子德山圆明缘密禅师，把云门顾鉴咦中的顾抽掉不用，只留鉴与咦，并作诵发明意旨，谓之《抽顾诵》。

[6] 识情：妄识俗情。《憨山老人梦游集》卷二《答郑昆岩中丞》："以心体如镜，妄想攀缘影子，乃真心之尘垢耳。故曰想相为尘，识情为垢。若妄念消融，本体自现。譬如磨镜，垢净明现。"又："盖因不得直捷下手处，只在从前闻见知解言语上，以识情转量，遏捺妄想，光影门头做工夫。先将古人玄言妙语蕴在胸中，当作实法，把作自己知见。殊不知此中一点用不着。此正谓依他作解，塞自悟门。"（出自《禅宗大词典》）

[7] 己躬：指己躬大事。禅人的本分大事，即明心悟性，超越生死。《密庵语录》："衲僧家出一丛林，入一保社，多历年所，己躬大事不能发现，盖为末上着脚手处迟缓，坐在脚头脚尾，听不出声，见不超色，如蚕作茧，自蒙自缚。"（出自《禅宗大词典》）

[8] 壁立千仞：又作"壁立万仞"。形容山崖石壁高峻陡峭。禅林常形容禅法高峻陡峭，世人难以仰攀。《禅宗大词典》："形容禅悟者明见自心、自我为主、绝无依倚、超脱尘俗的气概与境界。"

[9] 罪不重科：重：重复；科：判决，惩处。犯了罪只惩处一次，不再进行第二次的惩处。

[10] 两重公案：禅林用语。指对一公案重新诠释，亦即向学人再度提示某公

案。然亦有作揶揄之语者，讥讽禅徒自己无创意，参究禅旨之际，仅知模仿他人之公案，或拈或评，馨欬顾盼，装模作样，然皆不出前贤之余唾。

[11] 皎皎地绝一丝头：出自本书第十章"清凉文益禅师"条："尽十方世界，皎皎地无一丝头，若有一丝头，即是一丝头。"

[12] 乘槎：乘坐竹、木筏。槎，指竹、木筏。传说天河与海通，有居住海岛的人乘槎浮海而至天河，看见牛郎织女。见晋代张华《博物志》卷三。后用"乘槎"比喻入朝做官。唐代杜甫《奉赠萧二十使君》："起草鸣先路，乘槎动要津。"又比喻奉使。唐代杜甫《有感》之一："乘槎断消息，无处觅张骞。"

[13] 斫（zhuó）额：手放置额前，遥望远处。

[14] 垂手：禅师启发、接引学人称为"垂手"。

[15] 奔流度刃：形容机锋迅疾，法眼明亮。

[16] 太阿：古宝剑名。相传为春秋时欧冶子、干将所铸。

[17] 田地稳密：又作"稳密田地"。谓远离一切差别、相对，入于平等一如、安稳亲密之境地。即大悟者之境地。

[18] 朝打三千，暮打八百：是禅师对于僧徒参学失误的斥责。亦作"朝三千，暮八百"。

[19] 点：用开水泡茶、冲汤称为"点"。

[20] 屦（jù）：指用麻、葛等做成的鞋。

【概要】

重显禅师（980～1052年），宋代云门宗僧。遂宁（今四川蓬溪县之西）人，俗姓李。字隐之。家世豪富，以儒业传世。幼受家学，而志存出世，乃以妙龄离俗入道，投益州普安院之仁诜出家。初习经律，兼涉世法。受戒之后，唯专定业，得法于复州北塔之智门祚禅师，依止五年，尽得其道。后隐于钱塘灵隐寺三年，乃出住苏州之翠峰寺。次年转徙明州雪窦山资圣寺，海众云集，大扬宗风，乃有云门宗中兴之祖之称。又以禅师久住雪窦山，后世多以"雪窦禅师"称之。

皇佑四年六月十日示寂，世寿七十三，法腊五十。付法弟子有天衣义怀、称心省倧、万寿助、称心守明、承天传宗、南明日慎、投子法宗、实相蕴观、君山显升、洞庭惠金、曾公会等一百五十人。

禅师曾制《颂古百则》，以阐明禅门玄旨。此外，另有《明觉禅师语录》六卷、《瀑泉集》一卷、《祖英集》一卷以及《洞庭语录》《雪窦开堂录》《雪窦拈古集》《雪窦后录》《雪窦拾遗》等著作。

【参考文献】

《天圣广灯录》卷二十三；《续传灯录》卷二；《禅林僧宝传》卷十一；《联灯会要》卷二十七；《五灯严统》卷十五；《净慈寺志》；《祖庭事苑》卷一。

襄州延庆山子荣禅师

僧问："如何是随色摩尼珠？"师曰："三个童儿弄花球。"曰："恁么则终朝尽日也。"师曰："头白齿落。"

上堂，僧问："灵光隐隐，月照寒窗。善法堂[1]前，请师举唱。"师曰："听。"曰："此犹是这边事，那边事作么生？"师曰："脚下毛生。"

问："如何是佛？"师曰："横身彰十号[2]，入椁示双趺[3]。"曰："将何供养？"师曰："合掌当胸。"

问："如何是祖师西来意？"师曰："穿耳胡僧不着鞋。"

【注释】

[1] 善法堂：帝释天讲堂名。在须弥山顶喜见城外之西南角。于此论人中之善恶。《俱舍论》十一曰："外西南角有善法堂，三十三天时集于彼，详论如法不如法事。"《涅槃经》十二曰："是善法堂忉利诸天常集其中，论人天事。"

[2] 十号：佛有十种尊号。一，如来，乘如实之道来成正觉。二，应供，应受人天的供养。三，正遍知，真正遍知一切法。四，明行足，宿命明、天眼明、漏尽明三明与圣行、梵行、天行、婴儿行、病行五行悉皆具足。五，善逝，自在好去入于涅槃。六，世间解，能了解一切世间的事理。七，无上士，至高无上之士。八，调御丈夫，能调御修正道的大丈夫。九，天人师，佛是一切天、人的导师。十，佛世尊，佛是一切世人所共同尊重的人。

[3] 椁（guǒ）示双趺：释尊于拘尸那揭罗城外之娑罗林入灭后七日，迦叶方至，悲念而右绕释尊金棺，一心敬慕，赞叹佛德。时，千辐轮相（三十二相之一）之佛足示现金棺外。后世遂以椁示双趺表佛身出现棺外之意。椁，古代套于棺外的大棺。（参见《祖庭事苑》卷一、《云门录》卷上）

洪州百丈智映宝月禅师

僧问："师唱谁家曲？宗风嗣阿谁？"师曰："窜堵[1]那吒[2]掌上擎。"

曰："恁么则北塔的子，韶石儿孙也。"师曰："斫额望新罗。"

【注释】

[1] 窣（sū）堵：又作率都婆，舍利塔。在古代印度原为形如馒头之墓。释尊灭后，率都婆不止为坟墓之意，已有纪念物之性质，尤以孔雀王朝建设许多由炼瓦构筑之塔，埋有佛陀之遗骨、所持品、遗发等，故渐演变为圣地之标帜及庄严伽蓝之建筑。

[2] 那（né）吒（zhā）：佛教护法神，参见本书第二章"那吒太子"注释。

韶州南华宝缘慈济禅师

僧问："如何是祖师西来意？"师曰："青山绿水。"曰："未来时还有意也无？"师曰："高者高，低者低。"

黄州护国院寿禅师

僧问："如何是一路涅槃门？"师曰："寒松青有千年色，一径风飘四季香。"

问："如何是灵山一会？"师曰："如来才一顾，迦叶便低眉。"

瑞州九峰勤禅师

僧问："方便门中，请师垂示。"师曰："佛不夺众生愿。"曰："恁么则谢师方便。"师曰："却须吃棒。"

上堂："口罗舌沸[1]，千唤万唤，露柱因甚么不回头？"良久曰："美食不中饱人吃。"便下座。

【注释】

[1] 口罗舌沸：形容费尽口舌。

云盖继鹏禅师

潭州云盖继鹏禅师，初谒双泉雅禅师，泉令充侍者，示以"芭蕉拄杖"话，经久无省发。一日，泉向火次，师侍立，泉忽问："拄杖子话试举来，与子商量。"师拟举，泉拈火箭[1]便搕[2]，师豁然大悟。

住后，僧问："如何是佛法大意？"师曰："舌头无骨。"

问："如何是祖师西来意？"师曰："汤瓶火里煨。"

问："佛未出世时如何？"师曰："天。"曰："出世后如何？"师曰："地。"

上堂："高不在绝顶，富不在福严[3]，乐不在天堂，苦不在地狱。"良久曰："相识满天下，知心能几人？"

【注释】

[1] 火筯（zhù）：火筷子，拨动炭火的铁筷子。旧校本作"火筋"有误。宝祐本作"火筯"，同"火箸"。

[2] 摵（mí）：击，打。

[3] 福严：福德庄严。旧校本将"福严"作专有名词下划线有误。

鄂州黄龙海禅师

僧问："如何是黄龙家风？"师曰："看。"曰："忽遇客来，如何祗待？"师以拄杖点之。

问："如何是最初一句[1]？"师曰："掘地讨天[2]。"

【注释】

[1] 最初一句：又作"最初句"。当下契入、彻底省悟的第一句话。按禅家多有"末后句"之语，"最初句"与"末后句"说法不同，实则一致，均为达到省悟的关键一句，因为这一句本非通常言说，而是超语言、超分别的真如实相。《无门关·德山托钵》："识得最初句，便会末后句。末后与最初，不是者一句。"本书第二十章"护圣居静"条："最初句及末后句，透得过者，一生事毕。"亦作"最初一句""末上一句"等。

[2] 掘地讨天：同"掘地觅天"。讨，寻觅。掘开泥土去寻找天空，比喻荒唐颠倒、徒劳无益。《圆悟语录》卷一五《示曾待制》："禅非意想，道绝功勋。若以意想参禅，如钻冰求火，掘地觅天，只益劳神。若以功勋学道，如土上加泥，眼里撒沙，转见困顿。"《密庵语录》："向上一路，掘地觅天。"又："寄语满堂龙象众，无劳掘地觅青天。"（摘自《禅宗大辞典》）

鼎州彰法澄泗禅师

僧问："如何是佛法大意？"师曰："多少人摸索不着。"曰："忽然摸着又作么生?"师曰:"堪作甚么!"

泉州云台因禅师

僧问:"如何是和尚家风?"师曰:"嗔拳不打笑面。"曰:"如何施设?"师曰:"天台则有,南岳则无。"

问:"如何是佛?"师曰:"月不破五[1]。"曰:"意旨如何?"师曰:"初三十一[2]。"

问:"如何是佛法大意?"师曰:"今日好晒麦。"曰:"意旨如何?"师曰:"问取磨头[3]。"

上堂:"菩萨子!不在内,不在外,不在中间,且道落在甚么处?"良久曰:"南赡部州,北郁单越。"

【注释】

[1] 破五:中国传统年俗,农历正月初五,俗称破五。"破五"是"送年"的意思,过了这一天,一切就慢慢恢复到大年除夕以前的状态。

[2] 初三十一:初三或十一日,是文昌日,可得到文昌帝君的保佑,是好日子。本书第十九章"灵隐慧远禅师"条:"初三十一,不用择日。"

[3] 磨头:禅林之语。掌米麦等之碾磨者。

福严雅禅师法嗣

潭州北禅智贤禅师

僧问:"如何是佛?"师曰:"匙挑不上。"曰:"如何是道?"师曰:"险路架桥。"

岁夜小参,曰:"年穷岁尽,无可与诸人分岁。老僧烹一头露地白牛[1],炊黍米饭,煮野菜羹,烧榾柮[2]火,大家吃了,唱《村田乐》。何故?免见倚他门户傍他墙[3],刚被时人唤作郎。"便下座,归方丈。至夜深,维那入方丈问讯,曰:"县里有公人[4]到勾[5]和尚。"师曰:"作甚么?"那曰:"道和尚宰牛不纳皮角[6]。"师遂捋下头帽,掷在地上。那便拾去。师跳下禅床,拦胸擒住,叫曰:"贼!贼!"那将帽子覆师顶曰:

"天寒，且还和尚。"师呵呵大笑，那便出去。时法昌为侍者，师顾昌曰："这公案作么生？"昌曰："潭州纸贵，一状领过。"

【注释】

[1] 露地白牛：置于露天的白牛。《法华经·譬喻品》中用以比喻大乘教法，禅宗著作中多以比喻微妙禅法。

[2] 榾（gǔ）柮（duò）：木柴块，树根疙瘩。可代炭用。

[3] 唱《村田乐》。何故？免见倚他门户傍他墙：旧校本标点有误，"何故"后没有问号，与后句"免见倚他门户傍他墙"连在一起。又，"村田乐"是乐曲名，没有书名号。

[4] 公人：古代称衙门里的差役。宋代文天祥《宣州劝农文》："年年早纳早收钞，那有公人来叫呼？"

[5] 勾：捉拿，拘捕。

[6] 皮角：牛皮与牛角，此处代指纳税。

衡岳振禅师

南岳衡岳寺振禅师《山居颂》曰："阿呵呵，瘦松寒竹锁清波。有时独坐盘陀[1]上，无人共唱太平歌。朝看白云生洞口，暮观明月照婆婆。有人问我居山事，三尺杖子搅黄河。"

【注释】

[1] 盘陀：不平的石头。

开福贤禅师法嗣

日芳上座

僧问："如何是函盖乾坤句？"师竖起拄杖。僧曰："如何是截断众流句？"师横按拄杖。僧曰："如何是随波逐浪句？"师掷下拄杖。僧曰："三句外请师道。"师便起去。

师赞开福真曰："清仪瘦兮，可瞻可仰，仰之非亲。妙笔图兮，可拟可像，像之非真。非亲非真，秋月盈轮。有言无味兮的中的，既往如在兮觅焉觅？当机隐显兮丝发诮讹，金乌卓午兮迅风霹雳。"

报慈嵩禅师法嗣

郢州兴阳山逊禅师

僧问："如何是佛？"师曰："发白面皱。"曰："如何是法？"师曰："暑往寒来。"

问："如何是三界外事？"师曰："洛阳千里余，不得旧时书。"

德山远禅师法嗣

开先善暹禅师

庐山开先善暹禅师，临江军人也。操行清苦，遍游师席，以明悟为志。参德山，见山上堂，顾视大众曰："师子嚬呻[1]，象王回顾。"师忽有省，入室陈所解。山曰："子作么生会？"师回顾曰："后园驴吃草。"山然之。后至雪窦，窦与语，喜其超迈，目曰"海上横行暹道者"。遂命分座，四方英衲[2]敬畏之。他日，窦举师出世金鹅。师闻，潜书二偈于壁而去，曰："不是无心继祖灯，道惭未厕岭南能[3]。三更月下离岩窦，眷眷无言恋碧层。""二十余年四海间，寻师择友未尝闲。今朝得到无心地，却被无心趁出山。"晚年，众请滋甚，遂开法开先，以慰道俗之望。

开堂日，上首白槌罢，师曰："千圣出来，也只是稽首赞叹，诸代祖师提掇不起。是故始从迦叶，迄至山僧，二千余年，月烛慧灯，星排道树，人天普照，凡圣齐荣。且道承甚么人恩力？老胡也只道，明星出现时，我与大地有情同时成道。如是则彼既丈夫，我亦尔，孰为不可？良由诸人不肯承当，自生退屈，所以便推排一人半个先达[4]出来，递相开发，也只是与诸人作个证明。今日人天会上，莫有久游赤水，夙在荆山[5]，怀袖有珍，顶门有眼，到处践踏觉场底衲僧么？却请为新出世长老作个证明。还有么?"时有僧出,师曰:"象驾峥嵘谩进途,谁信螳螂能拒辙?"

问:"一棒一喝,犹是葛藤,瞬目扬眉,拖泥带水。如何是直截根源?"师曰:"速。"曰:"恁么则祖师正宗和尚把定。"师曰:"野渡无人舟自横。"

问:"如何是露地白牛?"师曰:"瞎。"

问:"妙峰顶上即不问,半山相见事如何?"师曰:"把手过江来。"曰:"高步出长安。"师曰:"脚下一句作么生道?"僧便喝,师曰:"山腰里走。"

问:"一雨所润,为甚么万木不同?"师曰:"羊羹虽美,众口难调。"

问:"年穷岁尽时如何?"师曰:"依旧孟春[6]犹寒。"

问:"更深夜静时如何?"师曰:"老鼠入灯笼[7]。"

问:"瞥瞋瞥喜时如何?"师曰:"适来菩萨面,如今夜叉头。"

上堂:"一若是,二即非,东西南北人不知。休话指天并指地,青山白云徒尔为。"以拄杖击香台,下座。

问:"雨雪连天,为甚么孤峰[8]露顶?"师曰:"有甚遮掩处。"

上堂,僧问:"如何是祖师西来意?"师曰:"洛阳城古。"曰:"学人不会。"师曰:"少室[9]山高。"僧礼拜,师乃曰:"佛种从缘起。"遂举拄杖曰:"拄杖子是缘,且作么生说个起底道理?"良久曰:"金屑虽贵,落眼成翳。"卓拄杖,下座。

【注释】

[1] 嚬(pín)呻:禅录用例多谓狮子、大象等吼叫,喻宗师说法具威慑力。《汾阳语录》卷上:"祖师心印,绝有言诠。唱导之机,岂无谈说?雷音震吼,谁敢当机?师子嚬呻,千狐并迹。"又卷下《叙六祖后传法正宗血脉颂》:"首山一脉西河注,六七宗师四海钦。师子金毛牙爪备,嚬呻震奋象穿林。"(摘自《禅宗大辞典》)

[2] 英衲:高僧。衲:僧衣、僧人,如"老衲"。

[3] 岭南能:"岭南"为慧能大师之故乡,故"岭南能"即指六祖慧能。旧校本未加专有名词线,有误。

[4] 先达:尊高德之称。谓比我先达于道者。《法华文句》九上曰:"彼诸大

士，是先进先达。"《梁僧传·序》曰："博咨故老，广访先达。"

　　[5] 久游赤水，凤在荆山：参见本书第十四章"净因自觉禅师"条："投赤水以寻珠，诣荆山而觅玉。"

　　[6] 孟春：春季的首月。

　　[7] 老鼠入灯笼：歇后语。老鼠钻进灯笼里——吃烛，谐音"吃粥"。

　　[8] 孤峰：喻指一法不立的禅法境界，彻悟者的境界。

　　[9] 少室：为嵩岳之别峰。魏孝文为佛陀禅师于此立少林寺。即初祖达磨九年面壁之处。

禾山楚材禅师

　　吉州禾山楚材禅智禅师，临江军人也。

　　僧问："佛令祖令，诸方并行，未审和尚如何？"师曰："山僧退后。"曰："恁么则诸方不别也。"师曰："伏惟[1]！伏惟！"

　　问："如何是离凡圣底句？"师曰："山河安掌上。"曰："恁么则迥超今古外？"师曰："展缩在当人。"

　　问："一毫未发时如何？"师曰："海晏河清。"曰："发后如何？"师曰："遍界无知己。"

　　问："如何是和尚说法底口？"师曰："放一线道[2]。"

　　问："抱璞投师，请师雕琢。"师曰："不雕琢。"曰："为甚么不雕琢？"师曰："弄巧翻成拙。"

【注释】

　　[1] 伏惟：亦作"伏维"。下对上的敬词。多用于奏疏或信函。谓念及，想到。

　　[2] 一线道：禅林用语常作"放一线道"或"开一线道"。谓禅法固密难入，禅师以方便法门，放开一线之道，让学人有路可循。系禅家接引学人时的方便法门。

秀州资圣院盛勤禅师

　　僧问："如何是正法眼？"师曰："山青水绿。"

　　问："四威仪中如何履践？"师曰："鹭鸶立雪。"曰："恁么则闻钟持钵，日上栏干。"师曰："鱼跃千江水，龙腾万里云。"曰："毕竟如何？"师曰："山中逢猛兽，天上见文星。"

上堂："多生觉悟非干衲，一点分明不在灯。"拈拄杖曰："拄杖头上祖师，灯笼脚下弥勒。须弥山腰鼓细即不问你，作么生是分明一点？你若道得，无边刹境总在你眉毛上。你若道不得，作么生过得罗刹桥？"良久曰："水流千派月，山锁一溪云。"卓拄杖，下座。

鹿苑圭禅师

潭州鹿苑圭禅师，桂州人也。

僧问："如何是道？"师曰："吴头楚尾。"曰："如何是道中人？"师曰："骑马踏镫[1]，不如步行。"

问："如何是第一义谛？"师曰："胡人读汉书。"

上堂："凡有因缘，须晓其宗。若晓其宗，无是无不是。用则波腾海沸，全真体以运行；体则镜净水沉，举随缘而会寂。且道兜率天宫，几人行几人坐？若向这里辨得缁素，许你诸人东西南北，如云似鹤。于此不明，踏破草鞋，未有了日在。参！"

【注释】

[1] 镫（dèng）：挂在鞍子两旁的脚踏。多用铁制成。

第五节　青原下十世（上）

洞山聪禅师法嗣

云居晓舜禅师

南康军云居晓舜禅师，瑞州人也。少年粗猛，忽悟浮幻，投师出家，乃修细行。参洞山。一日，如武昌行乞，首谒刘公居士家。士高行，为时所敬，意所与夺，莫不从之。师时年少，不知其饱参，颇易之。士曰："老汉有一问，若相契即开疏，如不契即请还山。"遂问："古镜未磨时如何？"师曰："黑似漆。"士曰："磨后如何？"师曰："照天照地。"士长揖曰："且请上人还山！"拂袖入宅[1]。师懡㦩[2]，即还洞山。山问其故，师具言其事。山曰："你问我，我与你道。"师理前问，山曰："此去汉阳不远。"师进后语，山曰："黄鹤楼前鹦鹉洲。"师于言下大悟，机锋不可触。

住后，僧问："承师有言，不谈玄，不说妙，去此二途如何指示？"师曰："虾蟆赶鹞子。"曰："全因此问也。"师曰："老鼠弄猢狲。"

上堂："唯一坚密身，一切尘中现。虾蟆、蚯蚓各有窟穴，乌鹊、鸠鸽亦有窠巢。正当与么时，为甚么人说法？"良久曰："方以类聚，物以群分。"

上堂："三峡道无别，朝朝只么说。僧繇[3]会写真，镇府出镔铁[4]。"

上堂："不长不短，不小不大。此个道理是谁境界？咄！"

上堂："闻说佛法两字，早是污我耳目。诸人未跨云居门，脚跟下好与三十棒。虽然如是，也是为众竭力。"

上堂举夹山道："闹市门头识取天子，百草头上荐取老僧。云居即不然，妇摇机轧轧[5]，儿弄口啯啯[6]？。"

上堂："诸方有弄蛇头，拨虎尾，跳大海，剑刃里藏身。云居这里，寒天热水洗脚，夜间脱袜打睡，早朝旋打行缠，风吹篱倒，唤人夫劈篾缚起。"

上堂："云居不会禅，洗脚上床眠。冬瓜直僮侗[7]，瓠子曲弯弯。"

【注释】

[1] 拂袖入宅：旧校本标点有误，"拂袖入宅"是叙述语言，不能在前面引号内。

[2] 懡（mǒ）㦩（luǒ）：禅林用语。谓耻辱、惭愧之意。《碧岩录》第一则："达磨遂渡江至魏（这野狐精，不免一场懡㦩，从西过东，从东过西）。"《从容录》第七则："云扫长空巢月鹤（树下底一场懡㦩）。"

[3] 僧繇（yóu）：即张僧繇。吴郡吴中（今江苏苏州）人，南北朝时期梁朝

大臣，著名画家。

[4] 镔铁：古代的一种钢，把表面磨光再用腐蚀剂处理，可见花纹，又称"宾铁"。"镔铁"最早文献记载于隋代的《不空羂索咒经》，见于史书最早为初唐的《周书》《隋书》。唐代惠琳《一切经音义》有"镔铁"最早的词义解释。"镔"字除了外来语直接音译以外，也可解释为来自罽宾的铁。

[5] 轧轧：象声词。唐代许浑《旅怀》："征车何轧轧，南北极天涯。"

[6] 囒囒（guō）：方言。小儿相应声。又指吃（儿童语）。

[7] 儱（lǒng）侗（tǒng）：此处形容外形粗浑。此外，还有两个含义：指模糊不清，浑然无别。《圆悟语录》卷八："即今是什么时节？莫是黄昏时节么？莫是小参时节么？莫是坐立俨然时节么？莫是说禅说道时节么？莫是万像交参时节么？莫是心境一如时节么？若与么儱侗，且喜没交涉。今夜诸公在此权立片时，山僧不惜眉毛，确实评论这一段时节去也。"指糊涂。本书第十九章"径山宗杲禅师"条："逴过头底颟顸，用格外底儱侗。自言我以木槵子换天下人眼睛，殊不知被不孝之子将断贯索穿却鼻孔。"

潭州大沩怀宥禅师

僧问："人将语试，金将火试，未审衲僧将甚么试？"师曰："拄杖子。"曰："毕竟如何？"师曰："退后着。"僧应喏，师便打，曰："教休不肯休，直待雨淋头。"

佛日契嵩禅师

杭州佛日契嵩禅师，藤州镡津[1]李氏子。七岁出家，十三得度。十九游方，遍参知识。得法于洞山。师夜则顶戴观音像而诵其号，必满十万乃寝，以为常。自是世间经书章句，不学而能。作《原教论》十余万言，明儒释之道一贯，以抗宗韩排佛之说，读之者畏服。后居永安兰若，著《禅门定祖图》《传法正宗记》《辅教编》，上进仁宗皇帝，览之加叹，付传法院编次入藏。下诏褒宠，赐号"明教"。宰相韩琦、大参欧阳修皆延见而尊礼之。洎东还，熙宁四年六月四日，晨兴写偈曰："后夜月初明，吾今喜独行。不学大梅老，贪随鼯鼠声。"至中夜而化。阇维，不坏者五，曰顶、曰耳、曰舌、曰童真、曰数珠。其顶骨出舍利，红白晶洁。道俗合诸不坏，葬于故居永安之左。后住净慈。北涧居简尝著《五种不坏赞》。师有文集二十卷，目曰《镡津》，盛行于世。

【注释】

[1]镡津：古县名。唐贞观中改永平县置，今广西壮族自治区藤县东。为藤州治，天宝、至德时为感义郡治。北宋开宝六年（973年）移治今藤县。明洪武二年（1369年）省入藤州。

【概要】

契嵩禅师（1007~1072年），宋代云门宗僧。藤州镡津（广西藤县）人，俗姓李。字仲灵。自号潜子。七岁出家，十三岁得度剃发，十九岁游方。常顶戴观音像，日诵其名号十万声。后得法于洞山晓聪禅师。禅师遍通内外典籍，善为文，曾就宗密之教禅一致论加以阐述，而更强调儒佛一致说。针对韩愈等儒者之排佛，著有《原教》《孝论》等辅教篇。此外，关于禅宗之法脉，撰有《传法正宗定祖图》《传法正宗记》等书。仁宗时，呈其著书，仁宗乃诏令入藏，并赐紫方袍与"明教大师"之号。熙宁五年于杭州灵隐寺示寂，享寿六十六。门人收其著作辑成《镡津文集》二十卷。因契嵩居钱塘佛日山，故又称佛日禅师。以禅师曾止于永安山之精舍，后人遂以"永安"称之。

【参考文献】

《传法正宗记》卷一；《续传灯录》卷五；《镡津明教大师行业记》；《佛祖历代通载》卷十九；《释氏稽古略》卷四。

【拓展阅读】

石峻（等）编《中国佛教思想资料选编》第三卷一册（摘录）

契嵩在中国佛教思想史上最突出的事迹是，在宋仁宗明道年间（1032~1033年），针对欧阳修等人辟佛的议论，作《辅教篇》阐明儒佛一贯的思想，轰动当时文坛。契嵩盛赞儒家五经，以佛教的"五戒"等同于儒家的"五常"，提出"孝为戒先"的重要命题。他还作《中庸解》，宣扬中庸之道。契嵩说："儒、佛者，圣人之教也。其所出虽不同，而同归于治。（中略）故治世者，非儒不可也；治出世，非佛亦不可也。"儒、佛都是圣人之教，一者治世，一者治出世，分工不同，相辅而成，互不可缺。"儒者儒之，佛者佛之，各以其法赞陛下之化治"，二者都是封建王朝统治和教化人民的王法。

契嵩在中国佛教思想史上的另一重要事迹是，鉴于禅门传法世系说法不一，并为了反对天台宗依据《付法藏传》的二十四祖之说，而依据《宝林传》等厘定禅宗的印度世系为二十八祖，撰写《传法正宗定祖图》《传法正宗记》和《传法正宗论》（以上三书合称《嘉祐集》）。契嵩的所谓西天二十八祖之说，后来成为禅宗祖系的定论，对后世讲述禅宗史影响很大，并引起了天台宗的争论，历久不息。

陈舜俞《镡津明教大师行业记》
（摘录自《镡津文集》卷首）

宋熙宁五年六月初四日，有大沙门明教大师示化于杭州之灵隐寺。世寿六十有六，僧腊五十有三。是月八日，以其法荼毗，敛其骨，得六根之不坏者三，顶骨出舍利，红白晶洁，状若大菽者三，及常所持木数珠亦不坏。于是邦人僧士，更相传告，骇叹顶礼。越月四日，合诸不坏者，葬于故居永安院之左。其存也，尝与其交居士陈舜俞，极谈死生之际，而已属其后事，兹用不能无述也。

师讳契嵩，字仲灵，自号潜子，藤州镡津人，姓李，母钟氏。七岁而出家，十三得度落发，明年受具戒。十九而游方，下江湘，陟衡庐。首常戴观音之像，而诵其号日十万声。于是，世间经书章句不学而能，得法于筠州洞山之聪公。庆历间，入吴中，至钱塘，乐其湖山，始税驾焉。

当是时，天下之士学为古文，慕韩退之排佛而尊孔子，东南有章表民、黄聱隅、李泰伯，尤为雄杰，学者宗之。仲灵独居，作《原教》《孝论》十余篇，明儒释之道一贯，以抗其说。诸君读之，既爱其文，又畏其理之胜，而莫之能夺也，因与之游。遇士大夫之恶佛者，仲灵无不恳恳为言之，由是排者浸止，而后有好之甚者，仲灵唱之也。

所居一室，萧然无长物，与人清谈，靡靡至于终日。客非修洁行谊之士，不可造也。时二卿郎公引年谢归，最为物外之友。尝欲同游径山，有行色矣，公亦风邑豪预焉，冀其见仲灵，而有以尊养之。仲灵知之，不肯行，使人谢公曰："从吾所好，何必求富而执鞭哉？"凡其洁清，类如此。

皇佑间，去居越之南衡山，未几罢归，复着《禅宗定祖图》《传法正宗记》。仲灵之作是书也，慨然悯禅门之陵迟，因作考经典，以佛后摩诃迦叶独得大法眼藏为初祖，推而下之，至于达磨为二十八祖，皆密相付嘱，不立文字，谓之教外别传者。居无何，观察李公谨得其书，且钦其高名，奏赐紫方袍。仲灵复念，幸生天子大臣护道达法之年，乃抱其书以游京师，府尹龙图王仲义，果奏上之。仁宗览之，诏付传法院编次，以示褒宠，仍赐'明教'之号。仲灵再表辞，不许。朝中自韩丞相而下，莫不延见而尊重之。留居悯贤寺，不受，请还东南。

已而浮图之讲解者，恶其有别传之语，而耻其所宗不在所谓二十八人者，乃相与造说以非之。仲灵闻之，攘袂切齿，又益着书，博引圣贤经论、古人集录为证，几至数万言。士有贤而好佛者，往往诣而诉其冤。久之，虽平生厚于仲灵者，犹恨其不能与众人相忘于是非之间。及其亡也，三寸之舌，所以论议是是非非者，卒与数物不坏以明之。呜呼！使其与夺之不公，辩说之不契乎道，则何以臻此哉！虽然，仲灵之所以自得而乐诸己者，盖不预于此，岂可为浅见寡闻者道耶？

仲灵在东南最后，密学蔡君谟之帅杭也，延置佛日山，礼甚厚，居数年。然言高而行卓，不少假学者，人莫之能从也。有弟子曰慈愈、洞清、洞光。所著书自《定祖图》而下，谓之《嘉祐集》，又有《治平集》，凡百余卷，总六十有余万言。其甥沙门法灯，克奉藏之，以信后世云。熙宁八年十二月五日记。

太守许式郎中

洪州太守许式，参洞山，得正法眼。

一日，与泐潭澄、上蓝溥坐次，潭问："闻郎中道：'夜坐连云石，春栽带雨松。'当时答洞山甚么话？"公曰："今日放衙早。"潭曰："闻答泗州大圣在扬州出现底，是否？"公曰："别点茶来。"潭曰："名不虚传。"公曰："和尚早晚回山？"潭曰："今日被上蓝觑破。"蓝便喝，潭曰："须是你始得。"公曰："不奈船何，打破戽斗。"

泐潭澄禅师法嗣

育王怀琏禅师

明州育王山怀琏大觉禅师，漳州龙溪陈氏子。诞生之夕，梦僧伽降室，因小字"泗州"。既有异兆，金[1]知祥应。龆龀[2]出家，卯角[3]圆顶。笃志道学，寝食无废。一日洗面，泼水于地，微有省发。即慕参寻，远造泐潭法席，投机印可。师事之十余年，去游庐山，掌记[4]于圆通讷禅师所。

皇佑中，仁庙[5]有诏，住净因禅院，召对化成殿。问佛法大意，奏对称旨，赐号"大觉禅师"。后遣中使问曰："才去竖拂，人立难当。"师即以颂回进曰："有节非干竹，三星偃月宫。一人居日下，弗与众人同。"帝览大悦。又诏，入对便殿，赐罗扇一把，题《元寂颂》于其上。与师问答诗颂，书以赐之，凡十有七篇。

至和中[6]，乞归老山中，乃进颂曰："六载皇都唱祖机，两曾金殿奉天威。青山隐去欣何得？满箧唯将御颂归。"帝和颂不允，仍宣谕曰："山即如如体也，将安归乎[7]？再住京国，且兴佛法。"师再进颂谢曰："中使宣传出禁围，再令臣住此禅扉。青山未许藏千拙，白发将何补万几？霄露恩辉方湛湛，林泉情味苦依依。尧仁况是如天阔，应任孤云自在飞。"既而遣使赐龙脑钵，师谢恩罢，捧钵曰："吾法以坏色衣，以瓦铁食，此钵非法。"遂焚之。中使回奏，上加叹不已。

治平中，上疏丐归，仍进颂曰："千簇云山万壑流，闲身归老此峰头。余生愿祝无疆寿，一柱清香满石楼。"英庙依所乞，赐手诏曰："大觉禅师怀琏受先帝圣眷，累锡宸章[8]，屡贡诚恳，乞归林下。今从所请，俾遂闲心。凡经过小可[9]庵院，任性住持。或十方禅林，不得抑逼[10]坚请。"

师既渡江，少留金山西湖，四明郡守以育王虚席迎致。九峰韶公作疏[11]，劝请四明之人，相与出力，建大阁藏所赐诗颂，榜之曰"宸奎"。翰林苏公轼知杭时，以书问师曰[12]："承要作《宸奎阁碑》，谨已撰成。衰朽[13]废学，不知堪上石否？见参寥[14]说，禅师出京日，英庙赐手诏，其略云'任性住持'者，不知果有否？如有，切请录示全文，欲添入此一节。"师终藏而不出。逮委顺[15]后，获于箧笥[16]。

开堂日，僧问："诸佛出世，利济群生。猊座[17]师登，将何拯济？"师曰："山高水阔。"曰："华发无根树，鱼跳万仞峰。"师曰："新罗国里。"曰："慈舟不棹清波上，剑峡徒劳放木鹅。"师曰："脱却衣裳卧荆棘。"曰："人将语试。"师曰："惯得其便。"僧拊掌，师曰："更蹉跳。"

问："圣君御颂亲颁赐，和尚将何报此恩？"师曰："两手拃地。"曰："怎么则一人有庆，兆民赖之。"师曰："半寻拄杖搅黄河。"

问："橹棹不停时如何？"师曰："清波箭急。"曰："怎么则移舟谙水势，举棹别波澜。"师曰："济水过新罗[18]。"曰："古佛位中留不住，夜来依旧宿芦花。"师曰："儿童不识十字街。"

问："坐断毗卢顶，不禀释迦文，犹未是学人行业。如何是学人行业？"师曰："斫额望明月。"僧以手便拂，师曰："作甚么？"僧茫然，师曰："赚却一船人。"

师曰："若论佛法两字，是加增之辞、廉纤[19]之说。诸人向这里承当得，尽是二头三首。譬如金屑虽贵，眼里著不得。若是本分衲僧，才闻举着，一摆摆断，不受纤尘，独脱自在，最为亲的[20]。然后便能在天同天，在人同人，在僧同僧，在俗同俗，在凡同凡，在圣同圣。一切处出没自在，并拘检[21]他不得，名邈[22]他不得。何也？为渠能建立一切法故。一切法要且不是渠，渠既无背面，第一不用妄与安排。但知十二时中，平常饮啄，快乐无忧。只此相期，更无别事。所以，古人云：'放旷长如痴兀[23]人，他家自有通人爱。'"

上堂："文殊宝剑，得者为尊。"乃拈拄杖曰："净因今日怎么，直得千圣路绝。虽然如是，犹是矛盾相攻。不犯锋铓，如何运用？"良久曰："野蒿自发空临水，江燕初归不见人。参！"

上堂："太阳东升，烁破大千之暗。诸人若向明中立，犹是影响相驰。若向暗中立，也是藏头露影[24]汉。到这里作么生吐露？"良久曰："逢人只可三分语，未可全抛一片心[25]。参！"

上堂："世法里面，迷却多少人？佛法里面，醉却多少人？只如不迷不醉，是甚么人分上事？"

上堂："言锋才击，义海交深。若用径截一路，各请归堂。"

上堂："应物现形，如水中月。"遂拈起拄杖曰："这个不是物，即今现形也。且道月在甚么处？"良久曰："长空有路还须透，潭底无踪不用寻。"击香台，下座。

上堂："白日东上，白日西落，急如投壶闪寥廓。神龙一举透无边，纤鳞犹向泥中跃。灵焰中，休凑泊[26]，三岁孩童髻[27]四角。参！"

上堂良久，举起拳头曰："握拳则五岳倒卓，展手则五指参差。有时把定佛祖关，有时拓开千圣宅。今日这里相呈，且道作何使用？"指禅床曰："向下文长，付在来日。"

【注释】

[1] 佥（qiān）：皆，都。

[2] 龆（tiáo）齓（chèn）：指孩童、垂髫换齿之时。龆：通"髫"。唐代白居易《欢儿戏》："龆齓七八岁，绮纨三四儿。"

［3］丱（guàn）角：头发束成两角形。旧时多为儿童或少年人的发式。指童年或少年时期。

［4］掌记：掌管记载。唐代官名。

［5］仁庙：指宋仁宗。

［6］至和中：有版本作"至中和"，宝祐本作"至和中"。"至和"为宋仁宗年号，作"至中和"有误。

［7］山即如如体也，将安归乎：旧校本作"山即如如，体也将安归乎"有误。

［8］宸（chén）章：皇帝所作的诗文或书翰。

［9］小可：犹小小。引申而为细小、低微、寻常、轻易等意。此处指小庙。

［10］抑逼：强迫。

［11］四明郡守以育王虚席迎致。九峰韶公作疏：旧校本标点有误。"迎致"属上，旧校本作"迎致九峰韶公作疏"有误。迎接的是"师"，不是"韶公"。

［12］翰林苏公轼知杭时，以书问师曰：这段话引号内都是苏轼的话，旧校本标点比较乱。参见项楚《〈五灯会元〉点校献疑三百例》）。

［13］衰朽：老迈无能。

［14］参寥：指道潜禅师，宋代云门宗僧。号参寥子。大觉怀琏之法嗣。以诗与苏轼成知交，绍圣元年（1094 年），苏轼流放南方，禅师连坐被罚，一时还俗。建中靖国元年（1101 年）蒙赦，复僧籍。世寿不详，一说崇宁五年（1106 年）入寂。生前哲宗赐"妙总禅师"之号。著有《参寥子诗集》十二卷。

［15］委顺：旧指僧人之死。

［16］箧（qiè）笥（sì）：藏物的竹器（多指箱和笼），在古代主要是用于收藏文书或衣物。

［17］猊（ní）座：亦作"猊坐"。即狮子座。谓佛、菩萨所坐之处。亦谓高僧之座。猊：狮子。据《大智度论》卷七谓："佛为人中狮子，凡所坐若床若地，皆名狮子座。"唐代戴叔伦《寄禅师寺华上人次韵》之二："猊坐翻萧瑟，皋比喜接连。"

［18］济水过新罗：参见本书第十一章"汾阳善昭禅师"条："第三诀，西国胡人说，济水过新罗，北地用镔铁。"

［19］廉纤：指情识分别对参学者的纠缠，亦指言句啰唆。《云门广录》卷中："举，法身清净，一切声色尽是廉纤语话。不涉廉纤，作么生是清净？"本书第十七章"超化净"条："声前认得，已涉廉纤。句下承当，犹为钝汉。电光石火，尚在迟疑。点著不来，横尸万里。"亦作"帘纤"。（摘自《禅宗大词典》）

［20］亲的：与禅法契合相应。

[21] 拘检：检束，拘束。

　　[22] 名邈：描摹，描述。真如本体、玄妙机锋无法描摹、描述，故禅家否定"名邈"之作略。本书第五章"丹霞天然"条："一灵之物，不是你造作名邈得。"《黄龙语录》："是故禅者非内非外，非有非无，非实非虚。不见道，内见外见俱错，佛道魔道俱恶。瞥然与么去今，月落西山。更寻声色兮，何处名邈？"《碧岩录》卷一，第一则："且道雪窦意在什么处？到这里唤作驴则是，唤作马则是，唤作祖师则是？如何名邈？往往唤作雪窦使祖师去也，且喜没交涉！"亦作"名貌"。（摘自《禅宗大词典》）

　　[23] 痴兀：愚痴无知的样子。兀：无知貌。

　　[24] 藏头露影：把头藏起来，却露出影子。

　　[25] 逢人只可三分语，未可全抛一片心：谓对人不要把心里话全都说出来，以免上当。收入《增广贤文》。

　　[26] 凑泊：亦作"凑拍"。一般指凝合、聚合。具体来说分为两个含义：一指投合、契悟。《大光明藏》："祖师意峻硬孤峭，有如其平生，难于凑泊。"《原妙语录》卷下《高峰原妙禅师行状》："师之机用，不可凑泊，下语少所许可，其门户险绝如此。"二指集聚、结合。本书第二十章"参政钱端礼居士"条："盖为地水火风，因缘和合，暂时凑泊，不可错认为己有。"（摘自《禅宗大词典》）

　　[27] 鬏（zhuā）：梳在头两旁的发髻。

【概要】

　　怀琏禅师，宋代禅僧。俗姓陈。漳州龙溪（今属福建）人。少年入道，长参泐潭怀澄，投机印可，嗣其法，奉侍十余年。游历庐山，掌圆通居讷记室。皇祐元年（1049年），敕命居讷住持京城左街十方净因禅院，居讷举荐怀琏以代。住持净因禅院期间，使禅宗弘扬于京城，改变其时两街诸寺只重唯识、律学之局面。召对于化成殿，问佛法大意，奏对称旨，赐号"大觉禅师"。世称"大觉怀琏"。一时显宦名流，争与之交。治平（1064～1067年）中乞归，历北固、钟山诸名刹。后入四明山，郡守迎住育王寺，故又称"育王怀琏"。与苏轼为方外之友，交谊甚厚。法嗣有佛日戒弼、天宫慎徽等多人。有调和儒、释之倾向。且以为三教同源，故有返本合一的必要，所谓"若向迦叶门下，直得尧风荡荡，舜日高明，野老讴歌，渔人歌舞。当此之时，纯乐无为之化"。

【参考文献】

　　《禅林僧宝传》卷十八。

临安府灵隐云知慈觉禅师

僧问："一佛出世，各坐一华。和尚出世，有何祥瑞？"师曰："白云横谷口。"曰："光前绝后去也。"师曰："错。"曰："大众证明，学人礼谢。"师曰："点。"

问："如何是道？"师曰："甚么道！"曰："大道。"师曰："欲行千里，一步为初。"曰："如何是道中人？"师曰："西天驻泊[1]，此地都监[2]。"僧礼拜，师乃"吽吽"。

上堂："日月云霞为天标，山川草木为地标，招贤纳士为德标，闲居趣寂为道标。"拈拄杖曰："且道这个是甚么标？会么？拈起则有文有彩，放下则粝粝磕磕[3]。直得不拈不放，又作么生？"良久曰："扶过断桥[4]水，伴归无月村。"卓一下，下座。

上堂："秋风起，庭梧坠，衲子纷纷看祥瑞。张三李四卖器虚[5]，拾得寒山争贱贵。觌面相逢，更无难易。四衢道中，棚栏瓦市。逼塞虚空，普天匝地。任是临济赤肉团上[6]，雪峰南山鳖鼻[7]，玄沙见虎[8]，俱胝举指[9]，一时拈来，当面布施。更若拟议，千山万水。"复曰："过。"

【注释】

[1] 驻泊：又作"部署"，官名。北宋前期临时委任的大军区统帅，称行营、驻泊或驻泊行营都部署和副都部署。统兵较少、官位较低者为部署和副部署。掌军旅屯戍、攻防等事务。景德二年（1005年），去行营之名，只留驻泊都部署等官称。诸路设都部署等渐成定制。后避英宗赵曙名讳，改称都总管和总管。

[2] 都监：官名。北宋前期临时委派的军区统兵官，位于钤辖之下。官高资深者为都监，官低资浅者为监押，后者在职称上低于前者，而在事权上其实并无差别。后成固定差遣。分为路分都监，州、府、军、监都监以及县、镇、城、寨、关、堡都监等。北宋初，都监有"行营"和"驻泊"之别。前者用于征讨，后者用于防卫。至南宋初，都监基本上成为虚衔和闲官。（出自长城出版社《军事大辞海》"都监"条）

[3] 粝粝磕磕：指拄杖粗糙有节疤。粝：粗糙。磕：凸出。

[4] 断桥：桥名。在浙江省杭州市白堤上。自唐代以来已有此名。或言本名宝祐桥，又名段家桥，今罕有称者。唐代张祜《杭州孤山寺》："断桥荒藓涩，空院

落华深。"宋代周密《武林旧事·湖山胜概》："断桥，又名段家桥，万柳如云，望如裙带。"

　　[5] 嚚虚：虚假。元代王实甫《西厢记》第五本第四折："那厮本意嚚虚，将足下亏图，有口难言，气夯破胸脯。"

　　[6] 临济赤肉团上：指临济禅师公案。一天，临济说法曰："赤肉团上，有一无位真人，常从汝等诸人面门出入，未证据者看看！"时有僧出问："如何是无位真人？"师下禅床把住云："道！道！"其僧拟议。师托开云："无位真人是什么干屎橛！"

　　[7] 雪峰南山鳖鼻：公案。参见本书第七章"雪峰义存禅师"注释。

　　[8] 玄沙见虎：公案。参见《佛果圆悟禅师击节》上·第三十七则·玄沙见虎："举玄沙与天龙入山见虎。龙云：'前面是虎。'沙云：'是汝。'雪窦云：'要与人天为师，面前端的是虎。'"

　　[9] 俱胝举指：公案。参见本书第四章"婺州金华山俱胝和尚"注释。

婺州承天惟简禅师

　　僧问："佛与众生，是一是二？"师曰："花开满树红，花落万枝空。"曰："毕竟是一是二？"师曰："唯余一朵在，明日恐随风。"

　　问："如何是吹毛剑？"师曰："星多不当月。"曰："用者如何？"师曰："落。"曰："落后如何？"师曰："观世音菩萨。"

　　问："如何是和尚家风？"师曰："理长即就[1]。"曰："如何领会？"师曰："绘雉不成鸡。"

　　问："开口即失，闭口即丧。未审如何说？"师曰："舌头无骨。"僧曰："不会。"师曰："对牛弹琴。"

　　上堂："夫遮那[2]之境界，众妙之玄门，知识说之而莫穷，善财酌之而不竭，文殊体之而寂寂，普贤证之以重重。若也随其法性，如云收碧汉[3]，本无一物。若也随其智用，如花开春谷，应用无边。虽说遍恒沙，乃同遵一道。且问诸人，作么生是一道？"良久曰："白云断处见明月，黄叶落时闻捣衣。参！"

　　上堂："莫离盖缠[4]，莫求佛祖，去此二途，以何依怙？江淹梦笔[5]，天龙见虎[6]，古老相传，月不跨五。参！"

　　上堂："一刀两段，埋没宗风。师子翻身，拖泥带水。直饶坐断十方，不通凡圣，脚跟下好与三十。"

上堂："拈一放一，妙用纵横。去解除玄，收凡破圣。若望本分草料，大似磨砖作镜。衲僧家合作么生?"良久曰："寔[7]。"

【注释】

[1] 理长即就：谁的道理妙胜就依从谁。又作"理长则就"。

[2] 遮那：指毗卢遮那佛（法身佛）。佛有三身，分别是：毗卢遮那佛（法身佛）、卢舍那佛（报身佛）和释迦牟尼佛（应身佛）。毗卢遮那佛（即大日如来），为即是中道之理体也，佛以法为身，故称法身，法身处于常寂光净土。卢舍那佛，义曰"光明遍照"，又作"净满"。报身佛是表示证得了绝对真理获得佛果而显示了佛的智慧的佛身。是行六度万行功德而显佛之实智也。对于初地以上菩萨应现之报身，报身处于实报庄严土。释迦牟尼佛，是表示随缘教化，度脱世间众生而现的佛身，特指释迦牟尼的生身。

[3] 碧汉：银河，亦指青天。此处指青天。

[4] 盖缠：盖与缠皆为烦恼之异名。盖：覆障之义；因烦恼可覆障善心，故称盖。贪欲盖、嗔恚盖、惛沉睡眠盖、掉举恶作盖、疑盖五种烦恼，称为五盖。缠，缠缚之义；因烦恼可缠缚修善之心，故称缠。无惭、无愧、嫉、悭、悔、睡眠、掉举、惛沈八随烦恼，称为八缠，再加忿、覆，则为十缠。（参见《维摩诘经·佛国品》）

[5] 江淹梦笔：南朝梁时期，文学家江淹年轻时刻苦读书，文思敏捷，作品深得众人喜爱。官至光禄大夫后文章大不如以前，诗也平淡无奇。原来他去宣城游玩时，在冶亭梦中见到郭璞，郭璞向他讨还五色笔，从此就文思枯竭，才能丧尽。参见《南史·江淹传》《太平广记·梦二》。

[6] 天龙见虎：即公案"玄沙见虎"，参见上条注释。

[7] 寔（shí）：同"实"。《诗·召南·小星》："肃肃宵征，夙夜在公，寔命不同。"朱熹集传："寔与实同。"

明州九峰鉴韶禅师

僧问："承闻和尚是沩潭嫡子，是否?"师曰："是。"曰："还记得当时得力句否?"师曰："记得。"曰："请举看。"师曰："左手握拳，右手把笔。"

上堂："山僧说禅，如蚝蜢[1]吐油，捏着便出。若不捏着，一点也无。何故？只为不曾看读古今因缘，及预先排叠胜妙见知等。候升堂[2]，便磨唇捋嘴，将粥饭气熏炙诸人。凡有一问一答，盖不得已。岂独山僧？看他大通智胜如来，默坐十劫，无开口处。后因诸天、梵天及十六王子再三劝请，方始说之。却不是秘惜，只为不敢埋没诸人。山僧既不埋没诸人，不得道山僧会升座。参！"

【注释】

[1] 蚝（háo）蜢（měng）：蚝：牡蛎。唐代刘恂《岭表录异》卷下："蚝，即牡蛎也。其初生海岛边，如拳石，四面渐长，有高一二丈者，巉岩如山。"蜢：蚱蜢。

[2] 及预先排叠胜妙见知等。候升堂：旧校本标点有误，"等候"不能视同一个词，要分开标点。

婺州西塔显殊禅师

上堂："黄梅席上数如麻，句里呈机事可嗟。直是本来无一物，青天白日被云遮。参！"

天台崇善寺用良禅师

僧问："三门与自己，是同是别？"师曰："八两移来作半斤[1]。"曰："恁么则秋水泛渔舟去也。"师曰："东家点灯，西家为甚么却觅油[2]？"曰："山高月上迟。"师曰："道甚么？"曰："莫瞌睡。"师曰："入水见长人[3]。"

【注释】

[1] 八两移来作半斤：轻重相等，不相上下。"半斤"，即八两，旧称十六两为一斤。

[2] 东家点灯，西家为甚么却觅油：类似"东家点灯，西家暗坐"。比喻有的欢乐，有的愁苦。

[3] 入水见长人：比喻在关键时刻才显出人的本领。

临江军慧力有文禅师

上堂："建山寂寞，坐倚城郭。无味之谈，七零八落。"以柱杖敲香台，下座。

福州雪峰象敦禅师

僧问："如何是佛？"师曰："把火照鱼行。"曰："如何是法？"师曰："唐人译不出。"曰："佛法已蒙师指示，未审毕竟事如何？"师曰："腊月三十日[1]。"

【注释】

[1] 腊月三十日：本义为中国农历年最后一日。禅家多用来喻指人生终了，死期到来。《黄龙语录》："后代儿孙忘正觉，弃本逐末尚邪言。直到腊月三十日，一身冤债入黄泉。"《碧岩录》卷一"第九则"："到这里，人多错会，打在无事界里。佛也不礼，香也不烧。似则也似，争奈脱体不是。才问著，却是极则相似；才掺著，七花八裂，坐在空腹高心处。及到腊月三十日，换手捶胸，已是迟了也！"亦作"腊月三十夜"。（摘自《禅宗大词典》）

南康军云居守亿禅师

上堂："马祖才升堂，雄峰便卷席。春风一阵来，满地花狼籍。"便下座。

瑞州同山永孚禅师

上堂："棒头[1]挑日月，木马夜嘶鸣。"拈拄杖曰："云门大师来也。"卓一下，曰："炊沙作饭，看井作裤。参！"

【注释】

[1] 棒头：指棍子、棍棒。

令滔首座

令滔首座，久参沩潭，潭因问："祖师西来，单传心印，直指人心，见性成佛。子作么生会？"师曰："某甲不会。"潭曰："子未出家时，作个甚么？"师曰："牧牛。"潭曰："作么生牧？"师曰："早朝骑出去，晚后复骑归。"潭曰："子大好不会。"师于言下大悟，遂成颂曰："放却牛绳便出家，剃除须发著袈裟。有人问我西来意，拄杖横挑啰哩啰[1]。"

【注释】

[1] 啰哩啰：又作"啰啰哩"。诗歌中的感叹语，抒发思乡之情，有时用来调整节奏或补足音节。禅录借用作行业隐语，指代禅道歌、悟道歌；亦谓颂唱悟道歌。又作"啰唻哩，啰啰哩，哩哩啰，啰啰哩哩，啰哩哩啰，哩啰"等。本书第十九章"杨岐方会"条："上堂：'薄福住杨岐，年来气力衰。寒风凋败叶，犹喜故人归。啰啰哩！拈上死柴头，且向无烟火。'"又本书第二十章"觉阿上人"条："竖拳下喝少卖弄，说是说非入泥水。截断千差休指注，一声归笛啰啰哩！"（摘自《禅宗大词典》）

洞山宝禅师法嗣

瑞州洞山清辩禅师

僧问："百丈得大机，黄檗得大用。未审和尚得个甚么？"师便喝，僧亦喝，师便打，僧曰："争奈大众眼何！"便归众，师嘘两嘘。

北塔广禅师法嗣

玉泉承皓禅师

荆门军玉泉承皓禅师，姓王氏，眉州丹棱[1]人也。依大力院出家，登具后游方。参北塔，发明心要，得大自在三昧。制犊鼻裈[2]，书历代祖师名字，乃曰："唯有文殊、普贤较些子。"且书于带上。故丛林目为"皓布裈"。

元丰间，首众于襄阳谷隐，有乡僧亦效之。师见而诟曰："汝具何道理，敢以为戏事耶？呕血无及耳。"寻于鹿门如所言而逝。

张无尽奉使京西南路，就谒之，致开法于郢州大阳，时谷隐主者私为之喜。师受请升座，曰："某在谷隐十年，不曾饮谷隐一滴水，嚼谷隐一粒米。汝若不会，来大阳为汝说破。"携拄杖下座，傲然而去。

寻迁玉泉，有示众曰："一夜雨霶烹[3]，打倒蒲萄[4]棚。知事头首、行者人力，拄底拄，撑底撑，撑撑拄拄到天明，依旧可怜生。"

自赞："粥稀后坐，床窄先卧。耳聩爱高声，眼昏宜字大。"

冬至示众曰："晷运[5]推移，布裈赫赤[6]。莫怪不洗，无来换替。"

僧入室次，狗子在室中，师叱一声，狗便出去。师曰："狗却会，你却不会。"

师示疾，门人围绕，师笑曰："吾年八十一，老死异尸出。儿郎齐著力，一年三百六十日[7]。"言毕而逝。

【注释】

[1] 丹棱：丹棱县，今隶属于四川省眉山市。南齐置齐乐县，后改名洪雅县。隋开皇十三年（593 年）改丹棱县。据《今县释名》："县北有赤崖山，高耸赤色有棱，如鸟游之状，拱翼县治，丹棱之名，盖取诸此。"元并入眉州。明复置（其间曾废置入眉山县）。

[2] 犊鼻裈（kūn）：亦作"犊鼻裤"，省作"犊鼻""犊裈"。意为短裤。

[3] 霶（pāng）烹：大雨的声音。霶：雨雪盛貌。

[4] 蒲萄：同"葡萄"。

[5] 晷（guǐ）运：指太阳运行。晋代潘尼《三月三日洛水作诗》："晷运无穷已，时逝焉可追。"

[6] 布裈（kūn）赫赤：布裤深红。赫赤，指深红、火红。唐代寒山《诗》之三七："仓米已赫赤，不贷人斗升。"

[7] 一年三百六十日：指一年中日日如此。

【概要】

承皓禅师（1011～1091 年），北宋禅僧。眉州（四川）丹棱人，俗姓王。天圣年间（1023～1031 年）依大力院出家。后游学诸方，至复州参谒北塔思广禅师，体达玄旨，得大自在三昧。曾制犊鼻裤，书历代祖师之名而言："唯有文殊、普贤较些子。"且将此语书于带上。故丛林称师为"皓布裤"。

元丰年间（1078～1084 年），住襄阳谷隐山，后移住荆门郡玉泉寺。元祐六年示寂前，门人围绕之，师笑曰："吾年八十一，老死异尸出。儿郎齐著力，一年三百六十日。"言毕而寂，世寿八十一。

【参考文献】

《联灯会要》卷二十八；《建中靖国续灯录》卷六；《续传灯录》卷五；《佛祖通载》卷十九。

四祖端禅师法嗣

福州广明常委禅师

僧问："知师久蕴囊中宝，今日当场略借看。"师曰："看。"曰："恁么则谢师指示。"师曰："等闲垂一钓，容易上钩来。"

云盖颙禅师法嗣

南康军云居文庆海印禅师

僧问："如何是函盖乾坤句？"师曰："合。"曰："如何是随波逐浪句？"师曰："阔。"曰："如何是截断众流句？"师曰："窄。"

上堂："道本无为，法非延促。一念万年，千古在目。月白风恬，山青水绿。法法现前，头头具足。祖意教意，非直非曲。要识庐陵米价[1]，会取山前麦熟。"以拂子击禅床，下座。

【注释】

[1] 庐陵米价：公案。参见本书第五章"吉州青原山静居寺行思禅师"注释。

上方岳禅师法嗣

越州东山国庆顺宗禅师

上堂："心生则种种法生，心灭则种种法灭。"拈起拄杖曰："此个是法，那个是灭底心？若人道得，许你顶门上具眼[1]。其或未然，云暗不知天早晚，雪深难辨路高低。参!"

【注释】

[1] 顶门上具眼：指具有法眼。摩醯首罗天具有三眼。其中，顶门竖立一眼，超于常人两眼，具有以智慧彻照一切事理之特殊眼力，故称顶门眼。后用来比喻卓越之见解。禅林用语中"顶门正眼""顶门有眼""顶门具一只眼"，皆作此意。本书第十八章"上封本才"条："见之者撩起便行，闻之者单刀直入，个个具顶门正眼，人人悬肘后灵符。"

金山新禅师法嗣

安吉州天圣守道禅师

上堂："日月绕须弥，人间分昼夜。南阁浮提人只被明暗色空留碍，且道不落明暗一句作么生道?"良久曰："柳色黄金嫩，梨花白雪香。参!"

上堂："不从一地至一地，寂灭性中宁有位。释迦稽首问然灯，仁者何名为受记?"便下座。

第十六章　青原下十世（下）
——青原下十六世（云门宗）

春山青，春水绿，一觉南柯梦初足。携筇纵步出松门，是处桃英香馥郁。因思昔日灵云老，三十年来无处讨。如今竟爱摘杨花，红香满地无人扫。（法昌倚遇禅师）

第一节　青原下十世（下）

雪窦显禅师法嗣

天衣义怀禅师

越州天衣义怀禅师，永嘉乐清陈氏子也。世以渔为业。母梦星殒于屋，乃孕。及产，尤多吉祥。儿时坐船尾，父得鱼付师贯[1]之。师不忍，乃私投江中。父怒，笞之，师恬然如故。

长游京师，依景德寺为童行[2]。天圣中，试经得度[3]。谒金銮善、叶县省[4]，皆蒙印可。遂由洛抵龙门，复至都下，欲继宗风。意有未决，忽遇言法华[5]，拊师背曰："云门临济去！"

及至姑苏，礼明觉于翠峰。觉问："汝名甚么？"曰："义怀。"觉曰："何不名怀义？"曰："当时致得。"觉曰："谁为汝立名？"曰："受戒来十年矣。"觉曰："汝行脚费却多少草鞋？"曰："和尚莫瞒人好！"觉曰："我也没量罪过，汝也没量罪过。你作么生？"师无语，觉打曰："脱空谩语汉[6]，出去！"入室次，觉曰："恁么也不得，不恁么也不得，恁么不恁么总不得。"师拟议，觉又打出。如是者数四。寻为水头[7]，因汲水折担，忽悟，作《投机偈》曰："一二三四五六七，万仞峰头独足立。骊龙颔下夺明珠，一言勘破维摩诘。"觉闻拊几[8]称善。后七坐道场，化行海内，嗣法者甚众。

住后，僧问："如何是佛？"师曰："布发掩泥[9]，横身卧地。"曰："意旨如何？"师曰："任是波旬也皱眉。"曰："恁么则谢师指示。"师曰："西天此土。"

问："学人上来，请师说法。"师曰："林间鸟噪，水底鱼行。"

上堂："须弥顶上，不扣金钟。毕钵岩中，无人聚会。山僧倒骑佛殿，诸人反著草鞋。朝游檀特，暮到罗浮。拄杖针筒[10]，自家收取。"

上堂："衲僧横说竖说，未知有顶门上眼。"时有僧问："如何是顶门上眼？"师曰："衣穿瘦骨露，屋破看星眠。"

上堂，大众集定，乃曰："上来道个不审，能销万两黄金。下去道个珍重，亦销得四天下供养。若作佛法话会，滴水难消。若作无事商量，眼中著屑。且作么生即是？"良久，曰："还会么？珍重！"

上堂："夫为宗师，须是驱耕夫之牛，夺饥人之食，遇贱即贵，遇贵即贱。驱耕夫之牛，令他苗稼丰登。夺饥人之食，令他永绝饥渴。遇贱即贵，握土成金。遇贵即贱，变金成土。老僧亦不驱耕夫之牛，亦不夺饥人之食。何谓？耕夫之牛，我复何用？饥人之食，我复何餐[11]？我也不握土成金，也不变金作土。何也？金是金，土是土，玉是玉，石是石，僧是僧，俗是俗。古今天地，古今日月，古今山河，古今人伦。虽然如此，打破大散关[12]，几个迷逢达磨？"

上堂："雁过长空，影沉寒水。雁无遗踪之意，水无留影之心。若能如是，方解向异类中行。不用续凫截鹤[13]，夷岳盈壑[14]。放行也，百丑千拙；收来也，挛挛拳拳[15]。用之，则敢与八大龙王斗富。不用，都来不直半分钱。参！"

上堂："髑髅常干世界，鼻孔摩触家风。芭蕉闻雷开，葵花随日转。诸仁者，芭蕉闻雷开，还有耳么？葵花随日转，还有眼么？若也会得，西天即是此土。若也不会，七九六十三，收。"

上堂："灵源绝朕，普现色身。法离断常，有无堪示。所以道：'尘尘不见佛，刹刹不闻经。'要会灵山亲授记，昼见日，夜见星。"良久，曰："若到诸方，不得错举。参！"

上堂："夜来寒霜凛冽，黄河冻结，陕府铁牛腰折。尽道女娲炼石补天，争奈西北一缺？如今欲与他补却，又恐大地人无出气处。且留这一窍，与大地人出气。参！"

上堂："虚明自照，不劳心力。上士见之，鬼神茶饭。中下得之，狂心顿息。更有一人，切忌道着。"

上堂："光透日月，明暗不收。智出圣凡，贤愚不历。所以道：'不用低头，思量难得。'"良久曰："是甚么？"

上堂："青萝夤缘，直上寒松之顶；白云淡泞，出没太虚之中[16]。何似南山起云，北山下雨[17]？若也会得，甜瓜彻蒂甜；若也不会，苦瓠连根苦。"

上堂："无边刹境，自他不隔于毫端。且道妙喜世界不动如来，说甚么法？十世古今，始终不离于当念。只如威音王佛最初一会，度多少人？若是通方[18]作者，试为道看。"良久曰："行路难，行路难，万仞峰头君自看。"

上堂："枯桑知天风，海水知天寒。金色头陀，见处不真。鸡足山中，与他看守衣钵。三千大喻，八百小喻，大似泥里洗土块[19]。四十九年，三百六十余会，摩竭提国犹较些子。德山临济，虽然丈夫，争似罽宾国王，一刀两段？如今若有个人鼻孔辽天[20]，山僧性命何在？"良久曰："太平本是将军致，不许将军见太平。"喝一喝，下座。

僧问："天不能盖，地不能载，未审是甚么人？"师曰："掘地深埋。"曰："此人还受安排也无？"师曰："土上更加泥。"

问："牛头未见四祖时如何？"师曰："长江无六月。"曰："见后如何？"师曰："一年一度春。"

室中问僧："无手人能行拳，无舌人解言语。忽然无手人打无舌人，无舌人道个甚么？"又曰："蜀魄[21]连宵叫，鹧鸪[22]终夜啼。圆通门大启，何事隔云泥？"

晚年以疾居池阳杉山庵，门弟子智才住临平之佛日，迎归侍奉。才如苏城未还，师速其归。及踵门，师告之曰："时至，吾行矣。"才曰："师有何语示徒？"乃说偈曰："红日照扶桑，寒云封华岳。三更过铁围，拗折骊龙角。"才问："卵塔已成，如何是毕竟事？"师举拳示之，遂就寝，推枕而寂。塔全身寺东之原。崇宁中，谥"振宗禅师"。

【注释】

[1] 贯：用绳索把鱼串起来。

[2] 童行：行，行者，乃于寺院服杂役者。禅宗寺院对于尚未得度之年少行者，称为童行。又称童侍、僧童、道者、行童。其所居之室，则称童行堂、行堂。又教训童行，谓之训童行。

[3] 试经得度：由官设度科，印度无此法，始于我国。《佛法金汤编》七曰：

"唐中宗神龙二年八月，诏天下试童行经义极通无滞者度之，试经度僧始此。"《编年通论》十七曰："唐肃宗至德二年，听白衣能诵经五百纸者度为僧。"《佛祖统纪》五十一曰："宋仁宗诏试天下童行诵法华经，中选者得度，参政宋绶夏竦监试。"

[4] 金銮善、叶县省：指荆州金銮善禅师、河南叶县省禅师。

[5] 言法华：禅师名，参见本书第二章"法华志言大士"注释。旧校本标点有误，应在"言法华"三字下面画线。

[6] 脱空谩语汉：言语虚妄不实，说谎话的骗子。常用作真参实悟者之反义语。脱空：谓言语虚妄不实。谩语：说谎话。

[7] 水头：禅林司汲水沸汤者。义怀在翠峰为水头。

[8] 拊几：拍桌。

[9] 布发掩泥：讲的是释迦牟尼佛前世修行的故事。他曾经披散自己的头发，铺于淤泥之上，献花于然灯佛。事见于《增壹阿含经》卷十一。

[10] 针筒：又作箴筒。装缝制法衣用针之容器。一般有铁、铜、铅、竹、木等多种，然律制中言其为象牙骨角之类所作，非任意为之。

[11] 何谓？耕夫之牛，我复何用？饥人之食，我复何餐：旧校本标点有误，参见项楚《〈五灯会元〉点校献疑三百例》，但项楚先生"我复何用"后作分号，建议作问号。

[12] 大散关：关名。在陕西宝鸡西南的大散岭上。也称散关。宋代陆游《书愤》："楼船夜雪瓜洲渡，铁马秋风大散关。"

[13] 续凫截鹤：又作"续凫断鹤"。出自《庄子·骈拇》："长者不为有余，短者不为不足。是故凫胫虽短，续之则忧；鹤胫虽长，断之则悲。"后因以"续凫断鹤"喻违失事物本性，欲益反损。

[14] 夷岳盈壑：使山岳变平，使沟壑盈满。《拾遗记》卷二："禹尽力沟洫，导川夷岳，黄龙曳尾于前，玄龟负青泥于后。"当时大禹受命治水吸取了他父亲鲧的经验教训，将水引导到低地，然后流向大海。

[15] 挛（luán）挛拳拳：蜷曲，屈曲不伸。

[16] 青萝夤（yín）缘，直上寒松之顶；白云淡泞（nìng），出没太虚之中：青藤攀附在松树之上，一直爬上寒松之顶；清新明净的白云在飘动，出没在天空之中。青萝：又名松萝，一种攀生在石崖、松柏或墙上的藤蔓。夤缘：攀缘；攀附。寒松：寒冬不凋的松树。淡泞：清新明净。参见本书第二章"南阳慧忠国师"注释。

[17] 南山起云，北山下雨：禅家所谓的"奇特句"。是除尽分别心之后的新

的体验，在禅者看来，南山北山并无对立、区别，南山就是北山，北山就是南山。本书第十八章"圆通道旻"条："后侍潭（指泐潭）行次，潭以拄杖架肩长嘘，曰：'会么？'师拟对，潭便打。有顷，复拈草示之曰：'是甚么？'师亦拟对，潭遂喝。于是，顿明大法，作拈华势，乃曰：'这回瞒旻上座不得也。'潭挽曰：'更道！更道！'师曰：'南山起云，北山下雨。'即礼拜，潭首肯。"《黄龙语录》："云门一曲二十五，不属宫商角徵羽。若人问我曲因由，南山起云北山雨。"（摘自《禅宗大词典》）

[18] 通方：通达，契合道法。

[19] 泥里洗土块：同"泥中洗土"。在泥水里洗土块，只能越洗越混浊。喻指陷入义理言辞种种纠缠，根本不能达到领悟的目的。《密庵语录》："祖师心印，不涉言诠。问讯烧香，早成多事。行棒行喝，开眼尿床。举古举今，泥中洗土。"《续传灯录》卷二一"宝鉴法达"条："说佛说祖，头上安头；演妙谈真，泥中洗土。"亦作"泥洗泥"。（摘自《禅宗大词典》）

[20] 鼻孔辽天：意谓省悟禅法、超然脱世。辽天：冲向天际，飞向天空。《密庵语录·示中侍者》："入红尘堆里，逆顺界中，与一切人，和泥合水，拔楔抽钉。令他不觉不知，蓦地见彻本心，悟其本性，不在内，不在外，不在中间。人人鼻孔辽天，个个壁立万仞，方敢称为行脚道流。"《法演语录》卷上："曹源一滴，弥满人间，衲僧一吸，鼻孔辽天。"（摘自《禅宗大词典》）

[21] 蜀魄：又作"蜀魂"。鸟名。指杜鹃。相传蜀主名杜宇，号望帝，死化为鹃。春月昼夜悲鸣，蜀人闻之，曰："我望帝魂也。"故称。唐代李商隐《燕台诗·春》："蜀魂寂寞有伴未？几夜瘴花开木棉。"

[22] 鹦（duò）鵰（diāo）：鹦，鹦鸠，毛腿沙鸡。鵰，一种青斑色的小鸟，喜欢用嘴啄开芦苇皮吃秆中虫。

【概要】

义怀禅师（989～1060 年），宋代禅僧。永嘉乐清（今属浙江乐清）人，俗姓陈。及长，入京师之景德寺为童行。天圣年（1023～1031 年）中，试经得度。初参金銮善，又谒叶县归省，皆不契，乃东游姑苏翠峰，谒雪窦重显，汲水担柴，辛惨练修。一日忽有所悟，偈曰："一二三四五六七，万仞峰头独足立。骊龙颔下夺明珠，一言勘破维摩诘。"重显拊案称善印可，遂嗣其法，为云门宗传人。后出世于铁佛寺，提倡法要。未久，住越州（今浙江绍兴）天衣寺，凡五迁法席，所到皆兴其荒废，大振云门之法道。嘉祐五年入寂，世寿七十二。世称"天衣义怀"。谥号"振宗禅师"。法嗣有慧林圆照、法云法秀、长芦应夫、佛日智才等八十余人。

有《天衣义怀禅师语要》一卷留世。

【参考文献】

《禅林僧宝传》卷十一；《佛祖历代通载》卷二十七；《释氏稽古略》卷四；《续传灯录》卷六。

越州称心省倧禅师

僧问："如何是祖师西来意？"师曰："行人念路[1]。"僧曰："不会。"师曰："紧峭[2]草鞋。"

上堂："佛种从缘起，是故说一乘。"拈拄杖曰："拄杖是缘，那个是佛种？拄杖是一乘法，那个是缘？这里参见释迦老子[3]了，却买草鞋行脚，不得向衲僧门下过，打折汝腰。且道衲僧据个甚么？"良久曰："三十年后，莫孤负人。"卓拄杖，下座。

【注释】

[1] 行人念路：同"行人贪道路"，谚语，意思是远行的人贪图多赶些路。

[2] 紧峭：同"紧凑"。指某商品供不应求。

[3] 释迦老子：指释迦牟尼佛。老子，老汉。

泉州承天传宗禅师

僧问："'大用现前，不存轨则[1]'时如何？"师曰："承天今日高竖降旗。"僧便喝，师曰："临济儿孙。"僧又喝，师便打。

问："如何是般若体？"师曰："云笼碧峤[2]。"曰："如何是般若用？"师曰："月在清池。"

【注释】

[1] 大用现前，不存轨则：悟道者随时随地实践、运用禅法，并无一定之规的限定和束缚，即禅法运用，自在无碍。《碧岩录》卷一第七则："大用现前，不存轨则。有时将一茎草作丈六金身用，有时将丈六金身作一茎草用。"《如净语录》卷上："解却禅和布袋头，虚空豁达逞风流。去亦得，住亦得，大用现前无轨则。"（摘自《禅宗大词典》）

[2] 峤（qiáo）：本指高而锐的山。泛指高山或山岭。《尔雅·释山》："（山）锐而高，峤。"邢昺疏："言山形巉峻而高者名峤。"

处州南明日慎禅师

僧问："祖意教意，是同是别？"师曰："水天影交碧。"曰："毕竟是同是别？"师曰："松竹声相寒。"

投子法宗禅师

舒州投子法宗禅师，时称"道者"。

僧问："如何是'道者[1]'家风？"师曰："袈裟裹草鞋。"曰："意旨如何？"师曰："赤脚下桐城。"

【注释】

[1] 道者：上文已经说明"舒州投子法宗禅师，时称'道者'"，所以此处"道者"特指法宗禅师，旧校本未加专有名词线，有误。

天台宝相蕴观禅师

僧问："如何是佛？"师曰："堂堂八尺余。"

岳州君山显升禅师

上堂："大方无外，含裹十虚。至理不形，圆融三际。高超名相，妙体全彰。迥出古今，真机独露。握骊珠而鉴物，物物流辉；掷宝剑以挥空，空空绝迹。把定则摩竭掩室，净名杜词；放行则拾得摇头，寒山拊掌[1]。且道是何人境界？"拈拄杖，卓一下，曰："瞬目扬眉处，凭君子细看。"

【注释】

[1] 拊掌：鼓掌。

洞庭惠金禅师

平江府水月寺惠金典座，依明觉于雪窦，闻举"须弥山"话，默有契。一日欲往讯，遇之殿轩。觉问："汝名甚么？"曰："惠金？"觉曰："阿谁惠汝金？"曰："容少间去方丈致谢。"觉曰："即今聻？"曰："这里容和尚不得。"

修撰曾会居士

修撰[1]曾会居士，幼与明觉同舍，及冠异途。天禧间，公守池州，一日会于景德寺。公遂引《中庸》《大学》，参以《楞严》符宗门语句，质明觉。觉曰："这个尚不与教乘合，况《中庸》《大学》邪？学士要径捷理会此事，"乃弹指一下曰："但恁么荐取。"公于言下领旨。

天圣初，公守四明，以书币迎师补雪窦。既至，公曰："某近与清长老商量赵州勘婆子话，未审端的有勘破处也无？"觉曰："清长老道个甚么？"公曰："又与么去也。"觉曰："清长老且放过一着，学士还知天下衲僧出这婆子圈禈[2]不得么？"公曰："这里别有个道处，赵州若不勘破，婆子一生受屈。"觉曰："勘破了也。"公大笑。

【注释】

[1] 修撰：官名。唐代史馆有修撰，掌修国史，宋有集英殿、右文殿等修撰。至元时，翰林院始设修撰。

[2] 圈禈（huì）：同"圈缋"。圈定的范围，圈套。多指禅家接人施设或机语作略。《圆悟语录》卷五："寸丝不挂，犹有赤骨律在。万里无片云处，犹有青天在。若乃不尽去，未免者也周由。直饶一切坐断，已落佛祖圈缋。到这里作么生举扬，作么生提持？"《碧岩录》卷一，第五则："只如道尽大地撮来如粟米粒大，这个时节，且道以情识卜度得么？须是打破罗笼，得失是非一时放下，洒洒落落，自然透得他圈缋，方见他用处。"亦作"圈禈""缲缋"等。（摘自《禅宗大词典》）

【概要】

曾会居士（952～1033 年），字宗元，泉州晋江人。宋端拱二年（989 年）榜眼进士。刑部郎中，集贤殿修撰，赠太师中书令兼尚书令，封楚国公。生于唐五代广顺二年（952 年）二月。他的父亲叫曾穆，任德化令，殿中丞致仕，赠太师中书令兼尚书令，封魏国公，特进封太师秦国公。

有《杂著》二十卷。景德中，观时政得失又著《景德新编》十卷。其诗文散见于泉州府、县志。

【参考文献】

《续传灯录》卷六;《嘉泰普灯录》卷二十二。

延庆荣禅师法嗣

圆通居讷禅师

庐山圆通居讷祖印禅师，梓州人。姓蹇氏。生而英特，读书过目成诵。十一出家，十七试《法华》得度。受具后肄业讲肆，耆年多下之。会禅者南游回，力勉其行。于是遍参荆楚间，迄无所得。至襄州洞山，留止十年，因读《华严论》有省。后游庐山，道价[1]日起。由归宗而迁圆通。

仁庙[2]闻其名，皇佑初，诏住十方净因禅院。师称目疾，不能奉诏。有旨令举自代，遂举大觉琏应诏。及引对，问佛法大意称旨。天下贤师知人也。

僧问:"祖刹重兴时如何?"师曰:"人在破头山[3]。"曰:"一朝权在手。"师便打。

【注释】

[1] 道价:禅家道法的声望。《圆悟语录》卷二〇:"法真智海告终，端坐行上。四十年道价，七十一生缘，德播寰中，声驰海外。"《大慧宗门武库》:"保宁勇禅师，四明人。初更衣依雪窦显禅师问道，雪窦呵为'央庠座主'。勇不意，堂仪才满，即抽单。望雪窦山礼拜，誓曰:'我此生行脚参禅，道价若不过雪窦，定不归乡!'"《宏智广录》卷九:"丹霞淳禅师，道价方盛，师乃造焉。"（摘自《禅宗大词典》）

[2] 仁庙:指宋仁宗。

[3] 破头山:即四祖山。

百丈映禅师法嗣

临安府慧因怀祥禅师

上堂："南山高，北山低，日出东方夜落西。白牛上树觅不得，乌鸡入水大家知。且道觅得后又如何？"良久曰："堪作甚么！"

临安府慧因义宁禅师

僧问："佛未出世时如何？"师曰："摩耶夫人。"曰："出世后如何？"师曰："悉达太子。"

南华缘禅师法嗣

齐州兴化延庆禅师

上堂："言前荐得，孤负平生。句后投机，全乖道体。离此二途，祖宗门下又且如何？"良久曰："眼里瞳儿吹木笛。"

宝寿行德禅师

韶州宝寿行德禅师，冬日在南华受请，示众曰："新冬新宝寿，言是旧时言。若会西来意，波斯上舶船[1]。"

【注释】

[1] 波斯上舶船：简称"波斯舶"，指古代从波斯到东方来的船舶。唐时僧人义净咸亨二年（671 年）赴室利佛逝（今印度尼西亚苏门答腊）时，即乘此种船舶。当时波斯虽已为大食所灭，但其商船东来的仍多。名见《大唐西域求法高僧传》卷下和《唐大和上东征传》。

韶州白虎山守升禅师

僧问："如何是佛？"师曰："有眼无鼻孔。"

北禅贤禅师法嗣

兴化绍铣禅师

潭州兴化绍铣禅师，上堂拈拄杖曰："一大藏教，是拭不净故纸。超佛越祖之谈，是狂謼[1]闾阎[2]汉。若论衲僧门下，一点也用不得。作么生是衲僧门下事？"良久曰："多虚不如少实[3]。"击香台，下座。

【注释】

[1] 謼（hū）：同"嘑"。古同"吓"，使害怕。

[2] 闾阎：平民。此处指没有见识的乡巴佬。

[3] 多虚不如少实：大量虚妄之言不如少量真实有用之事。指参习佛法，领悟禅理不可过于注意外在的他人的言辞。本书第十五章"云门文偃禅师"条："若是初心后学，直须摆动精神，莫空记人说处，多虚不如少实，向后只是自赚。"

法昌倚遇禅师

洪州法昌倚遇禅师，漳州林氏子。幼弃家，依郡之崇福得度。有大志。自受具游方，名著丛席。浮山远和尚尝指谓人曰："此后学行脚样子也。"

参北禅，禅问："近离甚处？"师曰："福严。"禅曰："思大鼻孔长多少？"师曰："与和尚当时见底一般。"禅曰："汝道我见时长多少？"师曰："和尚大似不曾到福严。"禅曰："学语之流[1]。"又问："来时马大师安乐否？"师曰："安乐。"禅曰："向汝道甚么？"师曰："教和尚莫乱统。"禅曰："念汝新到，不能打得你。"师曰："某甲亦放和尚过。"

茶罢，禅问[2]："乡里甚处？"师曰："漳州。"禅曰："三平[3]在彼作甚么？"师曰："说禅说道。"禅曰："年多少？"师曰："与露柱齐年。"禅曰："有露柱且从，无露柱年多少？"师曰："无露柱，一年也不少。"禅曰："夜半放乌鸡。"

师留北禅最久，于是师资敲唱，妙出一时。晚至西山，睹[4]双岭深邃，栖息三年，始应法昌之请。

师在双岭受请，与英、胜二首座相别，曰："三年聚首，无事不知。检点将来，不无渗漏。"以拄杖画一画，曰："这个即且止，宗门事作么生？"英曰："须弥安鼻孔。"师曰："恁么则临崖看浒眼[5]，特地一场愁。"英曰："深沙[6]努眼睛。"师曰："争奈圣凡无异路，方便有多门。"英曰："铁蛇钻不入。"师曰："这般汉有甚共语处？"英曰："自缘根力浅，莫怨太阳春。"却画一画，曰："宗门事且止，这个事作么生？"师便掌，英曰："这漳州子，莫无去就。"师曰："你这般见解，不打更待何时？"又打，英曰："也是老僧招得。"

上堂："祖师西来意，特唱此事，只要时人知有。如贫子衣珠，不从人得。三世诸佛，只是弄珠底人；十地菩萨，只是求珠底人。汝等正是玲瓀[7]乞丐，怀宝迷邦。灵利汉[8]才闻举着，眨上眉毛，便知落处。若更踏步向前，不如策杖归山去，长啸一声烟雾深。"

示众："我要一个不会禅底作国师。"

上堂："汝若退身千尺，我便当处生芽。汝若觌面相呈，我便藏身露影。汝若春池拾砾，我便撒下明珠。直得水洒不着，风吹不入，如个无孔铁锤相似。且道法昌还有为人处也无？"良久曰："利刀割肉疮犹合，恶语伤人恨不销。"

上堂："春山青，春水绿，一觉南柯梦初足。携筇纵步出松门，是处桃英香馥郁。因思昔日灵云老，三十年来无处讨。如今竟爱摘杨花，红香满地无人扫。"

上堂，拈起拄杖曰："我若拈起，你便唤作先照后用。我若放下，你便唤作先用后照。我若掷下，你便唤作照用同时。忽然不拈不放，你向甚么处卜度？直饶会得倜傥分明，若遇临济、德山，便须脑门著[9]地。且道伊有甚么长处？"良久曰："曾经大海休夸水，除却须弥不是山。"

上堂："夜半乌鸡谁捉去？石女无端遭指注。空王令下急搜求，唯心便作军中主。云门长驱，沩山队伍，列五位[10]枪旗，布三玄[11]戈弩。药山持刀，青原荷斧，石巩弯弓，禾山打鼓。阵排雪岭长蛇，兵屯黄檗飞虎。木马带毛烹，泥牛和角煮。赏三军，犒师旅。打葛藤，分露布[12]。截海扬尘，横山簸土。击玄关[13]，除徽路[14]，多少平人受辛苦？无边刹海竞纷纷，三界圣凡无觅处。无觅处，还知否？昨夜云收天宇宽，依然带月啼高树。”

上堂：“闲来只么坐，拍手谁赓和[15]？回头忽见簸箕星[16]，水墨观音[17]解推磨。”拍手一下曰：“还会么？八十翁翁虽皓首，看看不见老人容。”

上堂：“法昌今日开炉，行脚僧无一个。唯有十八高人，缄口围炉打坐。不是规矩严难，免见诸人话堕。直饶口似秤锤，未免灯笼勘破。不知道，绝功勋[18]，妄自修因证果。”喝曰：“但能一念回光，定脱一乘羁锁。”

黄龙南禅师至[19]，上堂：“拏云攫浪数如麻，点着铜睛眼便花。除却黄龙头角[20]外，自余浑是赤斑蛇。法昌小刹，路远山遥，景物萧疏，游人罕到。敢谓黄龙禅师曲赐[21]光临，不唯泉石生辉，亦乃人天欣悦。然云行雨施，自古自今，其奈炉鞲[22]之所，钝铁尤多？良医之门，病者愈甚。瘥病须求灵药，销顽必藉金锤。法昌这里，有几个垛根[23]阿师，病者病在膏肓，顽者顽入骨髓。若非黄龙老汉到来，总是虚生浪死[24]。”拈拄杖曰：“要会么？打面还他州土麦，唱歌须是帝乡人。”

僧问：“古镜未磨时如何？”师曰：“却须磨取。”曰：“未审如何下手？”师曰：“镜在甚么处？”僧遂作一圆相，师便打曰：“这漆桶，碌砖[25]也不识。”

师与感首座岁夜吃汤次，座曰：“昔日北禅分岁，曾烹露地白牛。和尚今夜分岁，有何施设？”师曰：“腊雪连山白，春风透户寒。”座曰：“大众吃个甚么？”师曰：“莫嫌冷淡无滋味，一饱能消万劫饥。”座曰：“未审是甚么人置办？”师曰：“无惭愧汉，来处也不知。”

英、胜二首座到山相访，英曰：“和尚寻常爱检点诸方，今日因甚么却来古庙里作活计？”师曰：“打草只要蛇惊。”英曰：“莫涂糊人好！”师曰：“你又刺头入胶盆[26]作甚么？”英曰：“古人道：‘我见两个泥牛斗入海，所以住此山。’未审和尚见个甚么？”师曰：“你他时异日，有把茆盖头[27]，人或问你，作么生祇对？”英曰：“山头不如岭尾。”师曰：“你且道，还当得住山事也无？”英曰：“使镢不及拖犁。”师曰：“还曾梦见古人么？”英曰：“和尚作么生？”师展两手，英曰：“虾跳不出斗。”师曰：“休将三寸烛，拟比太阳辉。”英曰：“争奈公案见在。”师曰：“乱统禅和[28]，如麻似粟。"

龙图徐公禧[29]，布衣时与师往来，为法喜之游。师将化前一日，作偈遗之曰："今年七十七，出行须择日。昨夜问龟哥，报道明朝吉。"徐览偈耸然，邀灵源清禅师同往。师方坐寝室，以院务诚知事曰："吾住此山二十三年，护惜常住，每自莅之。今行矣，汝辈著精彩。"言毕，举拄杖曰："且道这个分付阿谁？"徐与灵源皆屏息，遂掷杖投床，枕臂而化。

【注释】

[1] 学语之流：指鹦鹉学舌之辈。

[2] 师曰："某甲亦放和尚过。"茶罢，禅问：项楚《五灯会元点校献疑续补一百例》认为旧校本标点有误，"过"字不能进入上句引号内，应作"过茶罢"，献茶完毕的意思。但这个"过"字在上边句中更通顺，"某甲亦放和尚过"也是禅林常用语，就是某甲放过某禅师的意思。因此，此处旧校本无错。

[3] 三平：指义忠禅师，福州人，姓杨氏。初谒石巩，后答大颠住漳州三平山。

[4] 睠（juàn）：同"眷"，依恋。

[5] 浒（hǔ）眼：宋代绍昙禅师所作诗："一生逐浪与随流，未见根源未肯休。孔窍不知深几许，临崖看着使人愁。"浒：水边。

[6] 深沙：指深沙神。是佛教护法神，指除灭诸难之神。又称深沙大将、深沙神王、深沙大王、深砂童子、深砂菩萨。唐代玄奘西行求法，渡越流沙，遭遇危难，传说当时有一深沙大将守护之。（摘自《佛光大辞典》）

[7] 竛（líng）竮（píng）：孤单貌。《法华经·信解品》："此是我子，我之所生，于某城中，舍吾逃走，竛竮辛苦五十余年。"

[8] 灵利汉：指机灵、有悟性的人。禅家称根器好、悟性高者为灵利人、灵利衲僧等。参见本书"灵利"注释。

[9] 著：宝祐本作"著"，其他有版本作"会"。

[10] 五位：指"五位君臣"，曹洞宗开祖洞山良价禅师以真理立为正位，以事物立为偏位，依偏正回互之理，立五位（正中偏、偏中正、正中来、偏中至、兼中到）之说。曹山本寂禅师复承洞山之本意而发明之，假托君臣之例而说明五位之旨诀，称为君臣五位。一，君位，指本来无物之空界，为正位，即五位中之正中来。二，臣位，指万象有形之色界，为偏位，即五位中之偏中至。三，臣向君，为舍事入理之意，即向上还灭之偏中正。四，君视臣，为背理就事之意，即向下缘起

之正中偏。五，君臣道合，为冥应众缘而不堕诸有之意，即兼中到，指动静合一、事理不二、非正非偏之究竟大觉之道位。参见本书第十三章"洞山良价禅师"注释。

[11] 三玄：指"三玄三要"，是临济义玄接引学人之方法。"一句中须具三玄门，一玄门须具三要"，然临济并未明言道出三玄门与三要之内容。盖"一句语有玄有要"即是活语，"三玄三要"，其目的乃教人须会得言句中权实照用之功能。参见本书第十一章"临济义玄禅师"注释。

[12] 打葛藤，分露布：葛藤露布，指未能超越语言知解的言句作略。《圆悟语录》卷一三："又云：'相逢不拈出，举意便知有也。须是彻骨彻髓，信得极，见得彻，然后尽十方世界，只在一丝毫头上明得。其或滞于知见，便有佛有祖，所以却入建化门中葛藤露布。'"本章"灵曜曾良禅师"条："有个葛藤露布，与诸人共相解摘看。"（露布：意同葛藤。解摘：解释。）亦作"露布葛藤"。

[13] 玄关：佛教称入道的法门。禅宗指出入玄旨的关门，即禅家机锋往来中的紧要处。后来以"玄关"一词指建筑物入口处的空间。

[14] 徼（jiào）路：小道。《汉书·叙传上》："据徼乘邪以求一日之富贵。"王念孙《读书杂志·汉书叙传》："《老子》释文云：'徼，小道也。古吊反。'……然则'据徼乘邪'云云，犹言据小道，乘邪途，以求富贵耳。"

[15] 赓（gēng）和：续用他人原韵或题意唱和。《新唐书·刘太真传》："德宗以天下平，贞元四年九月，诏群臣宴曲江，自为诗，敕宰相择文人赓和。"

[16] 簸箕星：灾星，彗星。即扫帚星，俗传扫帚星出现是不祥的预兆。

[17] 水墨观音：指水墨画观音菩萨作品。

[18] 不知道，绝功勋：旧校本标点有误，"不知道"后没有逗号，引起误解。"知道"非现在的双音节词语，而是通晓大道的意思。

[19] 黄龙南禅师至：旧校本标点有误。"黄龙南禅师至"与前面上堂一席话没有联系，而是与下面上堂一席话有联系，所以是逗号，不能是句号。

[20] 头角：指出众、优胜。

[21] 曲赐：敬词。称尊长的赐予、关照等。犹言承蒙赐予。

[22] 炉鞴（bài）：亦作"炉鞲"。①火炉与风囊，炼铁设备，喻指将僧人造就成法器的禅家法会。鞴：鼓风吹火、使火旺烈的皮革囊袋。《密庵语录》："入寺，上堂。僧问：'华藏海中张巨网，惯打鲲鲸；凌霄峰顶握钳锤，陶铸佛祖。而今炉鞴既开，一锤便就时如何？'"又："大炉鞴中，千炼万炼。"②指禅师启发引导学人。《密庵语录》卷末所附葛郯《塔铭》："自非有明眼宗师，见处分明，行处稳实，则何以倒用横拈，得大总持，炉鞴后学，皆成法器耶？"（摘自《禅宗大词典》）

[23] 垛根：意谓定止、陷埋于虚妄境界，执着、拘泥于言解分别。"垛根"的作法为禅家所批评，故亦常用作呵斥之词。本书第五章"投子大同"条："汝诸人来这里，拟觅新鲜语句，攒华四六，图口里有可道。我老儿气力稍劣，本舌迟钝，亦无闲言语与汝。汝若问我，便随汝答，也无玄妙可及于汝，亦不教汝垛根。终不说向上向下、有佛有法、有凡有圣。"《密庵语录》："达磨不会接手句，少林空坐冷啾啾。叵耐云门垛根汉，复于头上更安头。"又写作"跺根""揵根""堕根"等。（摘自《禅宗大词典》）

[24] 虚生浪死：虚度人生，糊涂而死。《联灯会要》卷二八"慈云修慧"条："若承当去，头头应用，取舍自由。十二时中，受用不尽。若用不得，一任怀宝迷邦，向外驰求。踏破草鞋，虚生浪死。"《惟则语录》卷二："忽尔三寸气消，眼光落地，百骸既散，万事俱休。一个游魂，随业受报。岂不是虚生浪死，甘受轮回者哉？"亦作"浪死虚生"。（摘自《禅宗大词典》）

[25] 碌砖：即砖石。禅林以贵重之物黄金比喻人人本具之佛性，以轻贱之物碌砖比喻分别妄想之迷执，故有"抛却黄金捧碌砖"之说，即谓抛弃本具之佛性，而执着分别妄想，喻指众生之愚痴。

[26] 刺头入胶盆：把脑袋钻入胶水盆里，喻指糊涂愚痴。刺：宝祐本与卍续本作"剌"。又作"刺脑入胶盆"。本书第十二章"云峰文悦"条："汝等诸人与么上来，大似刺脑入胶盆。与么下去，也是平地吃交。"又本书第十八章"圆通道旻"条："切莫刺脑入胶盆。"

[27] 把茆（máo）盖头：一把茅草盖头。把：一把。茆：同"茅"。把茅盖头，一般指禅僧住持寺院，亦作"一把茅盖头"。

[28] 禅和：又作"禅和子""禅和者"。参禅之人也。和子：和者，亲人之语。本书"浮杯和尚"条："伎死禅和，如麻似粟。"《六祖坛经·御序》曰："越之南有禅和者卢慧能。"《碧岩》二则评唱曰："如今禅和子，问著也道，我亦不知不会。"（参见丁福保《佛学大辞典》）

[29] 龙图徐公禧：徐禧（1035～1082年），字德占，洪州分宁（今江西修水县）人。少年而有大志，气度不凡，力学而不事科举，博览周游，求知古今事变、风俗利病。以学识超卓破格任用，擢太子中允、馆阁校勘、监察御史。曾奉宋神宗之命进攻西夏，兵败死于永乐城。龙图，北宋官名，龙图阁学士的省称。

【拓展阅读一】

寄徐龙图歌

孺子从来心性恶，不是德山谁敢扑！法昌一句没人知，信手拗折珊瑚枝。也大奇，五十年来寻不得，顾鉴咦！翻身趯倒画须弥，拽下虚空为井盖作地衣。一等师子儿，他时若见毗耶老，脑后锥，头角分明辨大沩。（出自《嘉泰普灯录》"法昌遇禅师"条）

【拓展阅读二】

答徐龙图歌

法昌有条老鳖鼻，生得来来没向背。藏身露影恰似无，触著令人身粉碎。那个驴，更奇异，两耳累垂，四脚著地。正恁么来，为蛇出气。蛇不惜命，近前喷嚏。和那老驴，总不灵利。（出自《嘉泰普灯录》"法昌遇禅师"条）

福州广因择要禅师

上堂："王临宝位，胡汉同风[1]。纽半破三，佛殿倒卓。藏身句[2]即不问你，透出一字[3]作么生道？"拈拄杖曰："春风开竹户，夜雨滴花心。"

上堂："古者道：'只恐为僧心不了，为僧心了总输僧[4]。'且如何是诸上座了底心？"良久曰："渔翁睡重春潭阔，白鸟不飞舟自横。"

僧问："如何是祖师西来意？"师曰："长安东，洛阳西。"

问："如何是佛？"师曰："福州橄榄两头尖。"

问："佛未出世时如何？"师曰："隈岩傍壑。"曰："出世后如何？"师曰："前山后山。"

【注释】

[1] 同风：谓得道者超越情识分别，悟心不异。《禅林僧宝传》卷十八"大觉琏"条："得之者妙用无亏，失之者触途成滞。所以，溪山云月，处处同风；水鸟树林，头头显道。"《宏智广录》卷四："语默俱到，彼此同风。"《圆悟语录》卷十："昔岁依投蒙重顾，今春还沐渡江来。同风更话同风事，千手通身正眼开。"（摘自《禅宗大词典》）

[2] 藏身句：指"北斗藏身"。有人问云门禅师，法身究竟是什么？他回答："北斗里藏身。"

[3] 透出一字：超越云门一字禅。云门接人，好说一字，谓之一字禅。《碧岩》六则评唱曰："云门寻常，爱说三字禅：顾鉴咦。又说一字禅。僧问：'杀父杀母，佛前忏悔；杀佛杀祖，向什么处忏悔？'门云：'露。'又问如何是正法眼

藏？门云：'普。'"《大慧语录》十曰："一字入公门，九牛拽不出。"（参见丁福保《佛学大辞典》）

[4] 只恐为僧心不了，为僧心了总输僧：出自唐代诗人杜荀鹤《赠僧》："利门名路两何凭，百岁风前短焰灯。只恐为僧僧不了，为僧得了总输僧。"

开先暹禅师法嗣

云居了元佛印禅师

南康军云居山了元佛印禅师，饶州浮梁林氏子。诞生之时，祥光上烛[1]。须发爪齿，宛然具体[2]。风骨爽拔，孩孺异常。发言成章，语合经史。闾里先生称曰"神童"。年将顶角[3]，博览典坟[4]。卷不再舒，洞明今古。才思俊迈，风韵飘然。志慕空宗，投师出家。试经圆具，感悟夙习。即遍参寻，投机于开先法席。出为宗匠，九坐道场。四众倾向，名动朝野。神宗赐高丽磨衲[5]金钵，以旌师德。

僧问："如何是佛？"师曰："木头雕不就。"曰："恁么则皆是虚妄也。"师曰："梵音深远，令人乐闻。"

问："如何是诸佛说不到底法？"师曰："蚁子解寻腥处走，苍蝇偏向臭边飞。"曰："学人未晓，请师再指。"师曰："九万里鹏从海出，一千年鹤远天归。"

问："达磨面壁，意旨如何？"师曰："闭口深藏舌。"曰："学人未晓。"师曰："一言已出，驷马难追。"

问："大修行人还入地狱也无？"师曰："在里许。"曰："大作业人还上天堂也无？"师曰："虾跳不出斗[6]。"曰："恁么则镬汤炉炭吹教灭，剑树刀山喝使摧。"师曰："自作自受。"乃曰："适来禅客出众礼拜，各以无量珍宝布施大众，又于面门上放大光明，照耀乾坤，令诸人普得相见。于此明得，可谓十方诸佛各坐其前，常为劳生，演说大法。岂假山僧重重注破？如或未然，不免横身徇物[7]。"乃横按挂杖曰："万般草木根苗异，一得春风便放花。"

上堂："寒！寒！风撼竹声干。水冻鱼行涩，林疏鸟宿难。早是严霜威重，那堪行客衣单！休思紫陌[8]山千朵，且拥红炉火一攒。放下茱萸空中竹橛，倒却迦叶门前刹竿。直下更云不会，来也太无端。参！"

师一日与学徒入室次，适东坡居士到面前，师曰："此间无坐榻，居士来此作甚么？"士曰："暂借佛印四大为坐榻。"师曰："山僧有一问，居士若道得，即请坐。道不得，即输腰下玉带子。"士欣然曰："便请。"师曰："居士适来道，暂借山僧四大为坐榻。只如山僧四大本空，五阴非有，居士向甚么处坐？"士不能答，遂留玉带。师却赠以云山衲衣，士乃作偈曰[9]：

"百千灯作一灯光，尽是恒沙妙法王。是故东坡不敢惜，借君四大作禅床。"

"病骨难堪玉带围，钝根仍落箭锋机。会当乞食歌姬院，夺得云山旧衲衣。"

"此带阅人如传舍，流传到我亦悠哉。锦袍错落犹相称，乞与佯狂老万回。"

【注释】

[1] 烛：照亮，照见。

[2] 具体：谓粗具大体。

[3] 顶角（jiǎo）：古时未成年儿童所梳的一种发式。于头顶正中束发，或成竖辫。因形如角，故称。也称角。

[4] 典坟：亦作"典贲"。三坟五典的省称。指各种古代文籍。

[5] 磨衲：亦作"摩衲"，袈裟之一种。相传乃高丽所产，以极精致之织物制成。磨：即指紫磨，属于绫罗类。《六祖坛经》："感荷师恩，顶戴无已，并奉磨衲袈裟及水晶钵。"

[6] 虾跳不出斗：比喻事物难以摆脱环境的制约。

[7] 横身徇物：横身指一切动物，横身跟随动物去了，指下辈子就会变牛、变马、变成畜牲了。

[8] 紫陌：原指京师郊野的道路，本书借指柳绿花红的红尘世界。唐代刘禹锡《元和十一年自朗州召至京戏赠看花诸君子》："紫陌红尘拂面来，无人不道看花回。"

[9] 士乃作偈曰：下面是三首偈，须分开标点。旧校本标点有误。

【概要】

了元禅师（1031～1098年），宋代禅僧，俗姓林，字觉老，号佛印，故又称

"佛印了元"。浮梁（今江西景德镇）人。幼年习儒典，后从宝积寺日用出家，受具足戒，遍参诸师。十九岁入庐山开先寺，谒善暹禅师，嗣其法，为云门宗传人。二十八岁住江州（今江西九江）承天寺，元丰年间（1078～1085年），住持镇江（今属江苏）金山寺，后居南康军（今江西永修）云居山。凡历坐道场九所，名动朝野。天资颖异，博通内外，长于书法，能诗文，尤善言辩。苏东坡、黄山谷等名士均与之交游，以诗文相酬酢。神宗钦其道风，特赐高丽磨衲、金钵，赠号"佛印禅师"。有语录行世。

【参考文献】

《禅林僧宝传》卷二十九；《续传灯录》卷五。

东京智海本逸正觉禅师

僧问："古镜未磨时如何？"师曰："青青河畔草[1]。"曰："磨后如何？"师曰："郁郁园中柳。"曰："磨与未磨，是同是别？"师曰："同别且置，还我镜来。"僧拟议，师便喝。

上堂："开口是，合口是，眼下无妨更着鼻。开口错，合口错，眼与鼻孔都拈却。佛也打，祖也打，真人面前不说假。佛也安，祖也安，衲僧肚皮似海宽。此乃一出一入，半合半开，是山僧寻常用底。敢问诸禅德，刹竿因甚么头指天？力士何故擅[2]起拳？"良久曰："参！"

上堂，拈拄杖曰："这拄杖，在天也，与日月并明；在地也；与山河同固；在王侯也，以代蒲鞭[3]；在百姓也，防身御恶；在衲僧也，昼横肩上，渡水穿云，夜宿旅亭，撑门挂户。且道在山僧手里，用作何为？要会么？有时放步东湖上，与僧遥指远山青。"击禅床，下座。

上堂："忆得老僧年七岁时，于村校书处得一法门，超情离见，绝妙绝玄，爱自染神，逾六十载。今日辄出，普告大众。若欲传持，宜当谛听。"遂曰："寒原耕种罢，牵犊负薪归。此夜一炉火，浑家[4]身上衣。诸禅德，逢人不得错举。"

上堂："古者道：'接物利生绝妙，外甥终是不肖。他家自有儿孙，将来应用恰好。'诸禅德！还会么？菜园墙倒晴方筑，房店篱穿雨过修。院宇漏时随分整，儿孙大小尽风流。"

上堂，举："暹和尚道：'寒！寒！地炉火暖，闲坐蒲团。说迦叶不是，谈达磨无端。此也彼也，必然一般。"师召大众曰："迦叶甚处不是？达磨那里无端？若检点得出，彼之二老一场懡㦬。若点检不出，三十年后，莫道不被人瞒好！"

上堂："我有这一着，人人口里嚼。嚼得破者，速须吐却。嚼不破者，翻成毒药。"乃召："诸禅德！作甚么滋味，试请道看。"[5]良久曰："医王不是无方义，千里苏香象不回。"

道士问："如何是道？"师曰："龙吟金鼎，虎啸丹田。"曰："如何是道中人？"师曰："吐故纳新。"曰："道与道中人相去多少？"师曰："胃[6]鹤颠崖上，冲天昧米民。"

【注释】

[1] 青青河畔草：与后文"郁郁园中柳"均出自《古诗十九首》："青青河畔草，郁郁园中柳。盈盈楼上女，皎皎当窗牖。娥娥红粉妆，纤纤出素手。昔为娼家女，今为荡子妇。荡子行不归，空床难独守。"

[2] 揎（xuān）：捋袖露臂。

[3] 蒲鞭：以蒲草为鞭。常用以表示刑罚宽仁。《后汉书·刘宽传》："吏人有过，但用蒲鞭罚之，示辱而已，终不加苦。"唐代李白《赠清漳明府侄聿》："蒲鞭挂檐枝，示耻无扑抶。"宋代苏轼《次韵李端叔送保倅翟安常赴阙》："顾我迂愚分竹使，与君谈笑用蒲鞭。"

[4] 浑家：全家。

[5] 乃召："诸禅德！作甚么滋味，试请道看。"：旧校本标点有误，"诸禅德"是称呼语，不能连接"乃召"作叙述语。

[6] 胃（juàn）：捕取鸟兽的网。

越州天章元楚宝月禅师

僧问："如何是佛法大意？"师曰："一年三百六十日。"曰："便恁么会时如何？"师曰："迢迢十万不是远。"

上堂："鼓声错落，山色崔嵬[1]。本既不有，甚处得来？"良久曰："高着眼。"

【注释】

[1] 崔嵬：指高耸、高大。《楚辞·九章·涉江》："带长铗之陆离兮，冠切云

之崔嵬。"

钦山勤禅师法嗣

鼎州梁山圆应禅师

僧问："如何是超佛越祖之谈？"师曰："吃粥吃饭。"

第二节　青原下十一世

云居舜禅师法嗣

蒋山法泉禅师

金陵蒋山法泉佛慧禅师，随州时氏子。

僧问："古人说不到处，请师说。"师曰："夫子入太庙[1]。"曰："学人未晓。"师曰："春暖柳条青。"

问："如何是急切一句？"师曰："火烧眉毛。"

问："祖师面壁，意旨如何？"师曰："撑天拄地。"曰："便恁么去时如何？"师曰："落七落八[2]。"

问："二祖立雪齐腰，意旨如何？"师曰："三年逢一闰。"曰："为甚么付法传衣？"师曰："村酒足人酤。"

问："莲华未出水时如何？"师曰："西瞿耶尼[3]。"曰："出水后如何？"师曰："泗州大圣[4]。"

问："如何是祖师西来意？"师曰："发长僧貌丑。"曰："未审意旨如何？"师曰："闭户怕天寒。"

问："南禅结夏，为甚么却在蒋山解？"师曰："众流逢海尽。"曰：

"恁么则事同一家。"师曰："梦里到家乡。"

上堂："来不来，去不去。脚下须弥山，脑后擎天柱。大藏不能宣，佛眼不能觑。诸禅德！渐老逢春解惜春，昨夜飞花落无数。"

上堂，画一圆相，以手拓起曰："诸仁者！还见么？团团离海峤，渐渐出云衢。诸人若也未见，莫道南明长老措大相，却于宝华王座上念中秋月诗。若也见得，此夜一轮满，清光何处无？"

上堂："要去不得去，要住不得住。打破大散关[5]，脱却娘生裤。诸仁者！若到腊月三十日，且道用个甚？"良久曰："柳絮随风，自西自东。"

上堂："古人恁么，南禅不恁么；古人不恁么，南禅却恁么。大众还委悉么？王婆衫子短，李四帽檐长。"

圣节[6]上堂，拈拄杖，击法座一下，曰："以此功德，祝延圣寿。"便下座。

上堂："时人欲识南禅路，门前有个长松树。脚下分明不较多，无奈行人恁么去。莫恁去，急回顾，楼台烟锁钟鸣处。"

师因雪下，上堂召大众曰："还有过得此色者么？"良久曰："文殊笑，普贤嗔，眼里无筋一世贫[7]。相逢尽道休官去，林下何曾见一人[8]？"

上堂："快人一言，快马一鞭。若更眼睛定动，未免纸裹麻缠。脚下是地，头上是天。不信但看八九月，纷纷黄叶满山川。"

师晚奉诏住大相国智海禅寺，问众曰："赴智海，留蒋山，去就孰是？"众皆无对，师索笔书偈曰："非佛非心徒拟议，得皮得髓[9]谩商量。临行珍重诸禅侣，门外千山正夕阳。"书毕坐逝。

【注释】

[1] 夫子入太庙：指孔子"入太庙，每事问"。《论语·八佾》："子入太庙，每事问。或曰：'孰谓鄹人之子知礼乎？入太庙，每事问。'子闻之，曰：'是礼也。'"

[2] 落七落八：似与"七零八落"含义相同。形容零散稀疏的样子，特指原来又多又整齐的东西现在零散了。本书第十五章"临江军慧力有文禅师"条："建山寂寞，坐倚城郭。无味之谈，七零八落。"

[3] 西瞿耶尼：四大洲之一。梵语"瞿耶尼"，华言牛货。为彼多牛，以牛为货，故名牛货。在须弥山西，其土形如满月，纵广八千由旬；人面亦如满月，人身长十六肘，人寿五百岁。

[4] 泗州大圣（628～710 年）：指唐代西域僧。葱岭北何国人，一说碎叶人，俗姓何。唐龙朔（661～663 年）初年，来西凉府，又游历江淮之地，居止于楚州龙兴寺。后于泗州临淮县（安徽省）信义坊得金像一尊，上有古香积之铭记及普照王佛之铭，遂建临淮寺。大圣屡次显现神异，尝现十一面观音形，人益信重，世称观音大士化身。景龙二年（708 年），受中宗之诏入内道场，被尊为国师。未久，即住京师荐福寺，因治众病、祈雨有验，蒙赐"普光王寺"之额于临淮寺。示寂于荐福寺。先后被赐以证圣大师、普照明觉大师、泗州大圣、大圣僧伽和尚、僧伽大师等号。唐代以来，泗州以外之地，亦广建僧伽大师堂。至北宋时代，天下精庐必立僧伽画像；凡遇兵难、贼乱、水难等，均向僧伽大师祷祝，以求攘除，或祈雨、求子等。（参见本书第二章"泗州僧伽大圣"条）

[5] 大散关：在陕西省宝鸡县南大散岭上。关因山得名。为秦、蜀往来的咽喉，历代兵家必争之地。宋代陆游《书愤》："楼船夜雪瓜洲渡，铁马秋风大散关。"

[6] 圣节：因皇帝生辰而立的节日。唐代开元十七年（729 年）八月五日玄宗生日，左丞相源干曜、右丞相张说等上表请以是日为千秋节，制许之。后历代皇帝生日或定节名，或不定节名，皆称为圣节。

[7] 眼里无筋一世贫：眼光短浅，没有见识的人一辈子要受穷。

[8] 相逢尽道休官去，林下何曾见一人：官场的人见了面，都说不当官是最好的，可在山林间没见到过一个由官场退下来的人。指官场的人不愿为官是假，贪婪权势唯恐丢官是真。出自唐代灵澈《东林寺酬韦丹刺史》："年老心闲无外事，麻衣草座亦容身。相逢尽道休官好，林下何曾见一人？"

[9] 得皮得髓：参见本书第一章"初祖菩提达磨大师"注释。

明州天童澹交禅师

僧问："临云阁耸，太白峰高，到这里如何进步？"师曰："但寻荒草际，莫问白云深。"曰："未审如何话会？"师曰："寒山逢拾得，两个一时痴。"曰："向上宗乘，又且如何举唱？"师曰："前言不及后语。"

上堂："也大奇，也大差，十个指头八个罅[1]。由来多少分明，不用钻龟打瓦[2]。"便下座。

【注释】

[1] 罅（xià）：缝隙。

[2] 钻龟打瓦：古代占卜的方法。钻龟，钻刺龟里甲，并以火灼，视其裂纹以断吉凶。打瓦，即瓦卜，击瓦而视其裂纹以定吉凶。

建州崇梵余禅师

僧问："临济喝，少遇知音；德山棒，难逢作者。和尚今日作么生？"师曰："山僧被你一问，直得退身三步，脊背汗流。"曰："作家宗师，今日遭遇。"师曰："一语伤人，千刀搅腹。"僧以手画一画曰："争奈这个何？"师曰："草贼大败。"

问："恁么来底人，师还接否？"师曰："孤峰无宿客。"曰："不恁么来底人，师还接否？"师曰："滩峻不留船。"曰："恁么不恁么则且置，穿过髑髅一句作么生？"师曰："堪笑亦堪悲。"

上堂："直须向黑豆未生芽时构取。"良久，召大众曰："剑去远矣。"

处州慈云院修慧圆照禅师

上堂："片月浸寒潭，微云满空碧。若于达道人，好个真消息！还有达道人么？微云穿过你髑髅，片月触着你鼻孔。珍重！"

大沩宥禅师法嗣

庐山归宗慧通禅师

僧问："如何是函盖乾坤句？"师曰："日出东方夜落西。"曰："如何是截断众流句？"师曰："铁山横在路？"曰："如何是随波逐浪句？"师曰："船子下扬州。"

问："如何是尘尘三昧[1]？"师曰："灰飞火乱。"

问："如何是佛法大意？"师曰："黄河水出昆仑嘴。"

问："十二时如何履践？"师曰："铁牛步春草。"

问："只履西归，当为何事？"师曰："为缘生处乐，不是厌他乡。"

曰："如何是当面事？"师曰："眼下鼻头垂。"

上堂："心随相起，见自尘生。了见本心，知心无相。即十方刹海，念念圆明；无量法门，心心周匝。夫如是者，何假觉城东际参见文殊，楼阁门开方亲弥勒？所以道：'一切法门无尽海，同会一法道场中[2]。'"拈起拄杖曰："这个是一法，那个是道场？这个是道场，那个是一法？"良久曰："看！看！拄杖子穿过诸人髑髅，须弥山拶破诸人鼻孔。"击香台一下，曰："且向这里会取。"

上堂："从无入有易，从有入无难。有无俱尽处，且莫自颟顸[3]。举来看寒山，拾得礼丰干。"

【注释】

[1] 尘尘三昧：于一微尘中入一切之三昧，谓为尘尘三昧。《华严经·贤首品》偈曰："一微尘中入三昧，成就一切微尘定，而彼微尘亦不增，于一普现难思刹。"《碧岩》五十则曰："僧问云门：'如何是尘尘三昧？'门云：'钵里饭，桶里水。'"（摘自丁福保《佛学大辞典》）

[2] 一切法门无尽海，同会一法道场中：出自《华严经·世主妙严品》："一切法门无尽海，同会一法道场中，如是法性佛所说，智眼能明此方便。十方所有诸国土，悉在其中而说法，佛身无去亦无来，爱乐慧旋之境界。"

[3] 颟（mān）顸（hān）：糊涂而马虎。

安州大安兴教慧宪禅师

上堂："我有一条拄杖，寻常将何比况？采来不在南山，亦非昆仑西崦。拈起满目光生，放下骊龙缩项。同徒若也借看，卓出人中之上。"击香台，下座。

育王琏禅师法嗣

临安府佛日净慧戒弼禅师

僧问："如何是毗卢印？"师曰："草鞋踏雪。"曰："学人不会。"师曰："步步成踪。"

福州天宫慎徽禅师

上堂："八万四千波罗密门，门门长开；三千大千微尘诸佛，佛佛说法。不说有，不说无，不说非有非无，不说亦有亦无。何也？离四句，绝百非，相逢举目少人知。昨夜霜风漏消息，梅花依旧缀寒枝。"

灵隐知禅师法嗣

临安府灵隐正童圆明禅师

僧问："如何是道？"师曰："夜行莫踏白。"曰："如何是道中人？"师曰："黄张三，黑李四。"

承天简禅师法嗣

婺州智者山利元禅师

上堂，拈拄杖曰："大用现前，不存轨则[1]。东方一指，乾坤肃静。西方一指，瓦解冰消。南方一指，南斗作牮。北方一指，北斗潜藏。上方一指，筑着帝释鼻孔。下方一指，穿过金刚水际。诸人面前一指，成得甚么边事？"良久，卓一下，曰："路上指奔鹿，门前打犬儿。"

【注释】

[1] 大用现前，不存轨则：悟道者随时随地实践、运用禅法，并无一定之规的限定和束缚，即禅法运用，自在无碍。《碧岩录》卷一第七则："大用现前，不存轨则。有时将一茎草作丈六金身用，有时将丈六金身作一茎草用。"《如净语录》卷上："解却禅和布袋头，虚空豁达逞风流。去亦得，住亦得，大用现前无轨则。"（摘自《禅宗大词典》）

九峰韶禅师法嗣

大梅法英禅师

明州大梅法英祖镜禅师，本郡张氏子。弃儒，试经得度，肆讲延庆。凡义学有困于宿德，辄以诘师，师纵辞辨之，为众所敬。忽曰："名相迂曲，岂吾所宗哉？"乃参九峰，峰见器之，与语若久在丛席[1]，因痛劀之。师领旨，自尔得誉。

住后，上堂："三十六旬[2]之始，七十二候[3]之初。末后句则且置，只如当头一句，又作么生道？"拈拄杖曰："岁朝把笔，万事皆吉。急急如律令[4]。大众！山僧怎么举唱，且道还有祖师意也无？"良久曰："记得东村黑李四，年年亲写在门前。"卓拄杖，下座。

宣和初，敕天下僧尼为德士[5]。虽主法聚议，无一言以回上意。师肆笔解《老子》，诣进。上览，谓近臣曰："法英《道德经》解，言简理诣，于古未有，宜赐入道藏流行。"仍就赐冠佩坛诰。不知师意者，往往以其为佞谀。

明年秋，诏复天下僧尼，师独无改志。至绍兴初，晨起戴桦皮冠，披鹤氅[6]，执象简[7]，穿朱履，使击鼓集众，升座召大众曰："兰芳春谷菊秋篱，物必荣枯各有时。昔毁僧尼专奉道，后平道佞复僧尼。且道僧尼形相作么生？"复取冠示众曰："吾顶从来似月圆，虽冠其发不成仙。今朝抛下无遮障，放出神光透碧天。"掷之于地，随易僧服。提鹤氅曰："如来昔日贸皮衣，数载惭将鹤氅披。还我丈夫调御服，须知此物不相宜。"掷之。举象简曰："为嫌禅板太无端，岂料遭他象简瞒！今日因何忽放下，普天致仕老仙官。"掷之。提朱履曰："达磨携将一只归，儿孙从此赤脚走。借他朱履代麻鞋，休道时难事掣肘。化鹏未遇不如鹓[8]，画虎不成反类狗。"掷之。横拄杖曰："今朝拄杖化为龙，分破华山千万重。"复倚肩曰："珍重佛心真圣主，好将尧德振吾宗。"掷下拄杖，敛目而逝。

【注释】

[1] 丛席：禅宗法会，禅院。《禅林僧宝传》卷二四"照觉总"条："总（常总）住持十二年，厦屋崇成，金碧照烟云，如夜摩睹史之宫从天而堕。天下学者，从风而靡，丛席之盛，近世所未有也。"本书第十一章"神鼎洪諲"条："有湘阴豪贵，来游福严。即师之室，见其气貌闲静，一钵挂壁，余无长物，倾爱之。遂拜跪请曰：'神鼎乃我家植福之地，久乏宗匠，愿师俱往，何如？'师笑而诺之。即以己马负师至，十年始成丛席。"（摘自《禅宗大词典》）

[2] 三十六旬：中国古代，从汉代至隋代，官员每五日放假一日，谓"休沐"，意即沐浴和休息。唐、宋时期实行"旬假"制度，一年三十六旬，可休三十六天。

[3] 七十二候：古代以五日为一候，一月六候，三候为一节气。一年二十四个节气，共七十二候。它是根据动物、植物或其他自然现象变化的征候，说明节气变化，作为农事活动的依据。

[4] 急急如律令：汉代公文常以"如律令"或"急急如律令"结尾，意谓立即按照法律命令办理。后多为道教咒语或符箓文字用以勒令鬼神按符令执行。唐代韩愈《曲江祭龙文》："乃于甲乙之日，依准古法，作神之象，斋戒祀祷，神其享佑之，时降甘雨，以惠兹人，急急如律令。"《敦煌变文集·伍子胥变文》："遂即卧于芦中，咒而言曰：'捉我者殃，趁我者亡，急急如律令。'"宋代赵彦卫《云麓漫钞》卷七："急急如律令，汉之公移常语，犹今云'符到奉行'。张天师，汉人，故承用之，而道家遂得祖述。"

[5] 德士：宋代温州人林灵素，少从浮屠学，苦其师打骂，改当道士。后以方术为宋徽宗所宠，"欲废释氏以逞前憾"，请改僧为德士。徽宗采纳其建议，遂于宣和元年正月下诏废佛。宋代费衮《梁溪漫志·改德士颂》："宣和庚子，改僧为德士，一时浮屠有以违命被罪者。"宋代吴曾《能改斋漫录·记诗》："政和间，林灵素主张道教，建议以僧为德士，使加冠巾，其意以释氏为出其下耳。

[6] 鹤氅（chǎng）：道士服装。仙鹤是道教常用的图案，世称成仙为"羽化登天"。

[7] 象简：即象笏，象牙制的手板。古代品位较高的官员朝见君主时所执，供指画和记事。

[8] 鹍（kūn）：鹍鸡。古代指像鹤的一种鸟。

玉泉皓禅师法嗣

郢州林溪兴教文庆禅师

上堂："六六三十六，东方甲乙木。嘉州大象出关来，陕府铁牛入西蜀[1]。参！"

【注释】

[1] 陕府铁牛入西蜀：旧校本作"陕府铁井入西蜀"有误，"陕府铁牛"是禅林常用语。唐时陕州（今属河南三门峡市）城南铸有铁牛，以镇河妖。铁牛即铁铸的牛，古人治河或建桥，往往铸铁为牛状，置于堤下或桥堍，用以镇水。禅林以譬不可动，又譬无容嘴之处。丁福保《佛学大词典》举例："《碧岩》三十八则曰：'祖师心印，状似铁牛之机。'同著语曰：'千人万人撼不动。'《五灯会元·药山章》曰：'某甲在石头，如蚊子上铁牛。'"《佛光大辞典》："河南陕府城外有大铁牛，传说是禹王为防黄河泛滥所铸，为黄河之守护神。禅宗'铁牛之机'一语，即谓其'体'不动、'用'无应迹而自在之大机用；又用来形容无相之佛心印。"

夹山遵禅师法嗣

江陵福昌信禅师

僧问："一花开五叶，如何是第一叶？"师提起坐具，僧曰："云生片片，雨点霏霏。"师曰："不痛不知伤。"僧曰："这个犹是风生雨意，如何是第一叶？"师将坐具撼一撼，僧拍掌，师曰："一任蹢跳。"

问："如何是佛？"师曰："东家儿郎，西家织女。"僧曰："学人不会。"师曰："掷笔抛梭。"

上堂召大众，众举头，师曰："南山风色紧。"便下座。

天衣怀禅师法嗣

惠林宗本禅师

东京慧林宗本圆照禅师，常州无锡管氏子。体貌厖硕[1]，所事淳厚[2]。年十九，依姑苏承天永安道升禅师出家，巾侍十载，剃度受具。又三年，礼辞游方，至池阳谒振宗。宗举："天亲从弥勒内宫而下，无著问云：'人间四百年，彼天为一昼夜。弥勒于一时中，成就五百亿天子，证无生法忍，未审说甚么法？'天亲曰：'只说这个法。'如何是这个法？"师久而开悟。一日，室中问师："即心即佛时如何？"曰："杀人放火有甚么难？"于是名播寰宇。

漕使[3]李公复圭[4]命师开法瑞光，法席日盛。武林守陈公襄[5]以承天、兴教二刹命师择居，苏人拥道遮留。又以净慈坚请，移文谕道俗曰："借师三年，为此邦植福，不敢久占。"道俗始从。

元丰五年，神宗皇帝下诏，辟相国寺六十四院为八禅二律，召师为慧林第一祖。既至，上遣使问劳。阅三日，传旨就寺之三门为士民演法。翌日，召对延和殿问道，赐坐，师即跏趺。帝问："卿受业何寺？"奏曰："苏州承天永安。"帝大悦，赐茶。师即举盏长吸，又荡而撼之。帝曰："禅宗方兴，宜善开导。"师奏曰："陛下知有此道，如日照临，臣岂敢自息！"即辞退，帝目送之，谓左右曰："真福慧僧也。"后帝登遐[6]，命入福宁殿说法。以老乞归林下，得旨任便云游，州郡不得抑令住持。击鼓辞众，说偈曰："本是无家客，那堪任意游？顺风加橹棹，船子下扬州。"既出都城，王公贵人送者车骑相属，师临别诲之曰："岁月不可把玩，老病不与人期，唯勤修勿怠，是真相为。"闻者莫不感涕。

晚居灵岩，其嗣法传道者，不可胜纪。

僧问："如何是祖师西来意？"师曰："韩信临朝。"曰："中下之流，如何领会？"师曰："伏尸万里。"曰："早知今日事，悔不慎当初。"师曰："三皇冢上草离离。"

问："上是天，下是地，未审中间是甚么物？"师曰："山河大地。"

曰："恁么则谢师答话。"师曰："大地山河。"曰："和尚何得瞒人?"师曰："却是老僧罪过。"

上元[7]日，僧问："千灯互照，丝竹交音，正恁么时佛法在甚么处?"师曰："谢布施。"曰："莫便是和尚为人处也无?"师曰："大似不斋来。"

上堂："于一毫端现宝王刹，坐微尘里转大法轮。"拈起拄杖曰："这个是尘，作么生说个转法轮底道理? 山僧今日不惜眉毛[8]，与汝诸人说破。拈起也，海水腾波，须弥岌岕[9]；放下也，四海晏清，乾坤肃静。敢问诸人，且道拈起即是? 放下即是? 当断不断，两重公案。"击禅床，下座。

上堂："看! 看! 烁烁瑞光照大千界! 百亿微尘国土、百亿大海水、百亿须弥山、百亿日月、百亿四天下乃至微尘刹土，皆于光中一时发现。诸仁者还见么? 若也见得，许汝亲在瑞光。若也不见，莫道瑞光不照好! 参!"

上堂："头圆像天，足方似地。古貌棱层[10]，丈夫意气。趯[11]倒须弥，踏翻海水。帝释与龙王无着身处。"乃拈拄杖曰："却来拄杖上回避。咄! 任汝神通变化，究竟须归这里。"以拄杖卓一下。

师全身塔于苏之灵岩。

【注释】

[1] 厖（máng）硕：指禅师身躯高大。厖，大。

[2] 淳厚：敦厚质朴。《汉书·循吏传·朱邑》："（朱邑）为人淳厚，笃于故旧。"

[3] 漕使：官名。唐转运使别称，宋转运使、副使别称。

[4] 李公复圭：李复圭，字审言，徐州丰县（今属江苏）人，淑子。仁宗康定二年（1041 年）赐同进士出身。初通判澶州。皇佑中知滑州。历知相州、泾州、湖北、两浙、淮南、河东、陕西、成都转运使。神宗熙宁初知庆州，谪保静军节度副使，知光化军。五年（1072 年），权判吏部流内铨。出知曹、蔡、沧州。十年，还为盐铁副使。元丰二年（1049 年）知沧州，四年，改邓州。卒于知荆南任上。《宋史》卷二九一有传。

[5] 陈公襄：陈襄（1017～1080 年），北宋理学家、"海滨四先生"之首，仁

宗、神宗时期名臣。字述古，因居古灵，故号"古灵先生"，与郑穆、陈烈、周希孟并称"古灵四先生"，侯官（今福建福州）人。进士及第，历官枢密院直学士，知通进银台司，提举进奏院，后又兼侍读，提举司天监，兼尚书都省事等。著有《古灵集》二十五卷传世。《宋史》有传。

[6] 登遐：《墨子·节葬下》："秦之西有仪渠之国者，其亲戚死，聚柴薪而焚之，熏上，谓之登遐。"谓死者升天而去。后因以"登遐"为对人死讳称。此处特指帝王之死。

[7] 上元：节日名。俗以农历正月十五日为上元节，也叫元宵节。

[8] 不惜眉毛：不惜眉须堕落，即不顾惜因使用言辞说教而遭受惩罚。言句作略不契宗旨，禅家讥斥为"眉须堕落"。典故出自"丹霞烧木佛"。参见本书第五章"邓州丹霞天然禅师"注释。

[9] 炎（jí）岢（kè）：象声词。马融《长笛赋》："雷叩锻之炎岢兮，正浏溧以风冽。"李善注："言音如雷之叩锻，炎岢为声也。《苍颉篇》曰：'锻，椎也。'"

[10] 棱层：高耸突兀，峥嵘。唐代宋之问《嵩山天门歌》："纷窈窕兮岩倚披以鹏翅，洞胶葛兮峰棱层以龙鳞。"

[11] 趯（tì）：踢。

【概要】

宗本禅师，宋代禅僧，俗姓管，字无哲，无锡（今属江苏）人。十九岁入苏州承天永安寺道升禅师门下，苦修十年方剃发受具足戒，又服勤三年。后拜辞道升至池州（治今安徽贵池）景德寺，参天衣义怀，有所契悟。受义怀推举于苏州瑞光寺开法，法席日盛，徒众达五百人。迁杭州净慈寺，苏州道俗又请宗本往万寿、龙华二寺弘法，迎者千余人。

元丰五年（1082 年），受神宗之诏，为相国寺慧林禅刹第一祖。开法次日，神宗召至延和殿问道。哲宗诏赐"圆照禅师"。元祐元年（1086 年），以老乞归，出都城，送行者车骑相属。宗本临别教诲，闻者流涕。

晚年住平江（今江苏苏州）灵光寺，闭门修禅。持戒清净，博学能文。所举之华严禅，演华严之奥秘，达圆融之玄妙。弟子有大通、善宁、法真、真悟等人。著有《归元真指集》二卷、《慧辨录》一卷。

【参考文献】

《禅林僧宝传》卷十四；《嘉泰普灯录》卷三。

法云法秀禅师

东京法云寺法秀圆通禅师，秦州陇城辛氏子。母梦老僧托宿，觉而有娠。先是麦积山老僧与应乾寺鲁和尚者善，尝欲从鲁游方。鲁老之，既去，绪语[1]曰：“他日当寻我竹铺坡前，铁场岭下。”鲁后闻其所俄有儿生，即往观焉，儿为一笑。三岁愿随鲁归，遂从鲁姓。

十九试经圆具，励志讲肆。习《圆觉》《华严》，妙入精义。因闻无为军铁佛寺怀禅师法席之盛，径往参谒。怀问曰：“座主讲甚么经？”师曰：“《华严》。”曰：“《华严》以何为宗？”师曰：“法界为宗。”曰：“法界以何为宗？”师曰：“以心为宗。”曰：“心以何为宗？”师无对，怀曰：“毫厘有差，天地悬隔。汝当自看，必有发明。”后闻僧举：“白兆参报慈：‘情未生时如何？’慈曰：‘隔。’”师忽大悟，直诣方丈，陈其所证。怀曰：“汝真法器！吾宗异日在汝行矣。”

初住龙舒四面[2]，后诏居长芦法云，为鼻祖。神宗皇帝上仙[3]，宣就神御前说法，赐“圆通”号。

僧问：“不离生死而得涅槃，不出魔界而入佛界，此理如何？”师曰：“赤土茶牛奶。”曰：“谢师答话。”师曰：“你话头道甚么？”僧拟议，师便喝。

问：“阳春二三月，万物尽生芽。未审道芽还增长也无？”师曰：“自家看取。”曰：“莫便是指示处么？”师曰：“芭蕉高多少？”曰：“野火烧不尽，春风吹又生。”师曰：“这个是白公[4]底，你底作么生？”曰：“且待别时。”师曰：“看你道不出。”

上堂：“看风使帆，正是随波逐浪。截断众流，未免依前渗漏。量才补职，宁越短长。买帽相头，难得恰好。直饶上不见天，下不见地，东西不辨，南北不分，有甚么用处？任是纯钢打就，生铁铸成，也须额头汗出。总不恁么，如何商量？”良久曰：“赤心片片谁知得？笑杀黄梅石女儿。”

上堂：“山僧不会巧说，大都应个时节。相唤吃碗茶汤，亦无祖师妙诀。禅人若也未相谙，踏著秤锤硬似铁。”

上堂：“秋云秋水，青山满目。这里明得，千足万足。其或未然，道士倒骑牛。参！"

上堂："寒雨细，朔风高，吹沙走石，拔木鸣条。诸人尽知有，且道风作何色？若识得去，许你具眼。若也不识，莫怪相瞒。参！"

上堂："少林九年冷坐，却被神光觑破。如今玉石难分，只得麻缠纸裹。还会么？笑我者多，哂我者少。"

上堂："衲僧家高揖释迦，不拜弥勒，未为分外。只如半偈亡躯[5]，一句投火[6]，又图个甚么？"良久曰："彼彼住山人，何须更说破。"

师示疾，谓众曰："老僧六处住持，有烦知事、首座、大众！今来四大不坚，火风将散。各宜以道自安，无违吾嘱[7]。"遂曰："来时无物去时空，南北东西事一同。六处住持无所补，"师良久，监寺惠当进曰："和尚何不道末后句？"师曰："珍重！珍重！"言讫而逝。

【注释】

[1] 绪语：遗言。绪：余留的，遗留下来的。《庄子·渔父》："先王有绪言而去。"

[2] 四面：指舒州四面山，本书第十四章有"舒州四面山津禅师"。故"四面"是山名，旧校本未加专有名词线，有误。

[3] 上仙：用作帝、后死亡的婉称。唐代白居易《大唐故贤妃京兆韦氏墓志铭》："贞元中，沙鹿（指皇后）上仙，长秋虚位，凡六十九御之政，多听于妃。"宋代洪迈《容斋五笔·丙午丁未》："淳熙丁未，高宗上仙。"

[4] 白公：指白居易。白居易《赋得古原草送别》："离离原上草，一岁一枯荣。野火烧不尽，春风吹又生。远芳侵古道，晴翠接荒城。又送王孙去，萋萋满别情。"

[5] 半偈亡躯：指释迦牟尼过去世为雪山大士，为求半偈而甘愿献身。《涅槃经》十四曰："我住雪山，天帝释为试我，变其身为罗刹，说过去佛所说半偈：'诸行无常，是生灭法。'我于尔时闻半偈心生欢喜，四顾唯见罗刹，乃言：'善哉！大士若能说余半偈，吾终身为汝弟子。'罗刹云：'我今实饥，不能说。'我即告曰：'但汝说之，我当以身奉大士。'罗刹于是说后半偈：'生灭灭已，寂灭为乐。'我闻此偈已，于若石、若壁、若树、若道、书写此偈，即时升高树上投身于地，尔时罗刹复帝释形，接取吾身。依此功德超越十二劫。"

[6] 一句投火：谓菩萨求法心切，可为闻一言、一法而投身火坑。

[7] 大众！今来四大不坚，火风将散，各宜以道自安，无违吾嘱：旧校本标点

有误。"大众"是称呼语，属前句，与"知事、首座"并列，都是禅师临终告别的对象。旧校本作"大众今来"不点断，有误，因为"今来四大不坚"的是法秀禅师，而不是大众，这是法秀禅师临终告别语。

【概要】

法秀禅师，宋代禅僧。俗姓辛。秦州陇城（今甘肃秦安）人。十九岁时试经得度。受具足戒后，励志讲肆，习《圆觉》《华严》，妙入精义。因闻无为军（今安徽无为）铁佛寺天衣义怀禅师法席之盛，径往参谒，有所证悟，得到印可，奉侍十年。出住淮西四面山，迁住真州长芦。后因东京法云寺落成，应请为开山第一祖，世称"法云法秀"。赐号"圆通禅师"。性刚直，面目严冷，平生以詈骂为佛事，人称"秀铁面"。法嗣有法云惟白、保宁子英等五十九人。

【参考文献】

《禅林僧宝传》卷二十六；《续传灯录》卷八；《补续高僧传》卷八。

慧林若冲觉海禅师

东京相国慧林院若冲觉海禅师，江宁府钟氏子。

上堂："碧落静无云，秋空明有月。长江莹如练，清风来不歇。林下道人幽，相看情共悦。诸仁者！适来道个清风明月，犹是建化门[1]中事，作么生是道人分上事？"良久曰："闲来石上观流水，欲洗禅衣未有尘。"

上堂："无边义海，咸归顾眄[2]之中。万象形容，尽入照临之内。你诸人筑著磕著[3]，因甚却不知？"良久曰："莫怪山僧太多事，光阴如箭急相催。珍重！"

【注释】

[1] 建化门：简称化门。佛祖建立的教化法门。禅家认为建化门并非顿悟妙法，只是适宜于多数中下根器的方便法门。

[2] 顾眄（xì）：环视，左顾右盼，多形容自得。又：指回头看望。本书有善于回顾总结的意思。

[3] 筑著磕著：（突然地）撞着碰着，隐指顿时领悟禅法。《密庵语录》："府中归，上堂：'一出一入，一动一静，酒肆茶坊，红尘闹市，猪肉案头，蓦然筑著磕著，如虎戴角，凛凛风生。'"

【概要】

若冲禅师，宋代禅僧，俗姓钟，号觉海，句容（今属江苏）人。幼年出家，参天衣义怀禅师，数年后开悟，嗣其法，为云门宗传人。历住善权、荐福、福胜、法王诸寺。相国韩绛、太师文彦博等皆归依之。晚年奉诏住大相国寺慧林禅院。

【参考文献】

《续传灯录》卷九；《建中靖国续灯录》卷九；《禅宗正脉》卷八。

长芦应夫禅师

真州长芦应夫广照禅师，滁州蒋氏子。

僧问："古者道：'如来禅即许老兄会，祖师禅未梦见在[1]。'未审如来禅与祖师禅是同是别？"师曰："一箭过新罗[2]。"僧拟议，师便喝。

问："识得衣中宝时如何？"师曰："你试拈出看。"僧展一手，师曰："不用指东画西，宝在甚么处？"曰："争奈学人用得。"师曰："你试用看。"僧拂坐具一下，师曰："众人笑你。"

上堂，召众曰："江山绕槛，宛如水墨屏风。殿阁凌空，丽若神仙洞府。森罗万象，海印[3]交参。一道神光，更无遮障。诸人还会么？"良久曰："寥寥天地间，独立望何极。参！"

上堂，顾大众曰："这个为甚么拥不聚，拨不散，风吹不入，水洒不着，火烧不得，刀斫不断？是个甚么？众中莫有钉嘴铁舌[4]底衲僧，试为山僧定当[5]看。还有么？"良久曰："若无，山僧今日失利。久立！"

【注释】

[1] 如来禅即许老兄会，祖师禅未梦见在：参见本书第九章"香严智闲禅师"条有关注释。

[2] 一箭过新罗：亦作"箭过新罗"。比喻禅机疾如飞箭，超越言句，若稍有迟缓，陷入情解，便已远逝。新罗：古朝鲜国名。

[3] 海印：佛所得之三昧名，又作海印三昧。如于大海中印象一切之事物，湛然于佛之智海印现一切之法也。《祖庭事苑》卷七："海印者，真如本觉也。妄尽心澄，万象齐现。犹如大海，因风起浪，若风止息，海水澄清，无象不现。"《大集

经》十五曰："譬如阎浮提一切众生身及余外色，如是等色，海中皆有印像。以是故，为大海印。"《宝积经》二十五曰："如大海，一切众流悉入其中，一切诸法入法印中，亦复如是，故名海印。"

[4] 钉嘴铁舌：形容机语尖锐硬挣。本书第十六章"福州中际可遵禅师"条："八万四千深法门，门门有路超乾坤。如何个个踏不着？只为蜈蚣太多脚。不唯多脚亦多口，钉嘴铁舌徒增丑。拈椎竖拂泥洗泥，扬眉瞬目笼中鸡。要知佛祖不到处，门掩落花春鸟啼。"

[5] 定当：辨识，判明。当，后缀，助词。本书第十三章"曹山本寂禅师"条："问：'古德道：尽大地唯有此人。未审是甚么人？'师曰：'不可有第二月也。'曰：'如何是第二月？'师曰：'也要老兄定当。'曰：'作么生是第一月？'师曰：'险。'"

【概要】

应夫禅师，宋代禅僧。俗姓蒋，滁州（今属安徽）人。初入江宁（今江苏南京）保宁禅院承泰门下出家，并受具足戒。后谒天衣义怀，得云门之宗要，嗣其法，为云门宗传人。历住润州（今江苏镇江）甘露禅院、真州（今江苏仪征）长芦崇福禅院。赐号"广照禅师"。嗣法弟子有长芦宗颐、雪窦道荣、慧日智觉等二十五人。

【参考文献】

《续传灯录》卷八；《建中靖国续灯录》卷九；《五灯严统》卷十六。

佛日智才禅师

临安府佛日智才禅师，台州人。

僧问："如何是道？"师曰："水冷生冰。"曰："如何是道中人？"师曰："春雪易消。"曰："如何谈论？"师鸣指一下。

问："东西密相付[1]，为甚么众人皆知？"师曰："春无三日晴[2]。"曰："特伸请益。"师曰："拖泥带水。"曰："学人到这里却不会。"师曰："贼身已露。"

上堂："城里喧繁，空山寂静。然虽如此，动静一如，死生不二；四时轮转，物理湛然。夏不去而秋自来，风不凉而人自爽。今也古也，不改丝毫。谁少谁多，身无二用。诸禅德！既身无二用，为甚么龙女[3]现十八变？君不见弄潮须是弄潮人。珍重！"

上堂："风雨萧骚，塞汝耳根。落叶交加，塞汝眼根。香臭丛杂，塞汝鼻根。冷热甘甜，塞汝舌根。衣绵温冷，塞汝身根。颠倒妄想，塞汝意根。诸禅德！直饶汝翻得转，也是平地骨堆。参！"

上堂："严风刮地，大野清寒。万里草离衰[4]，千山树黯黪[5]。苍鹰得势，俊鹘[6]横飞。颇称衲僧，钵囊高挂，独步遐方，似猛将出荒郊。临机须扣敌。今日还有么？"良久曰："匣中宝剑，袖里金锤。幸遇太平，挂向壁上。参！"

上堂："诸禅德还知么？山僧生身父母一时丧了，直是无依倚处。"以手捶胸曰："苍天！苍天！"复顾大众，良久曰："你等诸人，也是铁打心肝。"便下座。

上堂，举柏树子话，师曰："赵州庭柏，说与禅客。黑漆屏风，松椤亮隔。"

僧问："如何是无为？"师曰："山前雪半消。"曰："请师方便？"师曰："水声转呜咽。"

【注释】

[1] 东西密相付：出自石头希迁禅师《参同契》："竺土大仙心，东西密相付。人根有利钝，道无南北祖。"参见本书第五章"南岳石头希迁禅师"注释。

[2] 春无三日晴：谚语。春天难得三天晴。指江南一带春天多雨。

[3] 龙女：《法华经》所述之掌故。指八岁的龙女，因受持《法华经》之功德而即身成佛。《法华经》中谓舍利弗不知龙女是大乘根器，宿习圆因而得成佛，以为例同报障女流，故说女人有五种障也。然说此五障者，欲令女人知有此障，即当发菩提心，行大乘行，早求解脱也。娑竭罗龙王之女，年甫八岁，智慧猛利，诸佛所说甚深秘藏悉能受持，更于刹那顷，发菩提心，得不退转！复以一宝珠献佛，以此功德愿力，忽转女成男，具足菩萨行。刹那顷住于南方无垢世界，坐宝莲华中，成正等觉，具足三十二相、八十种好，广为人天说法，娑婆世界之菩萨、声闻、天龙八部、人、非人等，皆遥见而欢喜敬礼！盖古印度之女人地位甚低，小乘佛教认为女身垢秽，不能成佛，此与大乘佛教所论：众生皆可成佛之思想冲突，故佛典中乃有女人可转变男身成佛说。

[4] 离衰：由盛转衰。离：即离离，草盛貌。

［5］黪黲（cǎn）：昏暗貌。

［6］俊鹘（hú）：矫健的鹘。鹘：隼类猛禽。翅膀窄而尖，嘴短而宽，上嘴弯曲并有齿状突起。飞得很快，善于袭击其他鸟类。也叫隼。

天钵重元禅师

北京天钵寺重元文慧禅师，青州千乘孙氏子。母梦于佛前吞一金果，后乃诞师。相仪殊特，迥异群童。十七出家，冠岁圆具。初游讲肆，颇达宗教[1]。尝宴坐古室，忽闻空中有告师："学上乘者，无滞于此。"惊骇出视，杳无人迹。翌日客至，出《寒山集》，师一览之，即慕参玄。至天衣法席，遇众请益，豁然大悟。衣印可曰："此吾家千里驹也！"

出世后，僧问："如何是禅？"师曰："入笼入槛。"僧抚掌，师曰："跳得出是好手。"僧拟议，师曰："了。"

问："如何是透法身句？"师曰："上是天，下是地。"

上堂："冬不受寒，夏不受热。身上衣，口中食，应时应节。既非天然自然，尽是人人膏血。诸禅德！山僧怎么说话，为是世法，为是佛法？若也择得分明，万两黄金亦消得。"喝一喝。

上堂："福胜一片地，行也任你行，住也任你住。步步踏着，始知落处。若未然者，直须退步，脚下看取。咄！"

上堂："古今天地，万象森然。岁岁秋收冬藏，人人道我总会。还端的也无？直饶端的，比他鸡足峰[2]前，是甚么闲事？"良久曰："今朝十月初旬，天寒不得普请。参！"

师四易名蓝[3]，缁白仰重。示寂正盛暑中，清风透室，异香馥郁。荼毗，烟焰到处，获舍利五色。太师文公彦博以上赐白琉璃瓶贮之，藉以锦褥[4]，躬葬于塔。居士何震，所获额骨齿牙舍利，别创浮图。

【注释】

［1］宗教：此处指佛教体系中的"教门"。"宗教"一词虽然出自佛教，但今天"宗教"这个词与佛教的意义相差甚远。汉传佛教著述中所说的"宗教"，一般指"宗"与"教"，亦称"宗门"与"教门"。宗：宗门、宗下，专指自标榜为"教外别传"的禅宗，以禅乃离言教，采以心传心之方式传宗。教或教门，指佛说的经教，指依大小乘之经论等言教而立之教宗，如天台宗、三论宗、法相宗、华严

宗等均属之，相对于禅家而言，称之为教家。又有以宗为法相宗所说之八宗、华严宗所说之十宗；以教指天台所言之四教或八教、华严所判立之五教等。另有以教指三藏十二分教之一切经教，故知宗教一词可说涵盖佛教全体之意。

[2] 鸡足峰：鸡足山峰，相传为禅宗初祖摩诃迦叶尊者入寂处。有"鸡峰续焰"的典故。指西天禅宗初祖摩诃迦叶承传禅法。鸡峰：即鸡足山，迦叶传付衣法给二祖阿难之后即入此山圆寂，因以指称迦叶。鸡足山为佛教圣地名，分别在我国云南省与印度南方。在古印度摩揭陀国，因有三座峰，状如鸡足，故名，相传为西天禅宗初祖摩诃迦叶入灭处。中国鸡足山位于云南省宾川县西北五十余千米处。峰峦起伏，如莲之九盘，故又称"九重岩山"。平顶向南，余三方各有山一支，如鸡足分趾，故称"鸡足山"。山顶有"迦叶石门洞天"，相传系摩诃迦叶于此守护佛衣以待弥勒之地，故该山亦被视为摩诃迦叶道场，为云南佛教中心，聚集此山的僧徒甚众。三国时建有小庵，唐代扩建。盛时有大小寺院百余所，其中最大者计有五所，即石淙、悉檀、大觉、华严、传衣。此外，寂光、祝圣等寺亦颇具规模。

[3] 名蓝：名寺。蓝：指蓝宇，伽蓝堂宇，即佛寺也。

[4] 锦褥（rù）：锦制的垫褥。亦作"锦茵"。潘岳《寡妇赋》："易锦茵以苦席兮，代罗帱以素帷。"刘良注："茵，褥也……言居夫丧，故以苦席易锦褥。"

瑞岩子鸿禅师

台州瑞岩子鸿禅师，本郡吴氏子。

僧问："如何是道？"师曰："开眼觑不见。"

问："法尔不尔，如何指南？"师曰："话堕也。"曰："乞师指示。"师呵呵大笑。

上堂："一不守，二不向，上下四维无等量。大洋海里泛铁船，须弥顶上翻鲸浪。临济缩却舌头，德山阁却拄杖。千古万古独巍巍，留与人间作榜样。"

庐山栖贤智迁禅师

僧问："一问一答，尽是建化门庭。未审向上更有事也无？"师曰："有。"曰："如何是向上事？"师曰："云从龙，风从虎。"曰："恁么则龙得水时添意气，虎逢山则长威狞。"师曰："兴云致雨又作么生？"僧便喝，师曰："莫更有在？"僧拟议，师咄曰："念话杜家[1]。"

问："如何是本来心？"师曰："拆东篱，补西壁。"曰："恁么则今日斋宴。”师曰：“退后着。”

上堂：“闻佛法二字，早是污我耳目。诸人未跨法堂门，脚跟下好与三十棒。虽然如是，山僧今日也是为众竭力。珍重！”

上堂：“是甚么物，得恁顽顽嚚嚚[2]，瞑瞑晛晛[3]。”拊掌呵呵大笑曰：“今朝巴鼻，直是黄面瞿昙通身是口，也分疏不下。久立！”

【注释】

[1] 杜家：指尚未真正悟道却又好施言句作略的禅僧。《虚堂语录》卷二：“乃云：‘山僧寻常不曾抑逼人，只教退步楷磨。但得心死意消一番了，自然不胡乱拈匙放筋，不然尽是念话杜家。’”《古尊宿语录》卷四十二《宝峰云庵真净禅师住洞山语录》：“问：‘一棒一喝，未当宗乘。说妙谈玄，全乖道体。去此二途，请师端的。’师云：‘葛藤杜家，别置一问来。’”（摘自《禅宗大词典》）

[2] 顽顽嚚（yín）嚚（yín）：简称“顽嚚”，亦作“顽嚣”。愚妄奸诈。语出《书·尧典》：“瞽子，父顽，母嚚，象傲。”《左传·文公十八年》：“昔帝鸿氏有不才子，掩义隐贼，好行凶德，丑类恶物，顽嚚不友，是与比周。”陆德明释文：“心不则德义之经为顽，口不道忠信之言为嚚。”

[3] 瞑（miǎn）瞑（miǎn）晛（xiàn）晛（xiàn）：昏乱糊涂。（摘自《禅宗大词典》）

越州净众梵言首座

示众：“南阳国师道：‘说法有所得，斯则野干鸣。说法无所得，是名师子吼。’”师曰：“国师恁么道，大似掩耳偷铃。何故？说有说无，尽是野干鸣。诸人要识师子吼么？咄！”

三祖冲会禅师

舒州山谷三祖冲会圆智禅师，临安府人也。初开堂日，僧问：“如何是第一义谛？”师曰：“百杂碎。”曰：“恁么则褒禅[1]一会，不异灵山。”师曰：“将粪箕扫帚来。”

问：“师登宝座，壁立千仞。正令当行，十方坐断。未审将何为人？”师曰：“千钧之弩。”曰：“大众承恩。”师曰：“量才补职。”

问：“理虽顿悟，事假渐除。除即不问，如何是顿悟底道理？”师曰：

"言中有响。"曰："便恁么又且如何?"师曰："金毛师子。"

问："生也犹如着衫，死也还同脱裤。未审意旨如何?"师曰："譬如闲。"曰："为甚么如此?"师曰："因行不妨掉臂。"

问："如何是天堂?"师曰："太远在。"曰："如何是地狱?"师曰："放你不得。"曰："天堂地狱，相去多少?"师曰："七零八落[2]。"

问："白云绽处，楼阁门开，善财为甚么从外而入?"师曰："开眼即瞎。"曰："未审落在甚么处?"师曰："填沟塞壑。"

问："如何是不动尊?"师曰："寸步千里。"

【注释】

[1] 褒禅：山名。在今安徽省含山县北。宋代王安石《游褒禅山记》："褒禅山亦谓之华山。唐浮图慧褒始舍于其址，而卒葬之；以故其后名之曰'褒禅'。"

[2] 七零八落：形容零散稀疏的样子，特指原来又多又整齐的东西现在零散了。

泉州资寿院捷禅师

僧问："如何是佛法大意?"师曰："铁牛生石卵。"曰："如何是接人句?"师曰："三门前合掌。"曰："如何是大用句?"师曰："脑门着地。"曰："如何是无事句?"师曰："横眠大道。"曰："如何是奇特句?"师曰："的。"

洪州观音启禅师

僧问："如何是祖师西来意?"师曰："松长柏短。"曰："意旨如何?"师曰："叶落归根。"

越州天章元善禅师

僧问："大无外，小无内。既无内外，毕竟是甚么物?"师曰："开口见胆。"曰："学人未晓。"师曰："苦中苦。"曰："为众竭力，祸出私门。"师打曰："教休不肯休，须待雨淋头。"

问："如何是最初句?"师曰："末后问将来。"曰："为甚如此?"师曰："先行不到。"曰："入水见长人也。"师曰："秦皇击缶。"

上堂："君问西来意，马师踏水潦[1]。若认一毛头，何曾知起倒？劫火才洞然，愚夫觅干草。宁知明眼人，为君长懊恼。"

【注释】

[1] 水潦：大雨。雨水盛大曰潦。

真州长芦体明圆鉴禅师

上堂，顾视左边曰："师子之状，岂免嚬呻？"顾右边曰："象王之仪，宁忘回顾？取此逃彼，上士奚堪？识变知机，野狐窠窟。到这里须知有凡圣不历处，古今不到处。且道是甚么人行履？"良久曰："丈夫自有冲天志，莫向如来行处来。"

汀州开元智孜禅师

上堂："衲僧家向针眼里藏身稍宽，大海中走马甚窄。将军不上便桥，勇士徒劳挂甲。昼行三千，夜行八百即不问，不动步一句作么生道？若也道得，观音、势至、文殊、普贤只在目前。若道不得，直须撩起布裙，紧峭草鞋。参！"

上堂："寒空落落，大地漫漫。云生洞口，水出高原。若也把定，则十方世界恍然。若也放行，则东西南北坦然。茫茫宇宙人无数，一个个鼻孔辽天。且问诸人把定即是，放行即是？还有人断得么？若无人断得，三门外有两个大汉，一个张眉握剑，一个努目挥拳。参！"

平江府澄照慧慈禅师

僧问："了然无所得，为甚么天高地阔？"师曰："窄。"

上堂："若论此事，眨上眉毛，早是蹉过。那堪进步向前，更要山僧说破。而今说破了也，还会么？昨日雨，今日晴。"

临安府法雨慧源禅师

僧问："如何是最初一句？"师曰："梁王不识。"曰："如何是末后一句？"师曰："达磨渡江。"

秀州崇德智澄禅师

上堂："觌面相呈，更无余事。若也如此，岂不俊哉！山僧盖不得已曲为诸人，若向衲僧面前，一点也着不得。诸禅德！且道衲僧面前说个甚么即得？"良久曰："深秋帘幕千家雨，落日楼台一笛风。"

泉州栖隐有评禅师

僧问："如何是平常道？"师曰："和尚合掌，道士擎拳。"

问："十二时中如何趣向？"师曰："着衣吃饭。"曰："别还有事也无？"师曰："有。"曰："如何即是？"师曰："斋余更请一瓯茶。"

平江府定慧云禅师

僧问："如何是为人一句？"师曰："见之不取。"曰："学人未晓。"师曰："思之千里。"

建宁府乾符大同院旺禅师

僧问："如何是祖师西来意？"师曰："入市乌龟。"曰："意旨如何？"师曰："得缩头时且缩头。"

无为军铁佛因禅师

僧问："如何是和尚家风？"师曰："一寻寒木[1]自为邻，三事秋云更谁识？"曰："和尚家风蒙指示，为人消息又如何？"师曰："新月有圆夜，人心无满时。"

【注释】

[1] 木：旧校本作"本"，其校勘记又疑作"木"。查宝祐本原刻即是"木"。

报本法存禅师

安吉州报本法存禅师，钱塘陆氏子。

僧问："无味之谈，塞断人口。作么生是塞断人口底句？"师便打，僧曰："恁么则一句流通，天人耸耳。"师曰："只恐不是玉，是玉也大奇。"曰："专为流通。"师曰："一任乱道。"

在天衣受请，上堂曰："吴江圣寿见召住持，进退不遑，且随缘分。此皆堂头和尚提耳训育，终始奖谕。若据今日，正令当行，便好一棒打杀，那堪更容立在座前？虽然如是，养子方见父慈。"

和州开圣院栖禅师

开堂，垂语曰："选佛场开，人天普会。莫有久历觉场，罢参禅客，出来相见。"时有僧出，师曰："作家！作家！"僧曰："莫着忙。"师曰："元来不是作家！"僧提起坐具，曰："看！看！摩竭陀国亲行此令。"师曰："只今作么生？"僧礼拜，师曰："龙头蛇尾。"

问："东西不辨，南北不分，学人上来，乞师一接。"师曰："不接。"曰："为甚么不接？"师曰："为你东西不辨，南北不分。"曰："将谓胡须赤，更有赤须胡。"师曰："苏嚧苏嚧。"

问："如何是道？"师曰："放汝三十棒。"曰："为甚么如此？"师曰："杀人可恕，无礼难容。"

上堂，拈拄杖曰："大众！急着眼看，须弥山！"画一画[1]："百杂碎！南赡部洲打一棒，东倾西侧，不免且收在开圣手中，教伊出气不得。"卓一下。

【注释】

[1] 画一画：旧校本标点有误。"画一画"是说话中的动作，不能在引号中，属于叙述语言。

福州衡山惟礼禅师

上堂："若论此事，直下难明。三贤罔测，十圣不知。到这里须高提祖令，横按镆铘。佛尚不存，纤尘何立？直教须弥粉碎，大海焦枯，放一线道与诸人商量。且道商量个甚？"良久曰："盐贵米贱。"

临安府北山显明善孜禅师

僧问："如何是祖师西来意？"师曰："九年空面壁，懡㦬又西归。"

曰："为甚么如此?"师曰："美食不中饱人餐。"

问："如何是无情说法?"师曰："灯笼挂露柱。"曰："甚么人得闻?"师曰："墙壁有耳。"

明州启霞思安禅师

僧问："诸佛出世，盖为群生。和尚出世，当为何人?"师曰："不为阇黎。"曰："恁么，则潭深波浪静，学广语声低。"师曰："捧上不成龙。"

越州云门灵侃禅师

僧问："十二时中，如何用心?"师曰："佛殿里烧香。"曰："学人不会。"师曰："三门头合掌。"

上堂："尘劳未破，触境千差。心鉴圆明，丝毫不立。灵光皎皎，独露现前。今古两忘，圣凡路绝。到这里始能卷舒自在，应用无亏。出没往还，人间天上。大众! 虽然如是，忽被人把住，问你道：'拄杖子向甚么处着?'又如何祗对? 还有人道得么? 出来道看。"众无对，乃拍禅床，下座。

天台太平元坦禅师

上堂："是法无宗，随缘建立。声色动静，不昧见闻。举用千差，如钟待扣。于此荐得，且随时着衣吃饭。若是德山、临济，更须打草鞋行脚。参!"

临安府佛日文祖禅师

僧问："峭峻之机，请师垂示。"师曰："十字街头八字立。"曰："只如大洋海底行船，须弥山上走马，又作么生?"师曰："乌龟向火[1]。"曰："恁么则能骑虎头，善把虎尾。"师以拄杖点一下，曰："礼拜着。"

【注释】

[1] 乌龟向火：禅林用语。乌龟属水中动物，本性惧炙热，故若爬行向火，应属无心之举; 禅林中遂以之比喻禅者不存思量念计之无心举动，或任运自在之动

作，而非凡夫情识之所取者。《从容录》第三则："劫前未兆之机，乌龟向火；教外别传一句，碓嘴生花。"

沂州望仙山宗禅师

僧问："四时八节即不问，平常一句事如何？"师曰："禾山打鼓[1]。"曰："莫是学人着力处也无？"师曰："归宗拽石[2]。"僧无语，师曰："真个衲僧。"

上堂："南台乌药，北海天麻，新罗附子，辰锦朱砂。"良久曰："大众会么？久立[3]！"

上堂："你等诸人，还肯放下么？若不放下，且担取去。"便下座。

【注释】

[1] 禾山打鼓：公案。谓唐末五代禾山和尚常以"解打鼓"一语应机，参见本书第六章"禾山无殷禅师"注释。此机语系禅家所谓"无义句"，用来截断问话者的语路意路，使其超脱言辞知解。后人对此公案多有拈提。《法演语录》卷中："秘魔擎叉，禾山打鼓，石巩弯弓，雪峰辊球。"又卷上："禾山只解打鼓，秘魔一向擎叉。"

[2] 归宗拽石：公案。归宗指庐山归宗寺智常禅师，马祖道一禅师法嗣。《碧岩录》卷五第四十四则中载："归宗一日，普请拽石。宗问维那：'什么处去？'维那云：'拽石去。'宗云：'石且从汝拽，即不得动着中心树子。'"

[3] 久立：旧校本标点错误，误将"久立"移出引号，放前面作为叙述语言。"久立"，往往是禅师慰问大家的客套话，就是让大家站久了，对不起了。类似的错误，旧校本还有很多。

瑞州五峰净觉院用机禅师

僧问："如何是道？"师曰："十字街头踏不着。"曰："便怎么去时如何？"师曰："且缓缓！"

上堂："清平过水，投子卖油。一年三百六十日，不须频向数中求。"以拂击禅床，下座。

无为军佛足处祥禅师

僧问："如何是般若体？"师曰："琉璃殿里隐寒灯。"曰："如何是般若用?"师曰:"活卓卓地。"

问:"一色无变异,唤作露地白牛,还端的也无?"师曰:"头角生也。"曰:"头角未生时如何?"师曰:"不要犯人苗稼。"

平江府明因慧赟[1]禅师

上堂,横按拄杖曰:"若恁么去,直得天无二日,国无二王。释迦老子,饮气吞声。一大藏教,如虫蚀木。设使钻仰不及,正是无孔铁锤。假饶信手拈来,也是残羹馊饭。一时吐却,方有少分相应。更乃堕在空亡,依旧是鬼家活计。要会么? 雨后始知山色翠,事难方见丈夫心。"卓拄杖,下座。

【注释】

[1] 赟(yūn):美好。《玉篇·贝部》:"赟,美也。"此为禅师名。

兴化军西台其辩禅师

上堂,举"临济无位真人"语,乃召大众曰:"临济老汉,寻常一条脊梁硬似铁,及乎到这里,大似日中迷路,眼见空花,直饶道:'无位真人是干屎橛。'正是泥龟曳尾。其僧只知季夏极热,不知仲冬严寒。若据当时,合着得甚么语,塞断天下人舌头? 西台只恁么休去,又乃眼不见为净。不免出一只手,狼藉去也。临济一担,西台一堆,一担一堆,分付阿谁? 从教撒向诸方去,笑杀当年老古锥。"

侍郎杨杰居士

礼部杨杰居士,字次公,号无为。历参诸名宿。晚从天衣游,衣每引老庞机语,令研究深造。后奉祠泰山,一日鸡一鸣,睹日如盘涌,忽大悟,乃别有男不婚、有女不嫁之偈曰:"男大须婚,女长须嫁。讨甚闲工夫,更说无生话。"书以寄衣,衣称善。

后会芙蓉楷禅师,公曰:"与师相别几年?"蓉曰:"七年。"公曰:"学道来,参禅来?"蓉曰:"不打这鼓笛。"公曰:"恁么则空游山水,百无所能也。"蓉曰:"别来未久,善能高鉴。"公大笑。

公有辞世偈曰:"无一可恋,无一可舍。太虚空中,之乎者也。将错就错，西方极乐。"

【概要】

杨杰，北宋大臣。字次公，无为人。自号无为子。少有名于时，举进士。元祐中，为礼部员外郎，出知润州，除两浙提点刑狱。晚年专事净业，曾画丈六阿弥陀佛像礼拜观想。临终时感佛来迎，端坐而逝，享年七十。著有《释氏别集》《辅道集》等。

【参考文献】

《续传灯录》卷八；《释门正统》卷七；《净土圣贤录》卷七。

称心倧禅师法嗣

彭州慧日尧禅师

僧问："古者道：'我有一句，待无舌人解语，却向汝道。'未审意旨如何？"师曰："无影树下好商量。"僧礼拜，师曰："瓦解冰消。"

报本兰禅师法嗣

福州中际可遵禅师

上堂："咄咄咄！井底啾啾是何物？直饶三千大千，也只是个鬼窟。咄！"

上堂："昨夜四更起来，呵呵大笑不歇。幸然好一觉睡，霜钟撞作两橛。"

上堂："禾山普化忽颠狂，打鼓摇铃戏一场。劫火洞然宜煮茗，岚风大作好乘凉。四蛇同箧看他弄，二鼠侵藤不自量。沧海月明何处去？广寒金殿白银床。咄！"

上堂："八万四千深法门，门门有路超乾坤。如何个个踏不着？只为蜈蚣太多脚。不唯多脚亦多口，钉嘴铁舌[1]徒增丑。拈椎竖拂泥洗泥，扬眉瞬目笼中鸡。要知佛祖不到处，门掩落花春鸟啼。"

【注释】

[1] 钉嘴铁舌：形容机语尖锐硬挣。

法明上座

邢州开元法明上座，依报本未久，深得法忍。后归里，事落魄，多嗜酒呼卢[1]，每大醉唱柳词数阕，日以为常。乡民侮之。召斋则拒，召饮则从。如是者十余年，咸指曰"醉和尚"。

一日，谓寺众曰："吾明旦当行，汝等无他往。"众窃笑之。翌晨，摄衣就座，大呼曰："吾去矣，听吾一偈。"众闻奔视，师乃曰："平生醉里颠蹶，醉里却有分别。今宵酒醒何处，杨柳岸，晓风残月。"言讫寂然，撼之已委蜕[2]矣。

【注释】

[1] 呼卢：谓赌博。唐代李白《少年行》之三："呼卢百万终不惜，报雠千里如咫尺。"宋代晏几道《浣溪纱》词："户外绿杨春系马，床前红烛夜呼卢，相逢还解有情无？"

[2] 委蜕（tuì）：羽化，又用为死亡的婉词。

称心明禅师法嗣

洪州上蓝院光寂禅师

上堂，横按拄杖，召大众曰："还识上蓝老汉么？眼似木榾[1]，口如匾担，无问精粗，不知咸淡。与么住持，百千过犯。诸禅德！还有为山僧忏悔底么？"良久曰："气急杀人！"卓拄杖，下座。

【注释】

[1] 榾（tú）：树兜子。

广因要禅师法嗣

福州妙峰如璨禅师

上堂："今朝是如来降生之节，天下缁流[1]，莫不以香汤灌沐，共报洪恩。为甚么教中却道'如来者无所从来'？既是无所从来，不知降生底是谁？试请道看。若道得，其恩自报。若道不得，明年四月八，还是蓦头浇[2]。"

【注释】

[1] 缁流：僧著缁衣，故谓之缁流或缁徒。流为流类之义，著缁衣之类也。《释氏要览》上曰："缁流，此从衣色名之也。"

[2] 蓦头浇：对着佛头浇水。蓦头：当头，迎头。《如净和尚语录》卷上："四月八日上堂：'龙生龙，凤生凤。指天指地独称尊，老鼠养儿巡屋栋。大众勘破了也！共将恶水蓦头浇，万两黄金也合消。'"

云居元禅师法嗣

临安府百丈庆善院净悟禅师

僧问："如何是佛？"师曰："问谁？"曰："特问和尚。"师曰："鹞子过新罗[1]。"

上堂："说则摇唇，行则动脚。直饶不说不行时，错！错！"拍禅床下座。

【注释】

[1] 鹞子过新罗：形容禅机稍纵即逝，如鹞子疾飞，转瞬之间已飞过新罗（古朝鲜）。有时用于言句问答，指出对方迟钝失机，含讥刺之义。《碧岩录》卷一"第一则"："到这里，以情识卜度得么？所以，云门道：'如击石火，似闪电光。'这个些子，不落心机、意识、情想。等你开口，堪作什么？计较生时，鹞子过新

罗！"《缁门警训》卷九《或庵体禅师示众》："支郎入作葛藤多，捏定咽喉不奈何。转得身来添气急，可怜鹞子过新罗。"（支郎：泛指僧人）

常州善权慧泰禅师

上堂："诸佛出世，广演三乘。达磨西来，密传大事。上根之者，言下顿超。中下之流，须当渐次发明心地。或一言唱道，或三句敷扬，或善巧应机，遂成多义。撮其枢要，总是空花。一句穷源，沉埋祖道。敢问诸人，作么生是依时及节[1]底句？"良久曰："微云淡河汉，疏雨滴梧桐。参！"

【注释】

[1] 依时及节：依循时节，不违背自然规律。不违天地四时，遵循大道之理。

饶州崇福德基禅师

上堂："若于这里会得，便能入一佛国，坐一道场。水鸟树林，共谈斯要。楼台殿阁[1]，同演真乘。续千圣不尽之灯，照八面无私之焰。所以道：'在天同天，在人同人。'还有知音者么？"良久曰："水底金乌天上日，眼中瞳子面前人。"

【注释】

[1] 楼台殿阁：旧校本作"楼台殿阁"有误。

婺州宝林怀吉真觉禅师

上堂："善慧遗风五百年，云黄山色只依然。而今祖令[1]重行也，一句流通遍大千。大众且道，是甚么句？莫是函盖乾坤、截断众流、随波逐浪底么？咄！有甚交涉？自从有佛祖已来，未曾动着，今日不可漏泄真机去也。"顾视大众曰："若到诸方，不得错举。"

【注释】

[1] 祖令：指祖师相传、正宗本色的禅机施设。《杨岐语录》："上堂：'若据祖令，到这里总须茫然。放老僧一线，且向眉睫里东觑西觑。'"《法演语录》卷

上："是以绍先圣之遗踪，称提祖令；为后学之模范，建立宗风。若非当人，曷能传授？"本书第二十章"资寿尼妙总"条："宗乘一唱，三藏绝诠；祖令当行，十方坐断。"（摘自《禅宗大词典》）

洪州资福宗诱禅师

上堂："龙泉今日与诸人说些葛藤。"良久曰："枝蔓上更生枝蔓。"

智海逸禅师法嗣

瑞州黄檗志因禅师

僧问："如何是得力句？"师曰："脚。"曰："学人不会。"师曰："一步进一步。"

上堂："四十九年说，恩润禽鱼；十万途程来，警悟人天。这二老汉，各人好与三十棒。何故？一个说长说短，一个胡言汉语[1]。虽然如是，且放过一着。"

【注释】

[1] 胡言汉语：胡言乱语。《嘉泰普灯录》卷二十五"真净文"条："见我恁么胡言汉语，便好近前蓦口掴，拽下倚子，掷向三门外。"本书第十七章"隆庆庆闲"条："这里从汝胡言汉语，若到同安，如何过得？"

福州大中德隆海印禅师

上堂："法无异法，道无别道。时时逢见释迦，处处撞着达磨。放步即交肩，开口即咬破。不咬破，大小大[1]。"

上堂："夫欲智拔，先须定动。"卓拄杖，曰："唵，苏嚧嘶唎，娑婆诃[2]。"归堂吃茶。

上堂："触境无滞底，为甚么抬头不起？田地稳密底，为甚么下脚不得？譬如天王赐与华屋，虽获大宅，要因门入。"乃曰："门聻？樊哙[3]踏开真主出，巨灵[4]抬手锦鳞喷。参！"

上堂："平旦寅[5]，晓何人[6]。处处弥陀佛，家家观世音。月里麒麟看北斗，向阳榫子^[7]一边青。"

【注释】

[1] 大小大：偌大，这么大，那么大。《法演语录》卷上："僧问六祖：'黄梅意旨什么人得？'祖云：'会佛法底人得。'僧云：'和尚还得么？'祖云：'不得。'僧云：'和尚为什么不得？'祖云：'我不会佛法。'师云：'大小大祖师，问著底便是不识不会，为什么却儿孙遍地？'"又："上堂举，云门垂语云：'古佛与露柱相交，是第几机？'自代云：'南山起云，北山下雨。'师云：'大小大云门大师，元来小胆。'"《碧岩录》卷八第七七则："他致问处，有大小大缝罅。云门见他问处披离，所以将糊饼拦缝塞定。"亦作"大小"。（摘自《禅宗大词典》）

[2] 唵，苏嚧嗳唎，娑婆诃：咒语。唵：真言发语词，身金刚种子。苏嚧嗳唎：大悲咒中常诵。苏嚧：意为甘露。苏嚧苏嚧，意为遍施甘露而能普利众生。嗳唎：为利益众生。嗳唎嗳唎，为爱护众生而不舍弃。娑婆诃，亦作"莎诃"，译为善说，又云散去。

[3] 樊哙（？—前189年）：秦末汉初沛县（今属江苏）人。初以屠狗为业。秦末农民战争中，随刘邦起义，由舍人以军功升为部将，封贤成君。秦亡后，项羽在鸿门宴会上拟杀刘邦，他排禁直入营门，面斥项羽，使刘邦得借故乘机逃走。汉朝建立，又从刘邦击破臧荼，陈豨与韩王信等人反叛，取楚王韩信，封舞阳侯，任左丞相，因娶吕后妹吕须为妻，特受殊宠。（参见《史记》）

[4] 巨灵：神话传说中劈开华山的河神。张衡《西京赋》："缀以二华，巨灵赑屃，高掌远跖，以流河曲，厥迹犹存。"薛综注："巨灵，河神也……古语云：此本一山当河，水过之而曲行，河之神以手擘开其上，足蹋离其下，中分为二，以通河流。手足之迹，于今尚在。"

[5] 平旦寅：时辰名。中国古代自战国后期起始将一日分为十二个时辰，其分别名鸡鸣、平旦、日出、食时、暮食、日中、日失、下市、春日、牛羊入、黄昏、人定，并以十二地支与之相配属，分别表示一日之中的不同时刻。"平旦"属寅，即称"平旦寅"。在禅门，宝志和尚则将"平旦寅"作为其偈颂（十二时颂）的章节次序。

[6] 晓何人：出自北宋司马光《其夕容易得乐园诘朝将赋诗》："平晓何人汲井华，辘轳声急散春鸦。开园更有四五日，映叶尚余三两花。宿病岑岑犹带酒，无眠耿耿不禁茶。自嫌行乐妨年少，遽索篮舆且向家。"禅师用在这里，其意出自《宝志和尚十二时颂》："平旦寅，狂机内有道人身。穷苦已经无量劫，不信常擎如意珍。若捉物入迷津，但有纤豪即是尘。不住旧时无相貌，外求知识也非真。"

[7] 椑（bēi）子：古书上说的一种柿子，即现在的"油柿"，果实小，色青黑，可以制漆。亦称"漆柿"。

签判刘经臣居士

签判[1]刘经臣居士，字兴朝。少以逸才[2]登仕版[3]，于佛法未之信。年三十二，会东林照觉总禅师与语，启迪之，乃敬服，因醉心祖道。

既而抵京师，谒慧林冲禅师，于僧问雪窦："如何是诸佛本源？"答曰："千峰寒色。"语下有省。

岁余官雒幕[4]，就参韶山杲禅师，将去任，辞韶山。山嘱曰："公如此用心，何愁不悟？尔后或有非常境界、无量欢喜，宜急收拾。若收拾得去，便成法器。若收拾不得，则有不宁之疾，成失心之患矣。"

未几复至京师，趋智海依正觉逸禅师，请问因缘，海曰："古人道：'平常心是道。'你十二时中放光动地，不自觉知，向外驰求，转疏转远。"公益疑不解。

一夕入室，海举《传灯》所载"香至国王问波罗提尊者'何者是佛'，尊者曰'见性是佛'"之语问之。公不能对，疑甚，遂归就寝。熟睡至五鼓，觉来方追念间，见种种异相，表里通彻，六根震动，天地回旋，如云开月现，喜不自胜。忽忆韶山临别所嘱之言，姑抑之。逗明趋智海，悉以所得告，海为证据，且曰："更须用得始得。"公曰："莫要践履否？"海厉声曰："这个是甚么事，却说践履？"公默契，乃作《发明心地颂》八首，及著《明道谕儒篇》以警世。

词曰："明道在乎见性，余之所悟者，见性而已。孟子曰：'口之于味也，目之于色也，耳之于声也，鼻之于臭也，四肢之于安佚也，性也。'杨子曰：'视听言貌思，性所有也。'有见于此，则能明乎道矣。当知道不远人。人之于道，犹鱼之于水，未尝须臾离也。唯其迷己逐物，故终身由之而不知。佛曰'大觉'，儒曰'先觉'，盖觉此耳。

"昔人有言曰：'今古应无坠，分明在目前。'又曰：'大道只在目前，要且目前难睹。欲识大道真体，不离声色言语。'又曰：'夜夜抱佛眠，朝朝还共起。起倒镇相随，语默同居止。欲识佛去处，只这语声是。'此佛者之语道为最亲者。立则见其参于前也，在舆则见其倚于衡也。瞻之在前也，忽焉在后也。取之左右逢其原也。此儒者之语道最迩者。

"奈何此道唯可心传，不立文字。故世尊拈花而妙心传于迦叶，达磨面壁而宗旨付于神光。六叶既敷，千花竞秀。分宗列派，各有门庭。故或瞬目扬眉，擎拳举指。或行棒行喝，竖拂拈槌。或持叉张弓，辊球舞笏。或拽石般土[5]，打鼓吹毛。或一默一言，一吁一笑。乃至种种方便，皆是亲切为人。然只为太亲，故人多罔措。瞥然见者，不隔丝毫。其或沉吟，迢迢万里。欲明道者，宜无忽焉。祖祖相传，至今不绝。真得吾儒所谓忿而不发，开而弗违者矣。余之有得，实在此门。

"反思吾儒，自有其道。良哉孔子之言！默而识之，一以贯之，故目击而道存，指掌而意喻。凡若此者，皆合宗门之妙旨，得教外之真机。然而，孔子之道，传之子思，子思传之孟子。孟子既没，不得其传。而所以传于世者，特文字耳。故余之学，必求自得而后已。幸余一夕开悟，凡目之所见，耳之所闻，心之所思，口之所谈，手足之所运动，无非妙者。得之既久，日益见前。每以与人，人不能受。然后知其妙道果不可以文字传也。呜呼！是道也，有其人则传，无其人则绝。余既得之矣，谁其似之乎？终余之身而有其人邪？无其人邪？所不可得而知也。故为记颂歌语，以流播其事，而又著此篇，以谕吾徒云。"

【注释】

[1] 签判：宋代各州、府选派京官充当判官时称签书判官厅公事，简称"签判"。掌诸案文移事务。

[2] 逸才：指出众的才能。

[3] 仕版：旧指记载官吏名籍的簿册。亦借指仕途、官场。宋代苏舜钦《应制科上省使叶道卿书》："某为性本迂拙，不喜事人事，名虽在仕版，而未尝数当涂之门，窃服于道二十年矣！"

[4] 雒（luò）幕：指到洛阳为官。雒，通"洛"，古邑名，即今河南洛阳。如《史记·齐太公世家》："庄公二十四年，犬戎杀幽王，周东徙雒。"幕：指官府。

[5] 般土：同"搬土"。般：搬运，后多作"搬"。

第三节　青原下十二世

蒋山泉禅师法嗣

清献赵抃居士

清献公赵抃居士，字悦道。年四十余，摈去声色，系心宗教。会佛慧来居衢之南禅，公日亲之，慧未尝容措一词。后典[1]青州，政事之余，多宴坐。忽大雷震惊，即契悟，作偈曰："默坐公堂虚隐几，心源不动湛如水。一声霹雳顶门开，唤起从前自家底。"慧开笑曰："赵悦道撞彩[2]耳。"

富郑公初于宗门，未有所趣，公勉之书曰："伏惟执事，富贵如是之极，道德如是之盛，福寿康宁如是之备，退休闲逸如是之高，其所未甚留意者，如来一大事因缘而已。能专诚求所证悟，则他日为门下贺也。"

公年七十有二，以太子少保致仕而归。亲旧里民，遇之如故。作高斋以自适，题偈见意曰："腰佩黄金已退藏，个中消息也寻常。世人欲识高斋老，只是柯村赵四郎。"复曰："切忌错认。"

临薨遗佛慧书曰："非师平日警诲，至此必不得力矣。"慧悼以偈曰："仕也邦为瑞，归欤世作程。人间金粟去[3]，天上玉楼成。慧剑无纤缺，冰壶彻底清。春风瀫水[4]路，孤月照云明。"

【注释】

[1] 典：掌管，主持，任职。

[2] 撞彩：指遇见好的运气。中奖也称撞彩。

[3] 人间金粟去：旧校本标点有误。"金粟"是维摩诘的别称，应加专有名词线，本书其他地方亦如此。

[4] 瀫（hú）水：水名。即浙江省之衢江。

【概要】

赵抃（1008～1084 年），字阅道，号知非子，衢州西安（今浙江省衢州市柯城区）人。北宋名臣。

景祐元年（1034 年），赵抃登进士第，任武安军节度推官。历知崇安、海陵、江原三县，通判泗州。至和元年（1054 年），召为殿中侍御史。其后出知睦州，移梓州路转运使，旋改益州。召为右司谏，因论事出知虔州。宋英宗即位后，任天章阁待制、河北都转运使，治平元年（1064 年），以龙图阁直学士再知成都。宋神宗即位后，官至右谏议大夫、参知政事。晚年历知杭州、青州等地。元丰二年（1079 年），以太子少保致仕。元丰七年（1084 年），赵抃逝世，年七十七。追赠太子少师，谥号"清献"。

赵抃在朝弹劾不避权势，时称"铁面御史"。平时以一琴一鹤自随，为政简易，长厚清修，日所为事，夜必衣冠露香以告于天。著有《赵清献公集》。

【参考文献】

《续传灯录》卷十二；《嘉泰普灯录》卷二十三；《教外别传》卷十二。

慧林本禅师法嗣

法云善本禅师

东京法云善本大通禅师，族董氏，汉仲舒之裔也。大父琪，父温，皆官于颍，遂为颍人。母无子，祷白衣大士，乃得师。及长，博极群书，然清修无仕宦意。嘉祐八年，与弟善思往京师地藏院，选经得度，习毗尼。东游至姑苏，礼圆照于瑞光。照特顾之，于是契旨。经五稔，益跻微奥[1]。照令依圆通秀，师去又尽其要。元丰七年，渡淮，留太守岩。久之出住双林，迁净慈，寻被旨徙法云。

僧问："宝塔元无缝，如何指示人？"师曰："烟霞生背面，星月绕檐楹[2]。"曰："如何是塔中人？"师曰："竟日不知清世事，长年占断白云乡。"曰："向上更有事也无？"师曰："太无厌生。"

问："若论此事，譬如两家着棋。学人上来，请师一着。"师曰："早见输了也。"僧曰："错。"师曰："是。"僧曰："进前无路也。"师卓挂杖一下，曰："争奈这个何?"僧曰："只如黑白未分时，又作么生?"师曰："且饶一着。"

问："百尺竿头，如何进步?"师曰："险。"曰："便怎么去又作么生?"师曰："百杂碎。"

问："九夏赏劳即不问，从今向去事如何?"师曰："光剃头，净洗钵。"曰："谢师指示。"师曰："滴水难消[3]。"

上堂："上不见天，下不见地。逼塞虚空，无处回避。为君明破即不中，且向南山看鳖鼻[4]。"掷挂杖，下座。

【注释】

[1] 微奥：玄妙深奥的道理，精妙高深的见解。

[2] 檐楹：屋檐下厅堂前部的梁柱。唐代韩愈《食曲河驿》："群鸟巢庭树，乳雀飞檐楹。"

[3] 滴水难消：意谓施主布施之物，连一滴水也不能享用，系禅家习用批评语。《黄檗传心法要》："阿难三十年为侍者，只为多闻智慧，被佛呵云：'汝千日学慧，不如一日学道。若不学道，滴水难消。'"《洞山语录》："青林师虔参师。师问：'近离甚处?'青林云：'武陵。'师云：'武陵法道，何似此间?'青林云：'胡地冬抽笋。'师云：'别甄炊香饭，供养此人。'青林拂袖便出。师云：'此子向后走杀天下人在!'鼓山永云：'怎么祇对，滴水难消。因甚别甄炊香饭?'"（摘自《禅宗大词典》）

[4] 南山看鳖鼻：公案。参见本书第七章"雪峰义存禅师"条："上堂：'南山有一条鳖鼻蛇，汝等诸人切须好看!'长庆出曰：'今日堂中大有人丧身失命。'云门以挂杖撺向师前，作怕势。""鳖鼻"系鳖鼻蛇之简称，隐指险恶峻烈之机锋。后世常拈提此公案。

镇江府金山善宁法印禅师

僧问："天皇也恁么道，龙潭也恁么道，未审和尚作么生道?"师曰："手握白玉鞭，骊珠尽击碎。"曰："退身有分。"师曰："知过必改。"

上堂，顾视大众曰："古人道：'在眼曰见，在耳曰闻，在鼻嗅香，在舌谈论，在身觉触，在意攀缘。'虽然如是，只见锥头利，不见凿头方[1]。若是金山即不然，有眼觑不见，有耳听不闻，有鼻不知香，有舌不谈论，有身不觉触，有意绝攀缘。一念相应，六根解脱。敢问诸禅德！且道与前来是同是别？莫有具眼底衲僧，出来通个消息。若无，复为诸人重重注破。放开则私通车马，捏聚则毫末不存。若是饱[2]战作家，一任是非贬剥。"

【注释】

[1] 只见锥头利，不见凿头方：只看见锥子头是尖的，没看见凿子头是方的。比喻只了解事情的一个方面，不了解另一方面。或比喻见小不见大，只顾小利，不顾大的危害。

[2] 饱：续藏本作"鲍"，"饱"之误。本书依宝祐本作"饱"。

寿州资寿院圆澄岩禅师

僧问："《大藏经》中还有奇特事也无？"师曰："只恐汝不信。"曰："如何即是？"师曰："黑底是墨，黄底是纸。"曰："谢师答话。"师曰："领取钩头意，莫认定盘星。"

上堂："云生谷口，月满长川。樵父斫深云，渔翁钓沙岛。到这里，便是吴道子[1]、张僧繇[2]，无你下手处。"良久曰："归堂问取圣僧。参！"

上堂："乾坤肃静，海晏河清。风不鸣条，两不破块。春生夏长，秋收冬藏。这个是世间法，作么生是佛法？"良久曰："欲得不招无间业，莫谤如来正法轮。"

【注释】

[1] 吴道子（约680～759年）：又名道玄，唐代著名画家，画史尊称画圣。阳翟（今河南禹州）人。少孤贫，年轻时即有画名。曾任兖州瑕丘（今山东滋阳）县尉，不久即辞职。后流落洛阳，从事壁画创作。开元年间以善画被召入宫廷，历任供奉、内教博士、宁王友。

[2] 张僧繇（yóu）：字号不详，吴郡吴中（今江苏苏州）人。南北朝时期梁朝大臣，著名画家。成语"画龙点睛"的故事即出自有关他的传说。

本觉守一禅师

秀州本觉寺守一法真禅师，江阴沈氏子。

僧问："如何是句中玄？"师曰："昆仑骑象藕丝牵。"曰："如何是体中玄。"师曰："影浸寒潭月在天。"曰："如何是玄中玄？"师曰："长连床上带刀眠。"曰："向上还有事也无？"师曰："放下着。"

上堂，举拂子曰："三世诸佛、六代祖师总在这里，还见么？见汝不相当。"又为说法云："无二无二分，无别无断故。还闻么？汝又不惺惺，一时却往上方香积世界去也。"撼拂子曰："退后退后，突着你眼睛。"

上堂："折半列三，人人道得。去一拈七，亦要商量。正当今日，云门道底不要，别作么生[1]，露得个消息？"良久曰："日月易流。"

【注释】

[1] 云门道底不要，别作么生：旧校本标点有误，"云门道底不要"与"别"连在一起断句。

舒州投子修颙证悟禅师

僧问："是法平等，无有高下，为甚么赵州三等接人？"师曰："入水见长人。"曰："争奈学人未会。"师曰："唤不回头争奈何！"

上堂："楞伽峰顶，谁能措足？少室岩前，水泄不通。正当恁么时，黄头老子张得口，碧眼胡僧开得眼。虽然如是，事无一向。先圣幸有第二义门，足可共诸人东说西说。所以道：春生夏长，秋落冬枯；四时迁改，轮转长途。愚者心生彼此，达者一味无殊。"良久曰："陕府铁牛吞大象，嘉州佛向藕丝藏。"

上堂："巍巍少室，永镇群峰。有时云中捧出，有时雾罩无踪。有时突在目前，有口道不得，被人唤作壁观胡僧。诸仁者！作么生免得此过？休！休！不如且持课[1]。"良久曰："一元和[2]，二佛陀，三释迦，自余是甚椀跶丘[3]？参！"

【注释】

[1] 持课：佛门早晚课诵。持：僧徒念诵经咒，如持经。

［2］元和：天地造化。

［3］椀趺丘：一个模子脱出来的孔丘。椀趺，即"碗脱"，亦写作"椀脱"。谓如出于同一模型之碗，个个如此。又因以碗为模子脱出，不仅多而且贱。《新唐书·刘子玄传》："今群臣无功，遭遇辄迁，至都下有'车载斗量，杷椎椀脱'之谚。"宋代洪迈《容斋四笔·张鷟讥武后滥官》："武后革命，滥授人官，故张鷟为谚以讥之曰：'补阙连车载，拾遗平斗量，杷推侍御史，椀脱校书郎。'"此处形容那些愚昧无知的读书人多如牛毛，自以为贵，实则贱如牛毛。旧校本标点有误，"椀趺"是修饰"丘"的，不能与"丘"一起下划线当作人名。

地藏守恩禅师

福州地藏守恩禅师，本州丘氏子。

僧问："如何是佛？"师曰："昼眠无益。"曰："意旨如何？"师曰："早起甚长。"

问："如何是西来祖意？"师曰："风吹满面尘。"

上堂，竖起拳曰："或时为拳。"复开曰："或时为掌。若遇衲僧，有功者赏。"遂放下曰："直是土旷人稀，相逢者少。"

上堂："雨后鸠鸣，山前麦熟。何处牧童儿？骑牛笑相逐。莫把短笛横吹，风前一曲两曲。参！"

上堂："山僧今日略通一线，不用孤疑，麦中有面。"

上堂，拈拄杖，击禅床一下，曰："有智若闻，则能信解。无智疑悔，则为永失。三十年后，不得道山僧今日上堂，只念《法华经》。参！"

上堂："衲僧现前三昧，释迦老子不会。住世四十九年，说得天花乱坠。争似饥餐渴饮，展脚堂中打睡。"

上堂："诸人知处，山僧尽知。山僧知处，诸人不知。今日不免布施诸人。"良久曰："头上是天，脚下是地。参！"

灵曜晉良禅师

衢州灵曜寺晉[1]良佛慈禅师，饶州吴氏子。清献赵公命开法于越州福果、衢州超化、海会、灵曜四刹。

僧问："三变禅林，四回出世，于和尚分上，成得甚么边事？"师曰："钵盂口向天。"曰："三十年来关捩子，而今流落五湖传。"师曰："那个是山僧关捩子？"曰："一言超影象，不坠古人风。"师曰："惜取眉毛。"

上堂："不知时分之延促，不知日月之大小，灰头土面[2]，且与么过。山僧每遇月朔，特地斗钉[3]家风，抑扬问答，一场笑具。虽然如是，因风撒土，借水献花，有个葛藤露布[4]，与诸人共相解摘看。"蓦拈拄杖，击香台，曰："参堂去！"

【注释】

[1] 瞽（biàn）：同"辩"。或作"轻"，讹字。宝祐本上作"功"，均讹字。

[2] 灰头土面：禅林用语。原指头脸为灰土所污之意。于禅林中，借以形容修行者悟道之后，为济度众生而甘愿投身于群众之中，不顾尘世之污浊。与"和光同尘""拖泥带水"之意略同。然一般所谓之"灰头土脸（面）"，则含有不光彩、颜面无光，或不事修饰、奔波劳顿的样子。

[3] 斗钉：即"斗钉"。比喻堆积文辞。宋代陈亮《乙巳春书》之一："此论正在于毫厘分寸处较得失，而心之本体实非斗钉辏合以成。"宋代陈亮《壬寅答朱元晦秘书》："今欲斗钉而发施之，后来诸君子无乃又失之碎乎！"

[4] 葛藤露布：指未能超越语言知解的言句作略。《圆悟语录》卷一三："又云：'相逢不拈出，举意便知有也。须是彻骨彻髓，信得极，见得彻，然后尽十方世界，只在一丝毫头上明得。其或滞于知见，便有佛有祖，所以却入建化门中葛藤露布。'"（露布：意同葛藤。解摘：解释。）亦作"露布葛藤"。

明州香山延泳正觉禅师

上堂："心随境现，境逐心生。心境两忘，是个甚么？"拈起拄杖，曰："且道这个甚处得来？若道是拄杖，瞎却汝眼；若道不是拄杖，眼在甚么处？是与不是，一时拈却，且骑拄杖出三门去也。"遂曳杖下座。

安吉州道场慧印禅师

上堂："韶石渡头，舟横野水。汾阳浪里，棹拨孤烟。云月无私，溪山岂异？一言合辙，千里同风。敢问诸人，作么生是同风底句？"良久曰："八千子弟[1]今何在，万里山河属帝家。"

【注释】

[1] 八千子弟：指秦末项羽起兵江东，率领家乡八千子弟起义。《史记·项羽本纪》："籍所击杀数十百人。一府中皆慑伏，莫敢起……遂举吴中兵。使人收下县，得精兵八千人。""于是项王乃欲东渡乌江。乌江亭长檥船待，谓项王曰：'江东虽小，地方千里，众数十万人，亦足王也。愿大王急渡。今独臣有船，汉军至，无以渡。'项王笑曰：'天之亡我，我何渡为！且籍与江东子弟八千人渡江而西，今无一人还，纵江东父兄怜而王我，我何面目见之？纵彼不言，籍独不愧于心乎？'"项梁、项羽叔侄在会稽郡起兵反秦，得江东子弟八千人，是为其基本骨干队伍。及至垓下兵败，全部丧亡。后因用为咏项羽起事之典。唐代栖一《垓下怀古》："缅想咸阳事可嗟，楚歌哀怨思无涯。八千子弟归何处？万里鸿沟属汉家。弓断阵前争日月，血流垓下定龙蛇。拔山力尽乌江水，今古悠悠空浪花。"

临安府西湖妙慧文义禅师

上堂："会么？已被热谩了也。今早起来，无言可说。下床着鞋，后架洗面，堂内展钵吃粥。粥后打睡，睡起吃茶。见客相唤，斋时吃饭。日日相似，有甚么过？然虽如是，更有一般令我笑，金刚倒地一堆泥。"拍禅床，下座。

处州灵泉山宗一禅师

上堂："美玉藏顽石，莲华出淤泥。须知烦恼处，悟得即菩提。咄！"

普照处辉禅师

泗州普照寺处辉真寂禅师，滁州赵氏子。

开堂日，僧问："世尊出世，地涌金莲。和尚出世，有何祥瑞？"师曰："扫却门前雪。"

常州南禅宁禅师

僧问："庐陵米价作么生？"师曰："款出囚口[1]。"

【注释】

[1] 款出囚口：供词出自犯人之口。款：指供辞。《资治通鉴·唐则天后天授

二年》："来俊臣鞠之，不问一款，先断其首，仍伪立案奏之。"胡三省注："狱辞之出囚口者为款。"

越州石佛晓通禅师

上堂："冷似秋潭月，无心合太虚。山高流水急，何处驻游鱼？"

僧问："如何是顿教？"师曰："月落寒潭。"曰："如何是渐教？"师曰："云生碧汉。"曰："不渐不顿时如何？"师曰："八十老婆不言嫁[1]。"

【注释】

[1] 八十老婆不言嫁：中古时谚语。老婆：老妈妈。指八十岁的老年妇女，不会谈婚论嫁。佛家用以比喻修习佛法要根据个人的根性、素质，采用适当的方法，不能凭主观愿望施以外在的力量。

法云秀禅师法嗣

东京法云惟白佛国禅师

上堂："离娄有意，白浪徒以滔天；罔象无心，明珠忽然在掌。"以手打一圆相，召大众曰："还见么？"良久曰："看即有分。"

上堂，拈柱杖示众，曰："山僧住持七十余日，未曾拈动这个。而今不免现些小神通，供养诸人。"遂卓拄杖，下座。

上堂："过去已过去，未来且莫算。正当现在事，今朝正月半。明月正团圆，打鼓普请看。大众看即不无，毕竟唤甚么作月？休于天上觅，莫向水中寻。"

师有《续灯录》三十卷，入藏。

【概要】

惟白禅师，宋代禅僧。俗姓冉。静江（今广西桂林）人。至法云寺参法秀禅师，嗣其法，为云门宗传人。继其师席，住法云寺。该寺与慧林寺、智海寺共为当时汴京（今河南开封）三大禅宗丛林，由于此三大丛林的提倡，禅宗宗风大盛于世。惟白当时常入皇宫宣扬禅法，甚受哲宗、徽宗的推崇。建中靖国元年（1101年）八月，编纂《建中靖国续灯录》三十卷进呈徽宗。徽宗为之撰序文，并敕许入藏。晚年移居明州（今浙江宁波）天童寺，示寂于该寺。另著有《大藏经纲目指要录》八卷。

【参考文献】

《嘉泰普灯录》卷五；《佛祖历代通载》卷十九。

保宁子英禅师

建康府保宁子英禅师，钱塘人也。

上堂，拈拄杖，曰：“日月不能并明，河海不能竞深，须弥不能同高，乾坤不能同固。圣凡智慧不及，且道这个有甚么长处？”良久曰：“节目分明，生来条直。冰雪敲开片片分，白云点破承伊力。”击禅床，下座。

温州仙岩景纯禅师

僧问：“德山棒，临济喝，和尚如何作用？”师曰：“老僧今日困。”僧便喝，师曰：“却是你惺惺。”

宁国府广教守讷禅师

（圆照上足，时称讷叔。）

僧问：“如何是古今常存底句？”师曰：“铁牛横海岸。”曰：“如何是衲僧正眼？”师曰：“针劄[1]不入。”

【注释】

[1] 劄（zhā）：同“扎”。针刺。

兴元府慈济聪禅师

僧问：“如何是道？”师曰：“此去长安三十七程。”曰：“如何是道中人？”师曰：“撞头磕额。”

问：“不是风动，不是幡动，未审是甚么动？”师曰：“低声！低声！”

问："如何是随色摩尼珠?"师曰："青青翠竹，郁郁黄花。"曰："如何是正色?"师曰："退后! 退后!"

问："释迦已灭，弥勒未生，未审谁为导首?"师曰："铁牛也须污出。"曰："莫便是为人处也无?"师曰："细看前话。"

问："如何是超佛越祖之谈?"师曰："陕府铁牛。"

上堂："三乘教典，不是真诠。直指本心，未为极则。若是通心上士、脱洒高流，出来相见。"乃顾视大众曰："休!"

上堂："终日孜孜相为，恰似牵牛上壁。大众! 何故如此? 贪生逐日区区去[1]，唤不回头争奈何!"

上堂："一即一，二即二，把定要津，何处出气?"拈拄杖曰："彼自无疮，勿伤之也。"卓一下，下座。

【注释】

[1] 大众! 何故如此? 贪生逐日区区去：旧校本标点有误，参见项楚《〈五灯会元〉点校献疑三百例》。

安州白兆山通慧珪禅师

上堂："幸逢嘉会，须采异闻。既遇宝山，莫令空手。不可他时后日，门扇后、壁角头，自说大话也。穷天地，亘古今，即是当人一个自性。于是中间，更无他物。诸人每日行时行着，卧时卧着，坐时坐着，祇对语言时满口道着。以至扬眉瞬目，嗔喜爱憎，寂默游戏，未始间断。因甚么不肯承当，自家歇去? 良由无量劫来，爱欲情重，生死路长，背觉合尘，自生疑惑。譬如空中飞鸟，不知空是家乡；水里游鱼，忘却水为性命。何得自抑，却问傍人? 大似捧饭称饥，临河叫渴。诸人要得休去么? 各请立地定着精神，一念回光，豁然自照。何异空中红日，独运无私；盘里明珠，不拨自转。然虽如是，只为初机。向上机关，未曾踏着。且道作么生是向上机关?"良久曰："仰面看天不见天。"

庐州长安净名法因禅师

上堂："天上月圆，人间月半。七八是数，事却难算。隐显不辨即且置，黑白未分一句作么生道?"良久曰："相逢秋色里，共话月明中。"

上堂："祖师妙诀，别无可说。直饶钉嘴铁舌，未免弄巧成拙。净名[1]已把天机泄。"

【注释】

[1] 净名：此处指净名法因禅师。梵名"维摩"，音译毗摩罗诘利帝。又作毗摩罗诘、维摩诘、无垢称、灭垢鸣。为佛陀之在家弟子，乃中印度毗舍离城之长者。虽在俗尘，然精通大乘佛教教义，其修为高远，虽出家弟子犹有不能及者。据《维摩诘经》载，彼尝称病，但云其病是"以众生病，是故我病"，待佛陀令文殊菩萨等前往探病，彼即以种种问答，揭示空、无相等大乘深义。我国关于维摩诘与文殊问答情状之雕画颇多，如唐代段成式之寺塔记、长安平康坊菩萨寺佛殿之维摩变壁画皆是。又维摩之居室方广一丈，故称维摩方丈、净名居士方丈。

浮槎山福严守初禅师

僧问："如何是受用三昧？"师曰："拈匙放箸。"

问："如何是正直一路？"师曰："踏不着。"曰："踏着后如何？"师曰："四方八面。"乃曰："若论此事，放行则曹溪路上月白风清，把定则少室峰前云收雾卷。如斯语论，已涉多途。但由一念相应，方信不从人得。大众且道从甚么处得？"良久曰："水流元在海，月落不离天。"

上堂："即性之相，一亘晴空。即相之性，千波竞起。若彻来源，清流无阻。所以，举一念而尘沙法门顿显，拈一毫而无边刹齐彰。且道文殊、普贤在甚么处？下坡不走，快便难逢。"便下座。

鼎州德山仁绘禅师

僧问："如何是不动尊？"师曰："来千去万。"曰："恁么则脚跟不点地也。"师曰："却是汝会。"

上堂："至道无难，唯嫌拣择。但莫憎爱，洞然明白。山僧即不然，至道最难，须是拣择。若无憎爱，争见明白？"

澧州圣寿香积用旻禅师

上堂："木马冲开千骑路，铁牛透过万重关。木马铁牛即今在甚么处？"良久曰："惊起暮天沙上雁，海门斜去两三行。"

瑞州瑞相子来禅师

上堂，顾视众曰："夫为宗匠，随处提纲。应机问答，杀活临时。心眼精明，那容妖怪？若也棒头取证，喝下承当，埋没宗风，耻他先作。转身一路，不在迟疑。一息不来，还同死汉。大众！直饶到这田地，犹是句语埋藏，未有透脱一路。敢问诸人，作么生是透脱[1]一路？还有人道得么？若无，山僧不免与诸人说破。"良久曰："玉离荆岫[2]寒光动，剑出丰城[3]紫气横。"

【注释】

[1] 透脱：续藏本作"逶脱"有误。透脱，指超脱、通达。《黄檗宛陵录》："只是不起诸见，无一法可得，不被法障，透脱三界凡圣境域，始得名为出世佛。"本章"径山了一"条："参玄之士，触境遇缘，不能直下透脱者，盖为业识深重，情妄胶固，六门未息，一处不通。"

[2] 荆岫（xiù）：人名，唐时制玉大师。

[3] 丰城：指丰城剑世间稀有。《晋书·张华传》谓吴灭晋兴之际，天空斗牛之间常有紫气。张华闻雷焕妙达纬象，乃邀与共观天文。焕曰："斗牛之间颇有异气"，是"宝剑之精，上彻于天耳"，并谓剑在豫章丰城。华即补焕为丰城令，"焕到县，掘狱屋基，入地四丈余，得一石函，光气非常，中有双剑，并刻题，一曰龙泉，一曰太阿。其夕斗牛间气不复见焉。"后世诗文用"丰城剑"赞美杰出人才，或谓杰出人才有待识者发现。

庐州真空从一禅师

上堂："心镜明鉴无碍。"遂拈起拄杖曰："唤这个作拄杖，即是碍。不唤作拄杖，亦是碍。离此之外，毕竟如何？要会么？碍不碍，谁为对？大地山河，廓然粉碎。"

襄州凤凰山乾明广禅师

上堂："日头东畔出，月向西边没。来去急如梭，催人成白骨。山僧有一法，堪为保命术。生死不相干，打破精魂窟。咄！咄！是何物？不是众生，不是佛。参！"

慧林冲禅师法嗣

华严智明禅师

东京永兴华严寺智明佛慧禅师，常州史氏子。

上堂："若论此事，在天则列万象而齐现，在地则运四时而发生，在人则出没卷舒，六根互用。且道在山僧拄杖头上，又作么生？"良久，卓一下，曰："高也着，低也着。"

镇州永泰智航禅师

上堂："散为气者，乃道之漓[1]。适于变者，为法之弊。灵机本昧，亘古亘今。大用现前，何得何失？虽然如是，忽遇无孔铁槌，作么生话会？"拈拄杖曰："穿过了也。"

上堂："龙腾碧汉，变化无方。凤翥[2]青霄，谁知踪迹？可行则行，不出百千三昧。可止则止，宁忘万象森罗。所以道，取不得，舍不得，不可得中只么得。且道得个甚么？"良久曰："莫妄想。"

【注释】

[1] 漓（lí）：同"離"，背离，丧失。
[2] 翥（zhù）：振翼而上，高飞。

江阴军寿圣子邦圆觉禅师

僧问："祖意教意拈放一边，如何得速成佛法去？"师曰："有成终不是，是佛亦非真。"僧拟议，师叱曰："话头道甚么？"

长芦夫禅师法嗣

雪窦道荣禅师

明州雪窦道荣觉印禅师，郡之陈氏子。

僧问："寒山逢拾得时如何？"师曰："扬眉飞闪电。"曰："更有何事？"师曰："开口放毫光。"曰："如何是向上一路？"师曰："七六八。"

长芦宗赜禅师

真州长芦宗赜慈觉禅师，洛州孙氏子。

僧问："达磨面壁，此理如何？"师良久，僧礼拜。师曰："今日被这僧一问，直得口哑。"

上堂："冬去寒食，一百单五。活人路上，死人无数。头钻荆棘林，将谓众生苦。拜扫事如何？骨堆上添土。唯有出家人，不踏无生路。大众且道向甚么处去？还会么？南天台，北五台。参！"

上堂："新罗别无妙诀，当言不避截舌。但能心口相应，一生受用不彻。且道如何是心口相应底句？"良久曰："焦砖打着连底冻。参！"

问："六门未息时如何？"师曰："鼻孔里烧香。"曰："学人不会。"师曰："耳朵里打鼓。"

问："如何是无功之功？"师曰："泥牛不运步，天下没荒田。"曰："恁么则功不浪施也。"师曰："虽然广大神通，未免遭他痛棒。"

上堂："金屑虽贵，落眼成翳。金屑既除，眼在甚么处？若如此者，未出荆棘林中。棒头取证，喝下承当，正在金峰窠里。"

上堂："楼外紫金山色秀，门前甘露水声寒。古槐阴下清风里，试为诸人再指看。"拈拄杖曰："还见么？"击香卓曰："还闻么？"靠却拄杖曰："眼耳若通随处足，水声山色自悠悠。"

慧日智觉禅师

平江府慧日智觉广灯禅师，本郡梅氏子。

上堂，良久曰："休休休！徒悠悠。钓竿长在手，鱼冷不吞钩。"喝一喝，下座。

佛日才禅师法嗣

夹山自龄禅师

澧州夹山灵泉自龄禅师，常州周氏子。

僧问："金鸡啄破琉璃壳，玉兔挨开碧海门。此是人间光影，如何是祖师机？"师曰："针劄不入。"曰："只如朕兆未生已前，作么生道？"师举起拂子，僧曰："如何领会？"师曰："斫额望扶桑。"

问："混沌未分时如何？"师曰："春风飔飔[1]。"曰："分后如何？"师曰："春日迟迟。"曰："向上更有事也无？"师曰："一年三百六十日。"

上堂，良久，顾大众曰："月里走金乌，谁云一物无？赵州东壁上，挂个大胡芦。参！"

上堂，良久，打一圆相曰："大众！五千余卷诠不尽，三世诸佛赞不及。令人却忆卖油翁[2]，狼忙[3]走下绳床立。参！"

上堂："便乃忘机守默，已被金粟占先。拟欲展演词锋，落在瞿昙之后。离此二途，作么生是衲僧透脱一路？"良久曰："好笑南泉提起处，刈茆镰子曲弯弯。参！"

【注释】

[1] 飔飔（fú）：小风，微风。

[2] 卖油翁：公案。说的是唐代赵州从谂见投子大同的故事，由此"卖油翁"成了投子和尚之外号。参见本书第六章"投子大同禅师"注释。《宏智广录》卷七："死活路岐非异道，虚而灵兮空而妙。赵州曾问卖油翁，不许夜行投晓到。诸禅德！若向者里会得，先天地生而不为早，后天地生而不为老。识取天台把箒人，寒岩有雪无人扫。"

[3] 狼忙：急忙，匆忙。

天钵元禅师法嗣

元丰清满禅师

卫州元丰院清满禅师，沧州田氏子。

僧问："如何是佛？"师曰："天寒地冷。"曰："如何是道？"师曰："不道。"曰："为甚么不道？"师曰："道是闲名字。"

上堂："无异思惟，谛听谛听！昨日寒，今日寒，抖擞精神着力看。着力看，看来看去转颟顸。要得不颟顸，看。参！"

上堂："堪作梁底作梁，堪作柱底作柱，灵利衲僧便知落处。"蓦拈拄杖曰："还知这个堪作甚么？"打香台一下曰："莫道无用处。"复打一下曰："参！"

上堂："看看！堂里木师伯，被圣僧打一掴。走去见维那，被维那打两掴。露柱呵呵笑，打着这师伯。元丰路见不平，与你雪正。"拈拄杖曰："来来！然是圣僧，也须吃棒。"击香台，下座。

岁旦，上堂："忆昔山居绝粮，有颂举似大众。饥餐松柏叶，渴饮涧中泉。看罢青青竹，和衣自在眠。大众！更有山怀[1]为君说，今年年是去年年。"

上堂："此剑刃上事，须剑刃上汉始得。有般名利之徒，为人天师，悬羊头卖狗肉，坏后进初机[2]，灭先圣洪范[3]。你等诸人闻怎么事，岂不寒心？由是疑误众生，堕无间狱。苦哉！苦哉！取一期快意，受万劫余殃。有甚么死急来为释子？"喝曰："瞆人徒侧耳。"便下座。

上堂，喝一喝曰："不是道，不是禅，每逢三五夜，皓月十分圆。参！"

师凡见僧，乃曰："佛法世法，眼病空花。"有僧曰："翳消花灭时如何？"师曰："将谓汝灵利。"

【注释】

[1] 山怀：山前。《红楼梦》第十七回："一面说，一面走，忽见青山斜阻。转过山怀中，隐隐露出一带黄泥墙，墙上皆用稻茎掩护。"

[2] 后进初机：落后的人与才学佛不久的人。机：即机根、机类。初机：意谓初学之人。

[3] 洪范：楷模。《晋书·皇甫谧传》："子其鉴先哲之洪范，副圣朝之虚心。"

青州定慧院法本禅师

僧问："古人到这里，为甚么拱手归降？"师曰："理合如是。"曰："毕竟如何？"师曰："夜眠日走。"

西京普胜真悟禅师

上堂："扬声止响，不知声是响根；弄影逃形，不知形为影本。以法问法，不知法本非法；以心传心，不知心本无心。心本无心，知心如幻；了法非法，知法如梦。心法不实，莫谩追求；梦幻空花，何劳把捉？到这里，三世诸佛、一大藏教、祖师言句、天下老和尚露布葛藤尽使不着。何故？太平本是将军致，不许将军见太平。"

瑞岩鸿禅师法嗣

明州育王昙振真戒禅师

上堂："今日布袋头开，还有买卖者么？"时有僧出曰："有。"师曰："不作贵，不作贱，作么生酬价？"僧无语。师曰："老僧失利。"

栖贤迁禅师法嗣

舒州王屋山崇福灯禅师

上堂："天不能盖，地不能载。一室无私，何处不在？大众，直饶恁么会去，也是鬼弄精魂[1]。怎生说个常在底道理？"良久曰："金风昨夜起，遍地是黄花。"

【注释】

[1] 鬼弄精魂：弄玄虚，虚妄施为。常指禅家示机应机之作略，因多系接人之

方便法门，非真实大法，故用例多含贬义。《续传灯录》卷一二"安福子胜"条："林下相逢更说什么？若也扬眉瞬目，又是鬼弄精魂。更或拈拂敲床，大似隔靴抓痒。"（摘自《禅宗大词典》）

净众言首座法嗣

招提惟湛禅师

西京招提惟湛广灯禅师，嘉禾人也。

僧问："如何是和尚家风？"师曰："秋风黄叶乱，远岫白云归。"曰："专为流通也。"师曰："即今作么生举？"僧便喝，师便打。

上堂："偏不偏，正不正，那事从来难比并。满天风雨骨毛寒，何须更入那伽定[1]？"卓拄杖，下座。

上堂："六尘不恶，还同正觉。马上谁家白面郎？穿花折柳垂巾角。夜来一醉明月楼，呼卢[2]输却黄金宅。臂鹰走犬归不归，娥眉皓齿嗔无力。此心能有几人知，黄头碧眼非相识。啰啰哩。"拍手一下，下座。

【注释】

[1] 那伽定：身变龙而定止于深渊曰那伽定。为保长寿，逢弥勒出世，以愿力而入于那伽定。那伽：译言龙，象，无罪，不来。称佛或阿罗汉为摩诃那伽，喻其有大力用也。（摘自丁福保《佛学大辞典》）

[2] 呼卢：谓赌博。唐代李白《少年行》之三："呼卢百万终不惜，报雠千里如咫尺。"宋代晏几道《浣溪纱》词："户外绿杨春系马，床前红烛夜呼卢，相逢还解有情无？"

第四节　青原下十三世

法云本禅师法嗣

净慈楚明禅师

临安府净慈楚明宝印禅师，百粤张氏。

上堂："祖师心印，非长非短，非方非圆，非内非外，亦非中间。且问大众，决定是何形貌？"拈拄杖曰："还见么？古篆于成文，飞帛难同体。从本自分明，何须重特地。"击禅床下座。

上堂："出门见山水，入门见佛殿。灵光触处通，诸人何不荐？若不荐，净慈今日不著便[1]。"

上堂："祖师道：'吾本来兹土，传法救迷情。一华开五叶，结果自然成。'净慈当时若见恁么道，用黑漆拄杖子一棒打杀，埋向无阴阳地上，令他出气不得。何故？叵耐[2]他瞒我唐土人。众中莫有为祖师出气底么？出来，和你一时埋却。"

上堂："若论此事，如散铺宝贝，乱堆金玉。昧己者自甘穷困，有眼底信手拈来。所以道：'阎浮有大宝，见少得还稀。若人将献我，成佛一饷时。'"乃拈拄杖曰："如今一时呈似，普请大众高着眼。"掷拄杖，下座。

【注释】

[1] 著便：合适。唐代张鷟《游仙窟》："十娘机警，异同着便。"《祖堂集·岩头和尚》："今生不着便，共文遂个汉行数处，被他带累，今日共师兄到此又只管打睡。"

[2] 叵（pǒ）耐：亦作"叵奈"。不可容忍，可恨。《敦煌曲子词·鹊踏枝》："叵耐灵鹊多漫语，送喜何曾有凭据。"叵：不，不可。

长芦道和禅师

真州长芦道和祖照禅师，兴化潘氏子。

僧问："无遮圣会[1]，还有不到者么？"师曰："有。"曰："谁是不到者？"师曰："金刚脚下铁昆仑。"

问："不许夜行，投明须到，意旨如何？"师曰："羊头车子推明月。"曰："便恁么去时如何？"师曰："铁门路险。"

问："一槌两当时如何？"师曰："踏藕得鱼归。"

问："教外别传，未审传个甚？"师曰："铁弹子。"

问："百城游罢时如何？"师曰："前头更有赵州关。"

上堂："一二三，四五六，碧眼胡僧数不足。泥牛入海过新罗，木马追风到天竺。天竺茫茫何处寻？补陀岩上问观音。普贤拍手呵呵笑，归去来兮秋水深。"

【注释】

[1] 无遮圣会：指由帝王所施设的一种大斋会。因圣凡、上下、贤愚通聚而无间，故名。又名无遮会、无遮施会、无遮斋筵、无遮祠祀大会。《大唐西域记》卷五："于五印度城邑乡聚，达巷交衢，建立精庐，储饮食止医药，施诸羁贫，周给不殆。圣迹之所，并建伽蓝。五岁一设无遮大会。倾竭府库，惠施群有。唯留兵器，不充檀舍。"我国梁武帝于中大通元年（529 年）十月，曾于同泰寺行四部无遮大会，召集僧俗五万人。日本推古天皇亦曾行之。

【概要】

道和禅师（1057～1124 年），宋代云门宗僧。福建兴化仙游人，俗姓潘。赐号"祖照禅师"。礼天清德璋为师而出家受戒，又参谒净因道臻、圆通法秀。法秀入寂后，参随善本，受印可，住持江苏真州长芦寺，广扬宗风。宣和六年示寂，世寿六十八。另《劫外录》载为宣和五年入寂。

【参考文献】

《嘉泰普灯录》卷八。

雪峰思慧禅师

福州雪峰思慧妙湛禅师，钱塘俞氏子。

僧问："古殿无灯时如何？"师曰："东壁打西壁[1]。"曰："恁么则撞着露柱也。"师曰："未敢相许。"

上堂："一法若通，万缘方透。"拈拄杖曰："这里悟了，提起拄杖，海上横行。若到云居山头，为我传语雪峰和尚。咄！"

上堂："布大教网，摝[2]人天鱼。护圣不似老胡，拖泥带水[3]，只是见兔放鹰[4]，遇獐发箭。"乃高声召众曰："中。"

上堂："昔日药山早晚不参，动经旬月。一日，大众才集，药山便归方丈。诸禅德！彼时佛法早自淡薄，论来犹较些子。如今每日鸣鼓升堂，忉忉怛怛[5]地。问者口似纺车，答者舌如霹雳。总似今日，灵山慧命，殆若悬丝；少室家风，危如累卵。又安得个慨然有志，扶竖宗乘底衲子出来？喝散大众，非唯耳边静办，当使正法久住，岂不伟哉！如或捧上不成龙，山僧倒行此令，以拄杖一时趁散[6]。"

上堂："眼睫横亘十方，眉毛上透青天，下彻黄泉，且道鼻孔在甚么处？"良久曰："劄[7]。"

上堂："妙高山顶，云海茫茫。少室岩前，雪霜凛凛。齐腰独立，徒自苦疲。七日不逢，一场懡㦬。别峰相见，落在半途。只履西归，远之远矣。"卓拄杖，下座。

上堂："大道只在目前，要且目前难睹。欲识大道真体，今朝三月十五。不劳久立！"

建炎改元，上堂："天地之大德曰生，圣人之大宝曰位[8]。今上皇帝践登[9]宝位，万国归仁。草木禽鱼，咸被其德。此犹是圣主应世边事。王宫降诞[10]已前一句，天下人摸索不着。"

上堂："一切法无差，云门胡饼赵州茶[11]。黄鹤楼中吹玉笛，江城五月落梅花[12]。惭愧太原孚上座[13]，五更闻鼓角，天晓弄琵琶。"喝一喝。

上堂："南询诸友，踏破草鞋。绝学无为，坐消日月。凡情易脱，圣解难忘。但有纤毫，皆成渗漏。可中为道，似地擎山。应物现形，如驴觑井。纵无计较，途辙已成。若论相应，转没交涉。勉诸仁者，莫错用心。

各自归堂，更求何事?"

【注释】

[1] 东壁打西壁：亦作"东壁打到西壁"。意谓室内空空荡荡。反映僧家生活俭朴，亦寓万物皆空之义。

[2] 摝（lù）：捞取。晋代葛洪《抱朴子·至理》："又以气禁沸汤，以百许钱投中，令一人手探摝取钱，而手不灼烂。"

[3] 拖泥带水：喻指陷入言辞义理的纠缠，不能干脆爽利地接引学人或领悟道法。本书第十四章"净慈慧晖"条："云门寻常干爆爆地，锥劄不入，到这里也解拖泥带水。"又本书第十八章"子陵自瑜"条："僧问：'如何是古佛心?'师曰：'赤脚跶泥冷似冰。'曰：'未审意旨如何?'师曰：'休要拖泥带水!'"亦作"带水拖泥"。（摘自《禅宗大词典》）

[4] 见兔放鹰：望见兔子，放出猎鹰。禅家用作比喻。①针对来机之不同，采取不同施设，准确、迅速地启发、接引学人。此处即是这个含义。②谓拘泥言辞，追寻义解。本书第十二章"净因继成"条："老僧恁么举了，只恐你诸人见兔放鹰，刻舟求剑。"

[5] 忉（dāo）忉怛（dá）怛：多语，啰唆。"忉怛"的叠音形式。《朱子语类》卷八三："要之圣人只是直笔据见在而书，岂有许多忉怛。"

[6] 以拄杖一时趁散：旧校本标点有误，此话仍旧是禅师开示之语，不能移出引号作叙述语言。

[7] 劄（zhá）：单独一个字作为禅师的回答，往往有让对方闭嘴的意思。因为禅林不借言说，言语道断。其他场合，如"这里针劄不入"，"劄"同"扎"，针刺。

[8] 天地之大德曰生，圣人之大宝曰位：生：指化生万物。圣人：古指帝王。天地的弘大德泽，在于使万物生生不息，圣王的重大珍宝，在于有崇高的职位。意谓帝王守位，在于使万物生生不息，不相侵害。出自《易·系辞下》。

[9] 践登：登临，登上。《南齐书·丰城县公遥昌传》："上逼太后之严令，下迫群臣之稽颡，俯从亿兆，践登皇极。"

[10] 王宫降诞：旧校本作"主宫降诞"，虽然其校勘记说："主，续藏本作'王'。"但是没有更正。宝祐本本来就作"王"，旧校本校勘失误。"王宫降诞"是释迦牟尼佛八相成道的"出生相"，指佛陀出生诞生在王宫内，即四月八日于蓝毗尼园由摩耶夫人右胁出生之相。其他七相，大乘、小乘说法各有不同。大乘所说八相是：降兜率、入胎、住胎、出胎、出家、成道、转法轮、入灭。小乘所说八相

是：从兜率天下、托胎、出生、出家、降魔、成道、转法轮、入涅槃。此中大乘有住胎，无降魔，小乘有降魔，无住胎。

[11] 云门胡饼赵州茶：公案。"云门胡饼"公案参见本书第十五章"云门文偃禅师"注释。胡饼：又称胡麻饼，或写作"糊饼""胡饼""餬饼"。俗称"烧饼"。一种涂以香油，嵌入芝麻，炉中烘烤的面饼，其制法从胡地传来，故称。云门将"超佛越祖之谈"说成"胡饼"，既截断问者的思路，令其反顾自我；又指明禅旨体现在生活日用之中，反对学言学语，谈玄谈妙，妨碍如实修行。禅林常拈提。"赵州茶"公案参见本书第四章"赵州观音院从谂禅师"注释。吃茶是禅的日常事为，此中可以参悟道法，即所谓平常是道。公案也启示学人对于事物不可生分别妄念。后世禅林对此常有拈提。

[12] 黄鹤楼中吹玉笛，江城五月落梅花：黄鹤楼上传来了一声声《梅花落》的笛声，使这五月的江城又见到纷落的梅花。出自唐代李白《与史郎中钦听黄鹤楼上吹笛》："一为迁客去长沙，西望长安不见家。黄鹤楼中吹玉笛，江城五月落梅花。"

[13] 孚上座：参见本书第七章"太原孚上座"注释。

【概要】

思慧禅师（1071~1145 年），宋代云门宗僧。浙江钱塘人，俗姓俞。从法云善本出家，号妙湛禅师。读《圆觉经》得悟，受印可。后谒真净，留三年，再返，嗣善本之法。寻住雪川道场，后诏住智海寺。绍兴十四年退居东庵，翌年示寂，世寿七十五。有《语要》一卷行世。

【参考文献】

《嘉泰普灯录》卷八；《续传灯录》卷十九；《五灯全书》卷三十六。

宝林果昌禅师

婺州宝林果昌宝觉禅师，安州时氏子。师与提刑杨次公入山，同游山次，杨拈起大士饭石，问："既是饭石，为甚么咬不破？"师曰："只为太硬。"杨曰："犹涉繁词。"师曰："未审提刑作么生？"杨曰："硬。"师曰："也是第二月。"杨为写七佛殿额，乃问："七佛重出世时如何？"师曰："一回相见一回新。"

上堂："一即一，二即二，嗅着直是无香气。"蓦拈柱杖，卓一下，曰："识得山僧榔栗条，莫向南山寻鳖鼻[1]。"

【注释】

[1] 南山寻鳖鼻：公案。参见本书第七章"雪峰义存禅师"条："上堂：'南山有一条鳖鼻蛇，汝等诸人切须好看！'长庆出曰：'今日堂中大有人丧身失命。'云门以拄杖撺向师前，作怕势。""鳖鼻"系鳖鼻蛇之简称，隐指险恶峻烈之机锋。后世常拈提此公案。

郑州资福法明宝月禅师

上堂："资福别无所补，五日一参击鼓。何曾说妙谈玄？只是粗言直语。甘草自来甜，黄连依旧苦。忽若鼻孔辽天，逢人切忌错举。参！"

上堂："若论此事，譬如伐树得根，灸病得穴。若也得根，岂在千枝遍斫。若也得穴，不假六分全烧。"以拄杖卓一下，曰："这个是根，那个是穴？"掷下拄杖曰："这个是穴，又唤甚么作根？咄！是何言欤！"

云峰志璿禅师

潭州云峰志璿[1]祖灯禅师，南粤陈氏子。

上堂："休去歇去，一念万年去，寒灰枯木去，古庙香炉去，一条白练去。大众！古人见处，如日晖空，不着二边，岂堕阴界？堪嗟后代儿孙，多作一色边会。山僧即不然，不休去，不歇去。业识茫茫去，七颠八倒去。十字街头闹浩浩地，声色里坐卧去。三家村里，盈衢塞路，荆棘里游戏去。刀山剑树，劈腹剜心，镬汤炉炭，皮穿骨烂去。如斯举唱，大似三岁孩儿辊绣球。"

上堂："一切声是佛声，涂毒鼓[2]透入耳朵里。一切色是佛色，铁蒺藜[3]穿过眼睛中。好事不如无。"便下座。

上堂："尽乾坤大地是个热铁圆，汝等诸人向甚么处下口？"良久曰："吞不进，吐不出。"

上堂："瘦竹长松滴翠香，流风疏月度炎凉。不知谁住原西寺，每日钟声送夕阳。"

上堂："声色头上睡眠，虎狼群里安禅。荆棘林内翻身，雪刃丛中游戏。竹影扫阶尘不动，月穿潭底水无痕。"

上堂："不是风动，不是幡动，衲僧失却鼻孔[4]。是风动，是幡动，分明是个漆桶。两段不同，眼暗耳聋。涧水如蓝碧，山花似火红。"

上堂，僧问："如何是西来意？"师曰："筑着额头磕着鼻。"曰："意旨如何？"师曰："驴驼马截。"曰："向上还有事也无？"师曰："朝到西天，暮归唐土。"曰："谢师答话。"师曰："大乘矴郎当[5]。"僧退，师乃曰："僧问西来意，筑着额头磕着鼻，意旨又如何？驴驼并马载，朝到西天暮归唐，大乘恰似矴郎当。何故？没量大人，被语脉里转却。"遂拊掌大笑，下座。

僧问："丹霞烧木佛，院主为甚么眉须堕落？"师曰："一人传虚，万人传实。"曰："恁么则不落也。"师曰："两重公案。"曰："学人未晓，特伸请益。"师曰："筠、袁、虔、吉[6]，头上插笔。"

问："德山入门便棒，意旨如何？"师曰："束杖理民。"曰："临济入门便喝，又作么生？"师曰："不言而化。"曰："未审和尚如何为人？"师曰："一刀两段。"

问："无缝铁门，请师一启。"师曰："进前三步。"曰："向上无关，请师一闭。"师曰："退后一寻。"曰："不开不闭，又作么生？"师曰："吽吽！"便打。

【注释】

[1] 璿（xuán）：同"璇"。

[2] 涂毒鼓：谓涂有毒料，使人闻其声即死之鼓。禅宗以此比喻师家令学人丧心或灭尽贪、嗔、痴之一言一句之机言。《景德传灯录》卷十六"全豁禅师"条："吾教意犹如涂毒鼓，击一声，远近闻者皆丧。"（摘自《佛光大辞典》）

[3] 铁蒺藜：蒺藜状的尖锐铁器。战时置于路上或水中，用以阻止敌方人马前进。《佛光大辞典》："禅林用语。蒺藜为一种药草，蔓生，果实有锐刺五对。铁蒺藜，即以铁作蒺藜果之形，用为防敌之武器，转用以比喻禅宗师家之指导严密难侵。"

[4] 失却鼻孔：禅家言行若未合宗旨，则谓之"失却鼻孔"，系批评之语。

[5] 郎当：本有疲软、松垮等义，转谓某些禅师接人，啰唆拖沓，不干脆利落。

[6] 筠、袁、虔、吉：地名。《宋史卷八十八·志第四十一·地理四》："西路

州六：洪、虔、吉、袁、抚、筠。"

东京慧林常悟禅师

僧问："若不传法度众生，举世无由报恩者，未审传个甚么法？"师曰："开宗明义章第一。"

问："达磨未来时如何？"师曰："省得草鞋钱。"曰："来后如何？"师曰："重叠关山路。"

道场有规禅师

安吉州道场有规禅师，婺州姜氏子。

上堂，拈拄杖曰："还见么？穷诸玄辩，若一毫置于太虚；竭世枢机，似一滴投于巨壑。德山老人虽则焚其疏钞，也是贼过后张弓。且道文彩未彰以前[1]，又作么生理论？三千剑客今何在，独许庄周致太平[2]。"

上堂："种田抟饭[3]，地藏家风。客来吃茶，赵州礼度。且道护圣门下，别有甚么长处？"良久曰："寻常不放山泉出，屋底清池冷照人。"

化士出问："促装已办，乞师一言。"师曰："好看前路事，莫比在家时。"曰："恁么则三家村里，十字街头，等个人去也。"师曰："照顾打失布袋。"

【注释】

[1] 文彩未彰以前：或说"文彩未兆时"，即龟的纹理没有显示时。文彩，指龟的纹理，古人用龟的纹理预测未来。龟兆原意为占卜时龟甲受炙灼所呈现的坼裂之纹。古人占卜用龟甲，视其出现的裂纹，作出种种解释，以判断人事吉凶祸福。《续刊古尊宿语要集》第四云："明明锥破卦文，直下更无少剩。只如灵龟未兆，文彩未生，还有这个消息也无？"

[2] 三千剑客今何在，独许庄周致太平：阐明了道家不崇尚武力、无为而治的主张。出自《庄子·杂篇·说剑》："昔赵文王喜剑，剑士夹门而客三千余人，日夜相击于前，死伤者岁百余人，好之不厌。如是三年，国衰。诸侯谋之。太子悝患之，募左右曰：'孰能说王之意止剑士者，赐之千金。'左右曰：'庄子当能。'"赵文王喜欢剑，整天与剑士为伍而不料理朝政，庄子前往游说。庄子说剑有三种，即

天子之剑，诸侯之剑和庶民之剑，委婉地指出赵文王的所为实际上是庶民之剑，而希望他能成为天子之剑。庶人剑只是一种世俗斗鸡之儿戏，不能达到统治的目的。庄子说"大王安坐定气"，暗指无为而治就可以达到治理目的了。于是，赵文王三月不出宫，剑士自毙，天下反而太平了。

[3] 抟（tuán）饭：本指捏饭成团，此处泛指吃饭。《礼记·曲礼上》："毋抟饭。"孔颖达疏："共器若取饭作团，则易得多，是欲争饱，非谦也。"宝祐本作"博饭"。续藏本亦作"博饭"，但提示"博疑抟"。《嘉泰普灯录》作"抟饭"。分析考证，依《嘉泰普灯录》更改。

越州延庆可复禅师

上堂："胡来胡现，汉来汉现。忽然胡汉俱来时，如何祗准[1]？"良久曰："落霞与孤鹜齐飞，秋水共长天一色[2]。参！"

上堂，蓦拈拄杖横按膝上，曰："苦痛深！苦痛深！碧潭千万丈，那个是知音？"卓一下，下座。

【注释】

[1] 祗准：应付，对付。

[2] 落霞与孤鹜齐飞，秋水共长天一色：出自唐代王勃《滕王阁序》。作者以落霞、孤鹜、秋水和长天四个景象勾勒出一幅宁静致远的画面，历来被奉为写景的精妙之句，广为传唱。

安吉州道场慧颜禅师

上堂："世尊按指，海印发光。"拈拄杖曰："莫妄想。"便下座。

温州双峰普寂宗达佛海禅师

僧问："如何是永嘉境？"师曰："华盖峰[1]。"曰："如何是境中人？"师曰："一宿觉[2]。"

上堂众集定，喝一喝曰："冤有头，债有主。珍重！"

【注释】

[1] 华盖峰：指华盖山，位于浙江省温州市鹿城区东面，遥望山形如华盖，故

名华盖山。

[2] 一宿觉：为唐代永嘉禅师求法得悟之故事。一宿：即一夜之意。永嘉玄觉参访六祖慧能，一宿之间，论说三千威仪、八万细行，因而彻底大悟，遂蒙授心印，禅林中传称为"一宿觉"。详见第二章"永嘉真觉禅师"条有关记载。旧校本标点有误，"一宿觉"未加专有名词线。

越州五峰子琪禅师

僧问："学人上来，乞师垂示。"师曰："花开千朵秀。"曰[1]："学人不会。"师曰："雨后万山青。"曰："谢指示。"师曰："你作么生会？"僧便喝，师曰："未在。"僧又喝，师曰："一喝两喝后作么生？"曰："也知和尚有此机要。"师曰："适来道甚么！"僧无语，师便喝。

【注释】

[1] "花开千朵秀。"曰：旧校本标点有误。"秀"是描述花开的状态，而不是僧人的名字。旧校本作"秀曰"有误。

西京韶山云门道信禅师

僧问："如何是祖师西来意？"师曰："千年古墓蛇，今日头生角。"曰："莫便是和尚家风也无？"师曰："卜度[1]则丧身失命。"

问："如何是学人自己？"师曰："无人识者。"曰："如何得脱洒去？"师曰："你问我答。"

【注释】

[1] 卜度：推测，臆断。

天竺从谏禅师

临安府上天竺从谏慈辩讲师，处之松阳人也。具大知见[1]，声播讲席，于止观深有所契。每与禅衲游，尝以道力扣大通，通一日作书寄之。师发缄，睹黑白二圆相，乃悟。答偈曰："黑相白相，担枷过状。了不了兮，无风起浪。若问究竟事如何，洞庭山在太湖上。"

【注释】

[1] 知见：①指以智慧法眼观照事物真相而获得的感悟、体验。如"佛知见""觉知见"等。此处即是这个含义。②成为禅悟障碍的知识见解，这是众生知见，又称颠倒知见。禅录里一般使用"知见"即指众生知见。敦煌本《坛经》："世人心邪，愚迷造恶，自开众生知见。"本书第七章"玄沙师备"条："如今目前，见有山河大地，色空明暗，种种诸物，皆是狂劳花相，唤作颠倒知见。"此义亦作"见知"。（摘自《禅宗大词典》）

金山宁禅师法嗣

婺州普济子淳圆济禅师

僧问："摩尼珠人不识，如来藏里亲收得，如何是珠？"师曰："不拨自转。"曰："如何是藏？"师曰："一拨便转。"曰："转后如何？"师曰："把不住。"

上堂："雨过山青，云开月白。带雪寒松，摇风庭柏。山僧怎么说话，还有祖师意也无？其或未然，"良久曰："看！看！"

吉州禾山用安禅师

僧问："莲华未出水时如何？"师曰："鱼挨鳌倚。"曰："出水后如何？"师曰："水仙头上戴，好手绝跻攀。"曰："出与未出时如何？"师曰："应是乾坤措，不教容易看。"

本觉一禅师法嗣

越峰粹珪禅师

福州越峰粹珪妙觉禅师，本郡林氏子。

僧问："如何是祖师西来意？"师曰："瘦田损种。"曰："未审如何领会？"师曰："刈禾镰子曲如钩。"

问："机关不到时如何？"师曰："抱瓮灌园。"曰："此犹是机关边事。"师曰："须要雨淋头。"

天台如庵主

台州天台如庵主，久依法真，因看"云门东山水上行[1]"语，发明己见。归隐故山，猿鹿为伍。郡守闻其风，遣使逼令住持。师作偈曰："三十年来住此山，郡符[2]何事到林间？休将琐琐尘寰事，换我一生闲又闲。"遂焚其庐，竟不知所止。

【注释】

[1] 云门东山水上行：参见本书第十五章"云门文偃禅师"注释。

[2] 郡符：郡太守的符玺。亦借指郡太守。

西竺尼法海禅师

平江府西竺寺尼法海禅师，宝文吕嘉之姑也。首参法云秀和尚，后领旨于法真言下[1]。诸名儒屡挽应世，坚不从。殂日说偈曰："霜天云雾结，山月冷涵辉。夜接故乡信，晓行人不知。"届明坐脱。

【注释】

[1] 后领旨于法真言下：旧校本作"従（从）领旨于法真言下"，校勘有误，续藏本、龙藏本皆作"後（后）领旨于法真言下"。"後"与"従"形近而误。

投子颙禅师法嗣

寿州资寿灌禅师

上堂，良久曰："便恁么散去，已是葛藤。更若喃喃，有何所益？"以拂子击禅床，下座。

西京白马崇寿江禅师

僧问："知师久蕴囊中宝，今日开堂略借看。"师曰："不借。"曰：

"为甚么不借?"师曰:"卖金须是买金人。"

邓州香严智月海印禅师

僧问:"法雷已震,选佛场开。不昧宗乘,请师直指。"师曰:"三月三日时,千花万花拆。"曰:"普天匝地承恩力,觉苑仙蕋一夜开。"师曰:"切忌随他去。"乃曰:"判府吏部,此日命山僧开堂祝圣,绍续祖灯。只如祖灯作么生续?不见古者道:'六街钟鼓响冬冬,即处铺金世界中。池长茭荷[1]庭长柏,更将何法演真宗?'怎么说话,也是事不获已。有旁不肯底出来,把山僧拽下禅床,痛打一顿,许伊是个本分衲僧。若未有这个作家手脚,切不得草草匆匆[2]。勘得脚跟下不实,头没去处,却须倒吃香严手中镬柄。莫言不道。"

上堂:"吾家宝藏不悭惜[3],觌面相呈人罕识。辉今耀古体圆时,照地照天光赫赤。荆山美玉奚为贵?合浦明珠[4]比不得。借问谁人敢酬价?波斯鼻孔长三尺。咄!"

【注释】

[1] 茭(jì)荷:指菱叶与荷叶。《楚辞·离骚》:"制茭荷以为衣兮,集芙蓉以为裳。"

[2] 草草匆匆:十分匆忙仓促的样子,随便、了草。

[3] 悭惜:吝惜,吝啬。

[4] 合浦明珠:广西合浦县产的珍珠,又名南珠。素有"东珠不如西珠,西珠不如南珠"之美誉。合浦南珠产于广西沿海,雷洲半岛等地,以广西合浦出产的珍珠为南珠的上乘品,历代皆誉之为"国宝",作为进贡的贡品。

丞相富弼居士

丞相富弼居士,字彦国。由清献公警励之后,不舍昼夜,力进此道。闻颙禅师主投子,法席冠淮甸,往质所疑。会颙为众登座,见其顾视如象王回旋,公微有得,因执弟子礼。趋函丈[1],命侍者请为入室,颙见即曰:"相公已入来,富弼犹在外。"公闻汗流浃背,即大悟,寻以偈寄圆照本曰:"一见颙公悟入深,夤缘传得老师心。东南谩说江山远,目对灵光与妙音。"后奏署颙师号,颙上堂谢语,有曰:"彼一期之误我,亦将错而就错。"公作偈赞曰："万木千花欲向荣，卧龙犹未出沧溟。彤云彩雾呈嘉瑞，依旧南山一色青。"

【注释】

[1] 函丈：亦作"函杖"。《礼记·曲礼上》："若非饮食之客，则布席，席间函丈。"郑玄注："谓讲问之客也。函，犹容也，讲问宜相对容丈，足以指画也。"原谓讲学者与听讲者坐席之间相距一丈。后用以指讲学的坐席。

【概要】

富弼（1004～1083年），宋代居士。字彦国。洛阳（今属河南）人。天圣八年（1030年），举茂才异等，累擢知谏院。庆历三年（1043年），拜枢密副使，与范仲淹一起推行"庆历新政"。至和二年（1055年），召拜同中书门下平章事，无所兴革，唯务守成，时称贤相。英宗即位，召拜枢密使，封郑国公。后因与王安石政见不合求退，出判亳州。闻修颙禅师主投子山，遂前往参谒，言下省悟。又请修颙至府中，日夜参问。晚年居家日诵《楞严经》，素食礼佛。元丰六年（1083年），八十岁时，预期而卒。朝廷追谥"文忠"。著作今存《富郑公诗集》。

【参考文献】

《宋史》卷三一三；《居士分灯录》卷下；《居士传》卷二十一。

甘露宣禅师法嗣

妙湛文照禅师

平江府妙湛寺尼文照禅师，温陵人。

上堂："灵源不动，妙体何依？历历孤明，是谁光彩？若道真如实际，大似好肉剜疮。更作祖意商量，正是迷头认影。老胡四十九年说梦即且止，僧堂里憍陈如上座为你诸人举觉底，还记得么？"良久曰："惜取眉毛好！"

瑞岩居禅师法嗣

台州万年处幽禅师

上堂："先圣行不到处，凡流恰到。凡流既到，先圣莫知。到与不到，知与不知，总置一壁。只如僧问乾峰：'十方薄伽梵，一路涅槃门。未审路头在甚么处？'峰以拄杖画一画曰：'在这里。'且道此老与他先圣凡流，相去几何？南山虎咬石羊儿，须向其中识生死。"

广灵祖禅师法嗣

处州缙云仙岩怀义禅师

僧问："如何是佛？"师曰："自屈作么？"曰："如何是道？"师曰："你道了。"曰："向上更有事也无？"师曰："无。"曰："恁么则小出大遇也。"师曰："只恐不恁么。"曰："也是。"师曰："却恁么去也。"

净因岳禅师法嗣

福州鼓山体淳禅鉴禅师

上堂："由基[1]弓矢，不射田蛙。任氏丝纶[2]，要投溟渤[3]。发则穿杨破的，得则修鲸巨鳌。只箭既入重城，长竿岂钓浅水？而今莫有吞钩啗镞底么？若无，山僧卷起丝纶，拗折弓箭去也。"掷拄杖，下座。

【注释】

[1] 由基：指养由基。嬴姓，养氏，字叔，名由基（一作繇基），春秋时期楚国将领，是中国古代著名的神射手。本是养国人，养国被楚国灭亡后，养由基成为楚国大夫。相传养由基能在百步之外射穿作标记的柳叶，并曾一箭射穿七层铠甲。《战国策·西周策》："楚有养由基者，善射，去柳叶百步而射之，百发百中。"百

发百中、百步穿杨都出自这里。此人号"养一箭"，一箭就足以致胜。

　　[2] 任氏丝纶：丝纶，指钓丝。说的是"任公子钓鱼"的典故，出自《庄子·外物》："任公子为大钩巨缁，五十犗以为饵，蹲乎会稽，投竿东海，旦旦而钓，期年不得鱼。已而大鱼食之，牵巨钩没而下，骛扬而奋鬐，白波若山，海水震荡，声侔鬼神，惮赫千里。任公子得若鱼，离而腊之，自制河以东，苍梧以北，莫不厌若鱼者。"庄子通过这篇寓言告诉人们：有远志的人必须有所舍才能有所大成，要想成就一番大事业，就得胸怀大志，朝着既定的目标一直走下去，持之以恒，狠下功夫，才会到达胜利的彼岸。

　　[3] 溟渤：溟海和渤海。多泛指大海。

乾明觉禅师法嗣

岳州平江长庆应圆禅师

　　上堂："寒气将残春日到，无索泥牛皆踊跳。筑著昆仑鼻孔头，触倒须弥成粪扫[1]。牧童儿，鞭弃了。懒吹无孔笛，拍手呵呵笑。归去来兮归去来，烟霞深处和衣倒。"良久曰："切忌睡著。"

【注释】

　　[1] 粪扫：垃圾。福建方言"粪扫"指垃圾。佛教名词有"粪扫衣"，又名衲衣，乃火烧衣、牛嚼衣、鼠啮衣、死人衣、月水衣等之衣，印度人讳忌，故弃之，因取人家此种弃之不用与拭粪秽物差不多的衣片，洗净之后补纳成衣，故名"粪扫衣"，为十二头陀行之一。粪扫衣之功德，在于使人离贪著。

长芦信禅师法嗣

慧林怀深禅师

　　东京慧林怀深慈受禅师，寿春府夏氏子。生而祥光现舍，文殊坚禅师遥见，疑火也。诘旦[1]，知师始生，往访之。师见坚辄笑，母许出家。十四割爱冠祝发[2]。后四年，访道方外，依净照于嘉禾资圣。照举"良遂见麻谷[3]"因缘，问曰："如何是良遂知处？"师即洞明。

出住资福，屡满户外。

蒋山佛鉴勤禅师行化至，茶退，师引巡寮，至千人街坊，鉴问："既是千人街坊，为甚么只有一人？"师曰："多虚不如少实[4]。"鉴曰："恁么那！"师赧然[5]。偶朝廷以资福为神霄宫[6]，因弃往蒋山，留西庵，陈请益[7]，鉴曰："资福知是般事便休。"师曰："某实未稳，望和尚不外。"鉴举"倩女离魂[8]"话，反覆穷之，大豁疑碍，呈偈曰："只是旧时行履处，等闲举著便诪讹。夜来一阵狂风起，吹落桃花知几多！"鉴拊几曰："这底岂不是活祖师意？"未几，被旨住焦山。

僧问："如何是佛？"师曰："面黄不是真金贴。"曰："如何是佛向上事？"师曰："一箭一莲华。"僧作礼，师弹指三下。

问："知有道不得时如何？"师曰："哑子吃蜜[9]。"曰："道得不知有时如何？"师曰："鹦鹉唤人[10]。"僧礼拜，师叱曰："这传语汉！"

问："甚么人不被无常吞？"师曰："只恐他无下口处。"曰："恁么则一念通玄箭，三尸鬼失奸[11]也。"师曰："汝有一念，定被他吞了。"曰："无一念时如何？"师曰："捉著阇黎。"

上堂："古者道：'忍忍！三世如来从此尽。饶饶！万祸千殃从此消。默默！无上菩提从此得。'"师曰："会得此三种语了，好个不快活汉！山僧只是得人一牛，还人一马。泼水相唾，插嘴厮骂。"卓拄杖曰："平出！平出！"

上堂："云自何山起，风从甚涧生？好个人头处，官路少人行。"

上堂："不是境，亦非心，唤作佛时也陆沉[12]。个中本自无阶级[13]，切忌无阶级处寻。总不寻，过犹深。打破云门饭袋子，方知赤土是黄金。咄！"

【注释】

[1] 诘（jié）旦：平明，清晨。

[2] 祝发：断发、削发出家为僧。

[3] 良遂见麻谷：参见本书第四章"寿州良遂禅师"注释。

[4] 多虚不如少实：又作"多虚少实在"。大量虚妄之言不如少量真实有用之事。指参习佛法，领悟禅理不可过于注意外在的他人的言辞。本书第十五章"云门

文偃禅师"条："若是初心后学，直须摆动精神，莫空记人说处，多虚不如少实，向后只是自赚。"

［5］赧（nǎn）然：惭愧脸红貌。唐代刘禹锡《上杜司徒书》："始赧然以愧，又缺然以栗。"

［6］神霄宫：宋代道观名。宋徽宗政和七年（1117年），令天下州军皆设神霄宫，无道观处则以僧寺改建。宋徽宗崇奉道教，自称"教自道君皇帝"，书写《神霄玉清万寿宫诏》后令汴京神霄宫先刻碑，即后以该碑的拓本颁赐天下摹勒立碑。

［7］留西庵，陈请益：指怀深禅师遂往蒋山，住西庵，向蒋山佛鉴勤禅师请教。旧校本标点有误。不能作一句话，需断句加逗号。

［8］倩女离魂：公案。《无门关·倩女离魂》："五祖问僧云：'倩女离魂，那个是真底？'"倩女离魂本系唐代传说故事，谓天授年间，年轻姑娘倩娘思念恋人王宙，因遭父亲阻碍，郁郁得病，其魂灵离体，与王宙幽会成亲，见《太平广记》卷三五八"王宙"。此公案启发学人明白色身之"我"是虚幻不实的，应当识见本来面目之"我"，亦即真我。丛林多拈提。《续传灯录》卷十八"怀深慈受"条："鉴（指佛鉴勤）曰：'资福知是般事便休。'师曰：'某实未稳，望和尚不外。'鉴举'倩女离魂'话，反复穷之，大豁疑碍。呈偈曰：'只是旧时行履处，等闲举著便诪讹。夜来一阵狂风起，吹落桃花知几多。'"

［9］哑子吃蜜：哑巴吃蜂蜜。比喻事情顺意，口里不说但甜在心里。

［10］鹦鹉唤人：鹦鹉叫人的名字并非真的会叫，鹦鹉学舌的意思。

［11］三尸鬼失奸：三尸，非佛经所出，应机对问，未免随俗，亦一期之言，然所谓三尸者，出道家守庚申事，见《酉阳录》，今据《譬喻经》，失奸鬼者正指海边二鬼也。今言三尸，盖风穴属类之失，如"五顶双眸"之类是也。（摘自《祖庭事苑》）

［12］陆沉：比喻埋没，不为人知。

［13］阶级：修学的等级层次。又菩萨由凡夫到成佛，一共要经过五十二个阶位，即十信、十住、十行、十回向、十地、等觉、妙觉。十信是由十住中的第一发心住内，分开另立的，若将其缩入发心住内，则只有四十二位。

【概要】

怀深禅师（1076~1132年），宋代禅僧。俗姓夏，字慈受，世称"慈受禅师"。六安（今属安徽）人。十四岁剃发。崇宁（1102~1106年）初，于嘉禾（今浙江嘉兴）资圣寺谒崇信，嗣其法，为云门宗传人。后崇信移住长芦寺，命怀深为首座。政和三年（1113年），应仪真郡守之请，住资福寺，学侣僧众云集。朝廷改资福寺为神霄宫，怀深遂往蒋山，住西庵，向蒋山佛鉴勤禅师请教。其后奉敕住焦山、洛阳慧林寺。靖康之难后，经天台至灵隐寺，再入蒋山，数月后退居洞庭包山，又应王氏之请，请住江西思溪圆觉寺为第一祖。五十八岁为众小参，有僧问末后句，禅师说："后五日看。"果然，经五日，微疾而化。有《慈受深和尚广录》四卷行世。

【参考文献】

《嘉泰普灯录》卷九；《续传灯录》卷十八。

光孝如瓌[1]禅师

平江府万寿如瓌证悟禅师，建宁魏氏。

开堂日，僧问："如何是苏台境？"师曰："山横师子秀，水接太湖清。"曰："如何是境中人？"师曰："衣冠[2]皇宋[3]后，礼乐大周前。"

师凡见僧，必问："近日如何？"僧拟对，即拊其背曰："不可思议。"将示寂，众集，复曰："不可思议。"乃合掌而终。

【注释】

[1] 瓌（guī）：同"瑰"。

[2] 衣冠：衣和冠。借指文明礼教。《宋史·胡铨传》："秦桧，大国之相也，反驱衣冠之俗，而为左衽之乡。"

[3] 皇宋：对宋代的美称，"皇皇大宋"的意思。

天衣如哲禅师

越州天衣如哲禅师，族里未详。自退席，寓平江之万寿，饮啖无择，人多侮之。有以"瑞岩唤主人公[1]"话问者，师答以偈曰："瑞岩长唤主人公，突出须弥最上峰。大地掀翻无觅处，笙歌一曲画楼中。"一日曰："吾行矣。"令拂拭所乘笋舆[2]，乃书偈告众曰："道在用处，用在死处。时人只管贪欢乐，不肯学无为。"叙平昔参问[3]，勉众进修已，忽竖起拳曰："诸人且道，这个落在甚么处？"众无对，师挥案一下曰："一齐分付与秋风。"遂入舆，端坐而逝。

【注释】

[1] 瑞岩唤主人公：参见本书第七章"瑞岩师彦禅师"注释。

[2] 筝舆：舆，泛指马车。筝舆就是指竹轿子。

[3] 叙平昔参问：旧校本标点有误。"叙平"不是人名，是追叙平生参问之事，旧校本下画专有名词线有误。

婺州智者法铨禅师

上堂："要扣玄关，须是有节操，极慷慨，斩得钉，截得铁，硬剥剥地[1]汉始得。若是隈刀避箭[2]，碌碌[3]之徒看即有分。"以拂子击禅床，下座。

【注释】

[1] 硬剥剥地：形容物之坚。

[2] 隈（wēi）刀避箭：比喻遇战事退缩不前。隈：隐避的地方，躲避。

[3] 碌碌：平庸的样子。常说碌碌无能、碌碌无为，形容一生平庸，无所作为。

临安府径山智讷妙空禅师

僧问："牛头未见四祖时如何？"师曰："坐久成劳[1]。"曰："见后如何？"师曰："不妨我东行西行。"

【注释】

[1] 坐久成劳：公案。具云香林坐久成劳，托日常之言语动作，而商量天地之本分者。《碧岩集》第二："僧问香林：'如何是祖师西来意？'林云：'坐久成劳。'"盖僧推祖师达磨西来，必有本分之一物，拈起其问；而香林拶面壁九年，定坐久疲劳。巧于言语应对之间，拈弄本分者也。（摘自丁福保《佛学大辞典》）

金山慧禅师法嗣

报恩觉然禅师

常州报恩觉然宝月禅师，越州郑氏子。

上堂："学者无事空言，须求妙悟。去妙悟而事空言，其犹逐臭耳。然虽如是，罕逢穿耳客，多遇刻舟人[1]。"

一日谓众曰："世缘易染，道业难办，汝等勉之。"语卒而逝。

【注释】

[1] 罕逢穿耳客，多遇刻舟人：意谓上等根器、极具悟性者难以遇到。系禅家常语。穿耳客：原指印度僧人，因其多穿耳系环，这里指灵悟者。又作"少逢穿耳客"。刻舟：即指成语"刻舟求剑"的典故含义。

法云白禅师法嗣

智者绍先禅师

婺州智者绍先禅师，潭州人也。

上堂："根尘同源，缚脱无二。不动丝毫，十方游戏。子湖犬子[1]虽狞，争似南山鳖鼻[2]？"遂高声曰："大众！看脚下。"

上堂："团不聚，拨不散，日晒不干，水浸不烂。等闲挂在太虚中，一任傍人冷眼看。"

【注释】

[1] 子湖犬子：参见本书第四章"衢州子湖岩利踪禅师"注释。

[2] 南山鳖鼻：续藏本作"南山鼊鼻"有误，宝祐本作"南山鳖鼻"正确。南山鳖鼻：公案。参见本书第七章"雪峰义存禅师"条："上堂：'南山有一条鳖鼻蛇，汝等诸人切须好看！'长庆出曰：'今日堂中大有人丧身失命。'云门以拄杖撺向师前，作怕势。""鳖鼻"系鳖鼻蛇之简称，隐指险恶峻烈之机锋。后世常拈

提此公案。

沂州马鞍山福圣院仲易禅师

上堂："一二三四五，升堂击法鼓。簇簇齐上来，一一面相睹。秋色满虚庭，秋风动寰宇。更问祖师禅，雪峰到投子。咄！"

东京慧林慧海月印禅师

僧问："师唱谁家曲？宗风嗣阿谁？"师曰："黄金地上玉楼台。"曰："如何是祖师西来意？"师曰："三月洛阳人戴花。"

上堂："黄金地上，具眼者未肯安居。荆棘林中，本分底留伊不得。只如去此二途，作么生是衲僧行履处？"良久曰："举头烟霭里，依约[1]见家山。"

上堂，顾视大众，拍禅床一下，曰："聊表不空。"便下座。

【注释】

[1] 依约：仿佛，隐约。

建隆原禅师

扬州建隆原禅师，姑苏夏氏子。

上堂，拈拄杖曰："买帽相头，依模画样。从他野老自颦眉[1]，志公不是闲和尚。"卓拄杖，下座。

【注释】

[1] 颦眉：皱眉。晋代戴逵《放达为非道论》："是犹美西施而学其颦眉，慕有道而折其巾角。"

保宁英禅师法嗣

广福惟尚禅师

临安府广福院惟尚禅师，初参觉印，问曰："南泉斩猫儿，意旨如何？”印曰：“须是南泉始得。”印以前语诘之，师不能对。至僧堂，忽大悟曰：“古人道：‘从今日去，更不疑天下老和尚舌头。’信有之矣。”述偈呈印，曰：“须是南泉第一机，不知不觉蓦头锥。觌面若无青白眼，还如鹇鹇[1]守空池。”举未绝，印竖拳曰：“正当恁么时作么生？”师掀倒禅床，印遂喝，师曰：“贼过后张弓。”便出。

住广福日，室中问僧：“提起来作么生会？”又曰：“且道是个甚么，要人提起？”

【注释】

[1] 鹇（xián）鹇（xián）：一种鸟。懒庵禅师《颂古二十一首》：“訑訑鸟，守空池。鱼从脚底过，訑訑总不知。”参见本书第二十章“福州西禅懒庵鼎需禅师”注释。

雪窦法宁禅师

明州雪窦法宁禅师，衢州杜氏子。

上堂：“百川异流，以海为极。森罗万象，以空为极。四圣六凡，以佛为极。明眼衲子，以拄杖子为极。且道拄杖子以何为极？有人道得，山僧两手分付。傥或未然，不如闲倚禅床畔，留与儿孙指路头。”

开先珣禅师法嗣

庐州延昌熙咏禅师

僧问：“少林面壁，意旨如何？”师曰：“惭惶杀人。”

庐州开先宗禅师

上堂：“一不做，二不休。捩转鼻孔，捺下云头。禾山解打盐官鼓，僧繇不写戴嵩牛[1]。庐陵米，投子油，雪峰依旧辊双球。夜来风送衡阳信，寒雁一声霜月幽。”

【注释】

[1] 戴嵩牛：指“戴嵩画牛”典故。苏轼《东坡志林》：“蜀中有杜处士，好

书画，所宝以百数。有戴嵩《牛》一轴，尤所爱，锦囊玉轴，常以自随。一日曝书画，有一牧童见之，拊掌大笑曰：'此画斗牛也？牛斗力在角，尾搐入两股间，今乃掉尾而斗，谬矣！'处士笑而然之。古语有云：'耕当问奴，织当问婢。'不可改也。"这个故事说明，不管多么高明的画家，他的作品也不能脱离生活实践。戴嵩虽然是大画家，但他的作品出自书斋，脱离了生活，被放牛娃耻笑也是理所当然了。

甘露颙禅师法嗣

扬州光孝元禅师

僧问："如何是和尚家风？"师曰："七颠八倒。"曰："忽遇客来，如何祇待？"师曰："生铁蒺藜劈口堼[1]。"

【注释】

[1] 堼（zhú）：①塞，《玉篇·土部》："堼，塞也。"此处即此含义。②同"筑"。捣土使坚实。

雪窦荣禅师法嗣

福州雪峰大智禅师

僧问："如何是祖师西来意？"师衔拂柄示之，僧曰："此是香严底，和尚又作么生？"师便喝，僧大笑，师叱曰："这野狐精。"

元丰满禅师法嗣

雪峰宗演禅师

福州雪峰宗演圆觉禅师，恩州人也。

僧问："不慕诸圣、不重己灵时如何？"师曰："款出囚口。"曰：

"便怎么会去时如何？"师曰："换手槌胸。"

问："如何是大善知识心？"师曰："十字街头片瓦子。"

辞众日，僧问："如何是临岐一句？"师曰："有马骑马，无马步行。"曰："途中事作么生？"师曰："贱避贵。"

上堂："遣迷求悟，不知迷是悟之钳锤[1]。爱圣憎凡，不知凡是圣之炉鞲[2]。只如'圣凡双泯、迷悟俱忘'一句作么生道？半夜彩霞笼玉像，天明峰顶五云遮。"

【注释】

[1] 钳锤：钳者以铁束物之谓，称铁铗之类，锤谓铁锤。冶工以钳铗赤热铁，以锤锻炼之于铁床上，喻师家接得僧众，使其器成者。《大慧普觉语录》"鼓山宗逮"条所谓："故一味本分以钳锤似之，后来自在打发别处，大法既明，向所受过底钳锤，得一时受用。"《碧岩录》"普照序"所谓："秉烹佛锻祖之钳锤，颂出衲僧向上之巴鼻。"是也。（摘自丁福保《佛学大辞典》）

[2] 炉鞲（bài）：火炉与风囊，炼铁设备，喻指将僧人造就成法器的禅家法会。鞲：鼓风吹火、使火旺烈的皮革囊袋。《密庵语录》："入寺，上堂。僧问：'华藏海中张巨网，惯打鲲鲸；凌霄峰顶握钳锤，陶铸佛祖。而今炉鞲既开，一锤便就时如何？'"又："大炉鞲中，千炼万炼。"

卫州王大夫

卫州王大夫，遗其名。以丧偶厌世相，遂参元丰，于言下知归。丰一日谓曰："子乃今之陆亘[1]也。"公便掩耳。既而回坛山之阳，缚茅自处者三载，偶歌曰："坛山里，日何长？青松岭，白云乡，吟鸟啼猿作道场。散发采薇歌又笑，从教人道野夫狂。"

【注释】

[1] 陆亘（764～834年）：吴郡吴县（今江苏苏州）人，曾历任兖州、蔡州、虢州、越州、宣州刺史，享年七十一岁，追赠礼部尚书。南泉禅师晚年在池州传法的时候，与陆亘的关系非常密切。陆亘曾迎请南泉禅师入宣州治所供养、亲近、问法。在南泉禅师的不断点拨下，陆亘后来得以悟明心性。

育王振禅师法嗣

明州岳林真禅师

上堂："古人道：'初秋夏末，合有责情三十棒。'岳林则不然，灵山会上，世尊拈华，迦叶微笑，正当恁么时，好与三十棒。何故？如此太平时节，强起干戈，教人吹大法螺，击大法鼓。举步则金莲蹀躞[1]，端居则宝座巍峨。梵王引之于前，香花缭绕；帝释随之于后，龙象骈罗。致令后代儿孙，递相仿斅[2]。三三两两，皆言出格风标。劫劫波波[3]，未肯归家稳坐。鼓唇摇舌，宛如钟磬笙竽。奋臂点胸，何啻稻麻竹苇？更逞游山玩水，拨草瞻风。人前说得石点头，天上飞来花扑地，也好与三十棒。且道坐夏赏劳，如何酬奖？"良久曰："万宝功成何厚薄，千钧价重自低昂。"

【注释】

［1］蹀（xiè）躞（dié）：小步行走貌。

［2］仿斅（xiào）：模仿。

［3］劫劫波波：劫劫者，汲汲不息也；波波者，奔波流浪也。《类书纂要》九曰："波吒，劳苦也。劳碌奔波也。"《丛林盛事》下曰："我波波吒吒出岭来。"《六祖坛经》曰："离道别觅道，终身不见道，波波度一生，到头还自懊。"参见本书"波吒"注释。

招提湛禅师法嗣

秀州华亭观音和尚

僧问："如何是佛？"师曰："半夜乌龟火里行。"曰："意作么生？"师曰："虚空无背面。"僧礼拜，师便打。

第五节　青原下十四世

净慈明禅师法嗣

净慈象禅师

临安府净慈象禅师，越州山阴人也。

上堂："古者道：'一翳在眼，空花乱坠。'"拈拄杖曰："净慈拈起拄杖，岂不是一翳在眼？百千诸佛总在拄杖头，现丈六紫磨金色之身。乘其国土，游历十方。说一切法，度一切众。岂不是空花乱坠？即今莫有向拄杖未拈已前坐断得么？出来与净慈相见。如无，切忌向空本无花、眼本无翳处著到。"乃掷拄杖，下座。

福州雪峰隆禅师

上堂："一不成，二不是。口吃饭，鼻出气。休云北斗藏身，说甚南山鳖鼻？家财运出任交关，劝君莫竞锥头利。"

长芦和禅师法嗣

甘露达珠禅师

镇江府甘露达珠禅师，福州人。

上堂："圣贤不分，古今惟一。可谓火就燥，水流湿。凿井而饮，耕田而食。大众！东村王老去不归，纷纷黄叶空狼籍。"

临安府灵隐惠淳圆智禅师

上堂："吾心似秋月，碧潭清皎洁[1]。"乃喝曰："寒山子话堕了也。

诸禅德！皎洁无尘，岂中秋之月可比？虚明^[2]绝待^[3]，非照世之珠可伦。独露乾坤，光吞万象，普天匝地，耀古腾今。且道是个甚么？"良久曰："此夜一轮满，清光何处无！"

【注释】

[1] 吾心似秋月，碧潭清皎洁：出自《寒山子诗集》："吾心似秋月，碧潭清皎洁。无物堪比伦，教我如何说？"

[2] 虚明：从文学境界来说，常指空明、清澈明亮，如晋代陶潜《辛丑岁七月赴假还江陵夜行涂口》："凉风起将夕，夜景湛虚明。"从修行人的境界来说，特别是从佛教境界来说，则重在内心清虚纯洁，没有一丝妄念，可与《心经》"五蕴皆空"类似。如宋代苏辙《赠石台问长老二绝》之二："蒲团布衲一绳床，心地虚明睡自亡。"又，虚明妄想者，即受阴也。谓诸众生，欲想登高，足先酸涩，违顺二相，损益现驰，是则受阴无体，虚有所明。经云：汝今现前，顺益违损，二现驱驰，名为虚明第二妄想。

[3] 绝待：绝诸对待。对待是两方对立的意思，如黑白、大小、善恶等。绝待是真如平等，无法可得，故绝诸对待，简称绝待。与"绝对"同义。

雪峰慧禅师法嗣

净慈道昌禅师

临安府净慈月堂道昌佛行禅师，湖州宝溪吴氏。

僧问："大用现前，不存轨则时如何？"师曰："张家兄弟太无良。"曰："恁么则一切处皆是去也。"师曰："莫唐突人好！"

问："心生则法生，心灭则法灭。只如心法双忘时，生灭在甚么处？"师曰："左手得来右手用。"

问："如何是从上宗门中事？"师曰："一亩地。"曰："便恁么会时如何？"师曰："埋没不少。"

问："如何是诸佛本源？"师曰："屋头问路。"曰："向上还有事也无？"师曰："月下抛砖。"

上堂："未透祖师关，千难与万难。既透祖师关，千难与万难。未透时难即且置，既透了因甚么却难？放下笊篱[1]虽得价，动他杓柄也无端。"

上堂："与我相似，共你无缘。打翻药铫[2]，倾出炉烟。还丹一粒分明在，流落人间是几年。咄！"

上堂："雁过长空，影沉寒水。雁无遗踪之意，水无留影之心。若能如是，正好买草鞋行脚。所以道：'动则影现，觉则冰生，不动不觉，正在死水里。'荐福老人出头不得即且置，育王今日又作么生？向道莫行山下路，果闻猿叫断肠声。"

岁旦，上堂，举拂子曰："岁朝把笔，万事皆吉。忽有个汉出来道：'和尚，这个是三家村里保正[3]书门底，为甚么将来华王座上当作宗乘？'只向他道：'牛进千头，马入百疋[4]。'"

【注释】

[1] 笊（zhào）篱（li）：用竹篾或铁丝、柳条编成蛛网状供捞物沥水的器具。

[2] 铫（diào）：煮开水熬东西用的器具，如铫子（煎药或烧水用的器具）、沙铫、药铫等。

[3] 保正：宋王安石推行保甲法，规定五百家设都保正一人，副都保正一人，下有大保长、保长，分别掌管户口治安、训练壮勇等事。后世沿其法，因泛称保长等为保正。保正起于宋代，终结于新中国成立后。

[4] 疋：同"匹"。

【概要】

道昌禅师，宋代禅僧。俗姓吴，号月堂。宝溪（今属浙江）人。六岁投鹿苑证门下，十三岁剃发，谒道场山妙湛思慧。游历参访后，从学于净慈寺妙湛。绍兴（1131～1162 年）初入闽，住持大吉寺、龟山，又主蒋山、径山、灵隐等名刹。乾道二年（1166 年），入净慈寺。赐号"佛行禅师"。

【参考文献】

《联灯会要》卷二十九；《续传灯录》卷二十四；《嘉泰普灯录》卷十二。

径山了一禅师

临安府径山照堂了一禅师，明州人。

上堂："参玄之士，触境遇缘。不能直下透脱者，盖为业识深重，情妄胶固。六门未息，一处不通；绝点纯清，含生难到。直须入林不动草，入水不动波，始可顺生死流，入人世间。诸人要会么？"以拄杖画曰："只向这里荐取。"

镇江府金山了心禅师

上堂："佛之一字孰云无？木马泥牛满道途。倚遍栏干春色晚，海风吹断碧珊瑚。还有同声相应、同气相求者么？百鸟不来楼阁闭，只闻夜雨滴芭蕉。"

香严月禅师法嗣

香严如璧禅师

邓州香严倚松如璧禅师，抚州饶氏子。

上堂："变化密移何太急，刹那念念一呼吸。八万四千方便门，且道何门不可入？入不入，晓来雨打芭蕉湿。殷勤更问个中人，门外堂堂相对立。"

闻啄木鸟鸣，说偈曰："剥剥剥，里面有虫外面啄。多少茫茫瞌睡人，顶后一锥犹未觉？若不觉，更听山僧剥剥剥。"

慧林深禅师法嗣

灵隐慧光禅师

临安府灵隐寂室慧光禅师，钱塘夏侯氏。

僧问："飞来山色示清净法身，合涧溪声演广长舌相。正当恁么时，如何是云门一曲？"师曰："芭蕉叶上三更雨。"曰："一句全提超佛祖，满筵朱紫尽知音。"师曰："逢人不得错举。"

上堂："不用求真，何须息见？倒骑牛兮入佛殿。羌笛一声天地空，不知谁识瞿昙面。"

台州国清愚谷妙印禅师

上堂："满口道得底，为甚么不知有[1]？十分知有底，为甚么满口道不得？且道诮讹在甚么处？若也知得，许你照用同时，明闇俱了。其或未然，道得道不得，知有不知有，南山石大虫，解作师子吼。"

【注释】

[1] 知有：知道，不要理解为"知道有"，就是知道的意思。"有"为助词。

台州国清垂慈普绍禅师

上堂："灵云悟桃花，玄沙傍不肯。多少痴禅和，担雪去填井[1]？今春花又开，此意谁能领？端的少人知，花落春风静。"

【注释】

[1] 担雪去填井：挑易溶之雪，企图填平水井，比喻不合情理、愚蠢徒劳的言行。《密庵语录》："说到行不到，好肉剜疮。行到说不到，扶篱摸壁。行说俱到，石笋抽条。行说俱不到，担雪填井。"本书第十二章"净因继成"条："上堂，举汾阳拈拄杖示众曰：'三世诸佛在这里，为汝诸人无孔窍，遂走向山僧拄杖里去，强生节目。'师曰：'汾阳与么示徒，大似担雪填井，傍若无人。山僧今日为汝诸人出气。'"

泉州九座慧邃禅师

上堂："九座今日向孤峰绝顶驾一只铁船，截断天下人要津，教他挥篙动棹不得。有个锦标子，且道在甚么人手里？"拈拄杖曰："看！看！向道是龙刚不信，等闲夺得始惊人。"

报恩然禅师法嗣

秀州资圣元祖禅师

僧问："紫金莲捧千轮足，白玉毫辉万德身。如何是佛？"师曰："拖枪带甲。"曰："贯花千偈虽殊品，标月还归理一如。如何是法？"师曰："元丰[1]条，绍兴[2]令。"曰："林下雅为方外客，人间堪作火中莲。如何是僧？"师曰："披席把碗。"

【注释】

[1] 元丰：宋神宗年号（1078～1085年），共八年。

[2] 绍兴：宋高宗年号（1131～1162年），共三十一年。

慧林海禅师法嗣

万杉寿坚禅师

庐山万杉寿坚禅师，相州人。

岁旦，上堂："有一人不拜岁，不迎新，寒暑不能侵其体，圣凡不能混其迹。从来鼻孔辽天，谁管多年历日？大众！且道此人即今在甚么处？"卓拄杖曰："咄咄咄！没处去。"

开先宗禅师法嗣

黄檗惟初禅师

瑞州黄檗惟初禅师，常州蔡氏子。

上堂："我见宗大哥，平生槁默危坐，所谓朽木形骸，未尝口角诇诇[1]，将佛祖言教以当门庭。只要当人歇得十成[2]，自然不向这壳漏子[3]上著到。"有僧问："既不向这壳漏子上著到，未审如何保任？"师曰："无你用心处。"曰："和尚岂无方便？"师曰："镞[4]饼既无汁，压沙那有油[5]？"

【注释】

[1] 诇（náo）诇：争辩，论辩。引申为喧闹嘈杂。《庄子·至乐》："彼唯人言之恶闻，奚以夫诇诇为乎！"

[2] 只要当人歇得十成：旧校本标点有误，参见项楚《五灯会元点校献疑续补一百例》。

　　[3] 壳漏子：又作可漏子。可壳唐音相近，故假用。壳者卵之皮甲，漏者漏泄污物之义，子者指物之语，此譬人之身体也。

　　[4] 鏊（ào）：同"鏊"。一种铁制的烙饼的炊具，平面圆形，中间稍凸。

　　[5] 压沙那有油：类似"钻冰取火"，压榨沙子不可能得到油。比喻白费力气，徒劳无功。

潭州岳麓海禅师

　　僧问："进前三步时如何？"师曰："撞头磕额。"曰："退后三步时如何？"师曰："堕坑落堑。"曰："不进不退时如何？"师曰："立地死汉。"

雪峰演禅师法嗣

西禅慧舜禅师

　　福州西禅慧舜禅师，真定府人。

　　上堂："五日一参，三八普说。千说万说，横说竖说，忽有个汉出来道：'说即不无，争奈三门头两个不肯？'山僧即向他道：'瞎汉！若不得他两个，西禅大似不遇知音。'"

第六节　青原下十五世

雪窦明禅师法嗣

密州耆[1]山宁禅师

　　上堂："有时孤峰顶上啸月眠云，有时大洋海中翻波走浪，有时十字街头七穿八穴[2]。诸人还相委悉么？樟树花开盛，芭蕉叶最多。"

【注释】

[1] 耆（qí）：宝祐本原刻带有"山"字偏旁。

[2] 七穿八穴：形容悟道透彻明白，运用通畅无碍。穴：穿透。《嘉泰普灯录》卷二五"别峰印"条："宗门下无有不管底法，无有不透底事，问著便要七穿八穴，不问一点也瞒他不得，此是本分参学人分上事。"本书第十七章"宝华普鉴"条："其或见谛不真，影像仿佛，寻言逐句，受人指呼，驴年得快活去！不如屏净尘缘，竖起脊梁骨，著些精彩，究教七穿八穴，百了千当。向水边林下长养圣胎，亦不枉人天供养。"亦作"七穴八穿"。（摘自《禅宗大词典》）

净慈昌禅师法嗣

五云悟禅师

临安府五云悟禅师，苕溪人也。

上堂："月堂老汉道：'行不见行，是个甚么？坐不见坐，是个甚么？著衣时不见著衣，是个甚么？吃饭时不见吃饭，是个甚么？'山僧虽与他同床打睡，要且各自做梦。何故？行见行，坐见坐，著衣时见著衣，吃饭时见吃饭，无有不见底道理，亦无个是甚么？诸人且道，老汉底是，五云底是？"拈拄杖，卓一下，曰："桃红李白蔷薇紫，问著春风总不知。"

灵隐光禅师法嗣

中竺元妙禅师

临安府中竺痴禅元妙禅师，婺州王氏。

僧问："如何是截断众流句？"师曰："佛祖开口无分。"曰："如何是函盖乾坤句？"师曰："匝地普天。"曰："如何是随波逐浪句？"师曰："有时入荒草，有时上孤峰。"

上堂："黄昏鸡报晓，半夜日头明。惊起雪师子，瞠开红眼睛。"

上堂："去年梅，今岁柳，颜色馨香。"喝一喝，良久曰："若不得这一喝，几乎道著依旧。且道道著后如何？眼睛突出。"

圆觉昙禅师法嗣

抚州灵岩圆日禅师

上堂："悟无不悟，得无不得，九年面壁空劳力。三脚驴儿跳上天，泥牛入海无踪迹。为甚如此？九九八十一。"

岳麓海禅师法嗣

荆门军玉泉思达禅师

僧问："如何是一印印空？"师曰："万象收归古鉴[1]中。"曰："如何是一印印水？"师曰："秋蟾[2]影落千红里。"曰："如何是一印印泥？"师曰："细观文彩未生时。"

【注释】

[1] 古鉴：古镜，古代铜镜。
[2] 秋蟾：秋月。唐代姚合《秋夜月中登天坛》："秋蟾流异彩，斋洁上坛行。"

第七节　青原下十六世

中竺妙禅师法嗣

光孝深禅师

温州光孝已[1]庵深禅师，本郡人也。

上堂曰：　"龙生龙，凤生凤，老鼠养儿沿[2]屋栋。达磨大师不会禅[3]，历魏游梁干打閧[4]。"

上堂："一九二九，相逢不出手。三九二十七，篱头吹觱栗[5]。翻忆小释迦，双手抱屈膝。知不知，实不实，摩诃般若波罗蜜。"

上堂："维摩默然，普贤广说，历代圣人互呈丑拙。君不见，落花三月子规啼，一声声是一点血。"

上堂："风萧萧，叶飘飘。云片片，水茫茫。江干[6]独立向谁说？天外飞鸿三两行。"

【注释】

[1] 已：续藏本作"巳"，宝祐本作"已"。

[2] 沿（yán）：同"沿"。

[3] 达磨大师不会禅：旧校本校勘有误，作"达么？大师不会禅"。

[4] 閧（hòng）：古同"哄"，喧闹。

[5] 三九二十七，篱头吹觱（bì）栗（bì）：三九，农历冬至后的第三个九天，俗称三九天。这里指头九至三九。篱头，篱笆上。觱栗，汉代由西域传入的管乐器。三九天，寒风吹过篱笆，声如觱栗。指三九天寒风凛冽，声如觱栗。参见本书第十二章"汾州太子院道一禅师"注释。

[6] 江干：江边，江岸。

第十七章　南岳下十一世
——南岳下十三世（上）（临济宗）

生缘有语人皆识，水母何曾离得虾？但见日头东畔上，谁能更吃赵州茶？（黄龙慧南禅师）

第一节　南岳下十一世

石霜圆禅师法嗣

黄龙慧南禅师

隆兴府黄龙慧南禅师，信州章氏子。依泐潭澄禅师，分座[1]接物[2]，名振诸方。偶同云峰悦禅师游西山，夜话云门法道，峰曰："澄公虽是云门之后，法道异矣。"师诘其所以异，峰曰："云门如九转丹砂[3]，点铁成金。澄公药汞银[4]徒可玩，入锻则流去。"师怒，以枕投之。明日，峰谢过，又曰："云门气宇如王，甘死语下乎？澄公有法授人，死语也！死语，其能活人乎？"即背去，师挽之曰："若如是，则谁可汝意？"峰曰："石霜圆手段出诸方，子宜见之，不可后也。"

师默计之曰："悦师翠岩，使我见石霜，于悦何有[5]哉？"即造石霜。中途闻慈明[6]不事事，忽丛林，遂登衡岳，乃谒福严贤，贤命掌书记[7]。俄贤卒，郡守以慈明补之。既至，目其贬剥诸方，件件数为邪解，师为之气索[8]，遂造其室。

明曰："书记领徒游方，借使有疑，可坐而商略。"师哀恳愈切，明曰："公学云门禅，必善其旨。如云放洞山三顿棒，是有吃棒分、无吃棒分？"师曰："有吃棒分。"明色庄曰："从朝至暮，鹊噪鸦鸣，皆应吃棒。"明即端坐，受师炷香作礼。明复问："赵州道：'台山婆子，我为汝勘破了也。'且那里是他勘破婆子处？"师汗下不能加答。次日又诣，明诟骂不已。师曰："骂岂慈悲法施邪？"明曰："你作骂会那！"师于言下大悟，作颂曰："杰出丛林是赵州，老婆勘破有来由。而今四海清如镜，行人莫与路为雠[9]。"呈慈明，明领之。

后开法同安。初受请日，泐潭遣僧来审师提唱之语，有曰："智海无性，因觉妄而成凡。觉妄元虚，即凡心而见佛。便尔休去，将谓同安无折合[10]，随汝颠倒所欲？南斗七，北斗八。"僧归，举似澄，澄不怪[11]。自是㴌潭旧好绝矣。

问："侬家自有同风事[12]，如何是同风事？"师良久，僧曰："恁么则起动和尚去也。"师曰："灵利人难得！"僧礼拜。

示众曰："江南之地，春寒秋热。近日已来，滴水滴冻。"僧问："滴水滴冻时如何？"师曰："未是衲僧分上事。"曰："如何是衲僧分上事？"师曰："滴水滴冻。"

问："牛头未见四祖时，为甚么百鸟衔花献？"师曰："钉根桑树，阔角水牛。"曰："见后为甚么不衔花？"师曰："裩[13]无裆，裤无口。"

问："无为无事人，犹是金锁难[14]。未审过在甚么处？"师曰："一字入公门，九牛曳不出[15]。"曰："学人未晓，乞师方便。"师曰："大庾岭头，笑却成哭。"

问："一不去，二不住，请师道。"师曰："高祖殿前樊哙怒。"曰："恁么则今日得遇和尚也。"师曰："仰面看天不见天。"

问："德山棒，临济喝，直至如今，少人拈掇。请师拈掇。"师曰："千钧之弩，不为鼷鼠而发机[16]。"曰："作家宗师，今朝有在。"师便喝，僧礼拜，师曰："五湖衲子，一锡禅人，未到同安，不妨疑著。"

上堂："横吞巨海，倒卓须弥。衲僧面前，也是寻常茶饭。行脚人须是荆棘林[17]内坐大道场，向和泥合水[18]处认取本来面目。且作么生见得？"遂拈拄杖曰："直饶见得，未免山僧拄杖。"

上堂："圣凡情尽，体露真常。"拈起拂子曰："拂子踔跳上三十三天，搉[19]脱帝释鼻孔。驴唇先生[20]拊掌大笑道：'尽十方世界觅个识好恶底人，万中无一。'"击禅床，下座。

上堂："说妙谈玄，乃太平之奸贼。行棒行喝，为乱世之英雄。英雄奸贼，棒喝玄妙，皆为长物，黄檗门下总用不著。且道黄檗门下寻常用个甚么？"喝一喝。

上堂："撞钟钟鸣，击鼓鼓响。大众殷勤问讯，同安端然合掌。这个是世法，那个是佛法？咄！"

上堂："有一人朝看《华严》，暮观《般若》，昼夜精勤，无有暂暇。

有一人不参禅，不论义，把个破席日里睡。于是二人同到黄龙，一人有为，一人无为，安下那一个即是？"良久曰："功德天、黑暗女，有智主人，二俱不受。"

上堂："心王不妄动，六国一时通。罢拈三尺剑，休弄一张弓。"击禅床，下座。

上堂："道远乎哉？触事而真。圣远乎哉？体之即神。"乃拈拄杖曰："道之与圣，总在归宗拄杖头上。汝等诸人，何不识取？若也识得，十方刹土不行而至，百千三昧无作而成。若也未识，有寒暑兮促君寿，有鬼神兮妒君福。"

上堂："半夜捉乌鸡，惊起梵王睡。毗岚[21]风忽起，吹倒须弥山。官路无人行，私酒多人吃。当此之时，临济、德山开得口，张得眼，有棒有喝用不得。汝等诸人各自寻取祖业契书，莫认驴鞍桥作阿爷下颔[22]。"

上堂，举："大珠和尚道：'身口意清净，是名佛出世；身口意不净，是名佛灭度也。'好个消息！古人一期方便，与你诸人讨[23]个入路。既得个入路，又须得个出路。登山须到顶，入海须到底。登山不到顶，不知宇宙之宽广；入海不到底，不知沧溟之浅深。既知宽广，又知浅深，一踏踏翻四大海，一搊搊倒须弥山。撒手到家人不识，鹊噪鸦鸣柏树间。"

上堂："千般说，万般喻，只要教君早回去。去何处？"良久曰："夜来风起满庭香，吹落桃花三五树。"

因化主归，上堂："世间有五种不易：一化者不易，二施者不易，三变生为熟者不易，四端坐吃者不易。更有一种不易，是甚么人？"良久云："瞢[24]？"便下座。

（时翠岩真为首座，藏主问云："适来和尚道第五种不易，是甚么人？"真曰："脑后见腮，莫与往来。"）

上堂，拈拄杖曰："横拈倒用，拨开弥勒眼睛；明去暗来，敲落祖师鼻孔。当是时也，目连鹙子饮气吞声，临济、德山呵呵大笑。且道笑个甚么？咄！"

师室中常问僧曰："人人尽有生缘，上座生缘在何处？"正当问答交锋，却复伸手曰："我手何似佛手？"又问诸方参请，宗师所得[25]，却复垂脚曰："我脚何似驴脚？"三十余年示此三问，学者莫有契其旨。脱有酬者，师未尝可否。丛林目之为"黄龙三关"。

师自颂曰：

"生缘有语人皆识，水母何曾离得虾？但见日头东畔上，谁能更吃赵州茶？"

"我手佛手兼举，禅人直下荐取。不动干戈道出，当处超佛越祖。"

"我脚驴脚并行，步步踏著无生。会得云收日卷，方知此道纵横。"

总颂曰：

"生缘断处伸驴脚，驴脚伸时佛手开。为报五湖参学者，三关一一透将来。"

熙宁己酉三月十六日，四祖演长老通嗣法书[26]。上堂："山僧才轻德薄，岂堪人师？盖不昧本心，不欺诸圣。未免生死，今免生死。未出轮回，今出轮回。未得解脱，今得解脱。未得自在，今得自在。所以，大觉世尊于然灯佛所无一法可得，六祖夜半于黄梅又传个甚？"乃说偈曰："得不得，传不传，归根得旨复何言？忆得首山曾漏泄，新妇骑驴阿家牵。"翌日午时，端坐示寂。阇维，得五色舍利。塔于前山。谥"普觉禅师"。

【注释】

[1] 分座：寺院中的首座或其他得道禅僧，由住持僧推举，代替住持僧为大众说法称为"分座"。《禅林僧宝传》卷二四"仰山伟"条："首座已分座授道，又老师所赏识，昧心罔众，他人犹不可为，乃甘自破坏乎？"本书第十九章"育王端裕"条："侍悟（指圆悟）居天宁，命掌记室。寻分座，道声蔼著。"亦作"分坐"，"分半座"。（摘自《禅宗大词典》）

[2] 接物：禅师接引学人。作为普通词语理解为与人交往，如待人接物。作为佛教词语则指禅师接引或开示后学开悟，达到普度众生的目的，故常说"接物利生""接物度生"。

[3] 九转丹砂：道教语。九转丹砂为一种成仙的最佳之药。据《抱朴子·内篇·金丹卷四》，烧炼丹砂有九转说。转数越多烧炼成的药就越好，药力足即早成仙。此处禅师借来比喻"云门法道"功效神奇，可以点铁成金，转迷为悟。

[4] 汞银：指水银。汞是闪亮的银白色重质液体，也是在常温、常压下唯一以液态形式存在的金属。《史记·秦始皇本纪》："以水银为百川江河大海，机相灌

输。"晋代葛洪《抱朴子·金丹》："凡草木烧之即烬，而丹砂烧之成水银，积变又还成丹砂。"

[5] 何有：用于反诘询问，相当于"有什么关系""有什么困难""有什么好处""有什么妨碍"等。

[6] 慈明：即石霜，名楚圆，字慈明，往潭州石霜山。

[7] 书记：禅林之书写记录僧。

[8] 气索：勇气丧失，精神沮丧。

[9] 雠（chóu）：同"仇"。

[10] 无折合：谓做事没了结，没有合适的结果。《如净语录》卷下："过去诸如来，斯门已败缺。现在诸菩萨，今各无折合。未来修学人，切忌颠倒走。"《续传灯录》卷二二"黄龙如晓"条："又曰：'白云风卷，宇宙豁清。月印长天，形分众水。若恁么散去，便道山僧无折合。更或歌风咏月，又成起浪生风。正当恁么时，如何即是？'良久曰：'幽鸟不嫌山势阔，鱼龙争厌碧潭深。'"亦作"没折合"。（摘自《禅宗大词典》）

[11] 不怿（yì）：不悦，不欢愉，不高兴。

[12] 同风事：指领悟禅法之事。得道者超越情识分别，悟心不异，故称。《祖堂集》卷一二"荷玉"条："师有颂曰：'好心相待人少悉，开门来去何了期。不如达取同风事，我自修行我自知。'"

[13] 裈（kūn）：同"裈"，古代称裤子。

[14] 无为无事人，犹是金锁难：参见本书第八章"福州永隆院明慧瀛禅师"注释。

[15] 一字入公门，九牛曳不出：亦作"一字入公门，九牛车不出"。本谓衙门中文案词句难以更改，转喻参禅若纠缠文字言句，则极难成功。《续传灯录》卷三一"应庵昙华"条："参禅人切忌错用心。悟明见性是错用心，成佛作祖是错用心。看经讲教是错用心，行住坐卧是错用心。吃粥吃饭是错用心，屙屎送尿是错用心。一动一静、一往一来是错用心。更有一处错用心，归宗不敢与诸人说破。何故？一字入公门，九牛车不出。"（车，"拖"的意思）

[16] 千钧之弩，不为鼷鼠而发机：参见本书第十一章"汝州西院思明禅师"注释。

[17] 荆棘林：喻指缠缚真性、障碍悟道的种种情识知见。亦作"荆棘丛林""荆棘"。

[18] 和泥合水：指用言语等方式启发、接引学人。从禅宗不立文字语言、要求当下省悟的角度来看，这并非高明的传授方式，只是随宜通融，应机接物，使中

下根器者易于接受而已。如本书第二十章"开善道谦禅师"条："放一线道，十方刹海，放光动地。是则是，争奈和泥合水！"亦作"合水和泥"。

［19］搊（chōu）：执持，抓。宝祐本作"捆"，同"搊"。

［20］驴唇先生：同"驴唇马嘴"。对禅僧不明心地却夸夸其谈的讥斥语。

［21］毗岚：梵语。译曰"迅猛风"。暴风名。《慧苑音义》上曰："毗蓝风，正云吠蓝婆。吠者散也，蓝婆者所至也。曰：'此风所至之处，悉皆散坏也。'又云：'毗者不也，蓝婆者迟也。'谓此风行最极迅急也。旧翻为迅猛风是也。"

［22］莫认驴鞍桥作阿爷下颔：莫错认驴鞍桥是先父的遗骨。驴鞍桥：禅林用语，又作驴鞍轿。指驴骨中形状酷似马鞍之骨。鞍桥：即指马鞍；其形状颇似桥，故有此称。驴鞍桥虽似马鞍，而实非真马鞍，然有愚痴之子，误以驴鞍桥为其父之遗骨，故禅林中每以之比喻愚昧、不辨真假法义之情形。参见本书第十一章"谷隐蕴聪禅师"注释。

［23］讨：续藏本作"计"，有误。

［24］聻：这个疑问助词"聻"单独在这里，应是禅师上句话反问的延续。上文说："更有一种不易，是甚么人？"然后禅师说话开始停顿，良久云："聻？"这个过程，说明这个"聻"实际上与上文构成完整的句子就是"是甚么人聻？"旧校本标点有误，没有弄清"聻"。

［25］又问诸方参请，宗师所得：旧校本标点有误，参见项楚《五灯会元点校献疑续补一百例》。

［26］四祖演长老通嗣法书：指四祖寺住持法演禅师写信给黄龙禅师。四祖寺：位于湖北省黄梅县城西十五千米四祖山上。唐武德七年（624年），四祖道信至此山，构筑庵室，称为"正觉寺"。道信住此寺三十年，致力于弘扬宗风。通嗣：继续，继承人。此处指法演禅师是黄龙慧南禅师的继承人。法演禅师：南岳下十三世，黄龙慧南禅师法嗣，宋临济宗僧。桂州人也，受业本州永宁寺。少年受具，壮岁游方。湘楚丛林，江淮禅席，所至知识，无不异待。道契南师，他游遂息。一住四祖三十余年，行解坚密，人天景仰。参见本章"四祖法演禅师"注释。

【概要】

慧南禅师（1002～1069年），宋代临济宗禅僧。信州玉山（今属江西）人，俗姓章，北宋慈明的头号弟子。十一岁出家，十九岁受戒。远游庐山归宗寺，又游栖贤寺，留住三年，渡河南淮水，到湖北三角山。慈明主持衡岳福严寺时，前往拜谒，得其心印。移住归宗寺，因火警被禁刑狱；释后到黄檗山，结庵于溪山。出世于江西南昌黄龙山，大展宗风，弘扬"触事即真"的禅法，世称"黄龙慧南"，开创临济宗黄龙派。寂后谥"普觉"，故又称"普觉禅师"。弟子众多，其中祖心一系经日本僧人明庵、荣西传入日本，创立日本临济宗。

流传后世有《黄龙慧南禅师语录》一卷，又称《普觉禅师语录》。宋代黄龙慧南著，惠泉编集。辑录黄龙慧南的语要、偈颂。首为黄龙初住同安崇胜禅院的上堂语十一条，以下依次为迁住归宗寺语录十三条、筠州黄檗山法语十四条、黄龙山语录十四条，后有偈颂四十首。语要中亦收录药山、怀让、希迁、云门、大颠、严阳、临济、德山、镜清、渤潭、永嘉、庞居士、大珠等古德之机语。收入《续藏经》《大正藏》。

又有《黄龙慧南禅师语录续补》。宋代黄龙慧南撰，日本京都建仁寺两足院高峰东晙编。作者从《联灯会要》《嘉泰普灯录》《续古尊宿语要》《禅门拈颂集》《永平广录》《无示介谌禅师语录》等书中，集录黄龙慧南语要五十余条，又从《嘉泰普灯录》《五灯会元》《林间录》《云卧纪谭》诸书中，集录十二首偈颂，编成此书。收入《大正藏》。

【参考文献】

《嘉泰普灯录》卷三；《联灯会要》卷十三；《五灯严统》卷十七；《指月录》卷二十五。

【拓展阅读】

三关与顿渐

（摘自南怀瑾《禅海蠡测》第五章）

宗门之徒，约有三说：一谓先修后悟；二谓修悟同时；三谓悟后起修。第一说者：主不做工夫，不依教奉行，纵有所悟，皆是狂见，工夫到处，大悟自易。第二说者：主说得一尺，不如行得一寸，即行即悟，事至理圆，方为稳当。第三说者：主《楞严》所谓："生因识有，灭从色除。理则顿悟，乘悟并销，事非顿除，因次第尽。"五祖所谓："不悟本性，修法无益。"凡此三说，各主一理。如欲发心求悟，自然已入薰修之林，即入门矣，渐渐薰习，必有所益，渐至"开佛知见"，日久工深，一旦豁然，了了无物；然后不修而修，修而不修，乃"入佛知见"。到得此时，若欲不修，自不能已也。故曰："不异旧时人，只异旧时行履处。"当人到此自知，必于其平常心行习气上，痛下针砭，自知转处。从朝到暮，自夜达旦，"宴坐水月道场，修习空花万行。降伏镜里魔军，大作梦中佛事。"三说虽异，通途是一，根器各异，自知适应，何有立说差途，反生诤论哉！或谓此即三关之旨耶？

曰：未敢妄下断语也！

三关之说，起于何时何人，未经考定。百丈诸师各有三句，反复盘诘学人，难过其关也。然犹未如后世立工用见地之合一，定为三关者。又黄龙南禅师，室中常问僧曰：人人尽有生缘，上座生缘在何处？正当问答交锋，却复伸手曰：我手何似佛手？又问诸方参请宗师所得，却复垂脚曰：我脚何似驴脚？三十余年，示此三问，学者莫能契旨，天下丛林，目为三关。脱有酬者，师无可否，敛目危坐，人莫测其意。南州潘兴嗣，尝问其故？师曰：已过关者，掉臂迳去，安知有关吏，从关吏问可否，此未透关者也。师自颂曰："生缘有语人皆识，水母何尝离得虾。但见日头东边上，谁能更吃赵州茶。我手佛手兼举，禅人直下荐取。不动干戈道出，当处超佛越祖。我脚驴脚并行，步步踏着无生。直待云开日现，方知此道纵横。"总颂曰："生缘断处伸驴脚，驴脚伸时佛手开。为报五湖参学者，三关一一透将来。"高峰妙禅师室中垂问学人，常设六则，人称为高峰六关。中峰亦有三关之说。此皆祖师方便权巧，设置机关也。

后世之言三关者，立"破参"为初关，复有"重关"，及末后"牢关"之次序。等而之下，杜撰禅和，却立"山海关""雁门关"等巧名。禅门倒却，粪著佛头，直笑脱明眼人牙白矣！有曰：山海、雁门等关名，乃祖源禅师所立，岂有错谬？呜呼！是何言哉！人情通病有三：重难而轻易，重死而轻生，重远而轻近。故于古德一言，不问精粗，一味吞咽。祖源禅师，既为古德，错讹处亦是妙法乎？源师乃鼓山禅德，著作刻板在闽中者有之。如《万法归心录》，确亦善品。度师见处，不至有此种谬误也。若谓此乃孤本，流传日本，辗转由高丽取还，安知非人伪托哉！日人善于伪托，况又经翻版，钝刀割锦，指鹿为马，诚为不经之误，无稽之谈。以此论正法眼藏，信有未可也！

三关之名虽立，而三关之实，各无定论。有曰：未得破参，确信有此一事，或先能认得这个，所谓主人公禅者，曰："知有"，或曰："有省"。破本参后，见得空性，意识不起，分别不行，"见山不是山，见水不是水"，是谓"初关"。由空性起用，识得妙有，"见山还是山，见水还是水"，是谓"重关"。人法皆空，顿超佛地，是名末后"牢关"。又曰："初关"乃破第六意识。"重关"乃破第七末那识（我执），人空之境也。末后"牢关"方破第八阿赖耶识，人法双空矣。又曰破"初关"乃菩萨登初地（欢喜地）。破"重关"，乃至八地（不动地）。破末后"牢关"，方超十地（法云地）。是则不谙教理，未悉菩萨道福智二严之理也。雍正于三关之说，自立一格，然非的论。有例于天台宗之三止三观，以有、空、中为三关之别，误矣。盖证得中观正见时，以禅宗观之，适破本参耳。向后大有事在。古德有言："向上一路，密不通风。"又曰："末后一句，始到牢关，把断要津，不通凡圣。"不知后贤之步步破关者，从何着力也！岂不闻"一簇破三关，犹是箭后路"乎？始作此说者，或有功于修行，或有过于宗门，诚难衡论。依三关之说，定宗门阶梯，则禅宗自称为直指人心、见性成佛、圆顿之教者，又何所据？由破"初参"而至末后"牢关"，方是见性，则为有定则之渐法耳，何有于顿哉！

"黄龙三关"的影响
（摘自《人乘》第 24 卷 3 期）

黄龙三关给禅宗带来的影响是巨大而深远的，如果我们注意到慧南以后，仿效或套用三关的人，历宋元明清各代皆不绝如缕这样一个事实，我们便无法否认这一点。慧南传人中，如祖心常举拳头问："唤作拳头则触，不唤作拳头则背，汝唤作什么？"开元子琦问："一人有口道不得姓名为谁？"祖心问："月晦之明，以五色彩着于冥中，令百千万人夜视其色，宁有辨其青黄赤白者么？"隆庆庆闲更是不时变换问语，如："祖师心印，篆作何文？""诸佛本源，深之多少？""十二时中上来下去，开单展钵，此是五蕴败坏之身，那个是清静法身。"等等不一而足。这些问话的一个共同特点就是紧扣禅机，又处处遇上二律背反，与慧南之佛手、驴脚之问在本质上是相通的。

慧南传人以外，如大慧宗杲即化用祖心拳头问而以竹篦子设问："唤作竹篦则触，不唤作竹篦则背，不得下语，不得无语，速道！速道。"天童昙华则往往突然拈起拄杖子曰："唤作拄杖，玉石不分。不唤作拄杖，金石混杂。"这些问话的共同特点即在摆脱任何经典和古则公案的束缚，从日常生活司空见惯的事情发问，且问话不故作深奥，表面看答案则非此即彼，实则二律背反，进退维谷。这与禅家一向以来，喜从经论奥义正面设问（如"如何是祖师西来意？""如何是佛？""如何是和尚家风？"等）有着很大的区别，其随机性、灵活性大大增加。但是，这些问话又无不深含禅机，让一般人无法回答。很明显，是慧南三关促进了丛林对"活语"的运用，此一影响的深刻变化，则是促成了"看话禅"的产生。

我们知道，看话禅的特色是就公案中的一个"话头"进行"活参"。活参的实质，即是围绕"话头"作穷根究底的体悟。说穿了，还是围绕话头，自己设问，自己解问，最后将所有的问题化解在虚幻空寂之中，达到豁然了悟，廓周沙界，三具体性，更无半点凝滞的境界。如高峰原妙的著名话头"万法归一，一归何处？"即是一个典型的例子。看话禅的实际创始人大慧宗杲，更是教人这样活参"狗子无佛性"：不得作有无会，不得作道理会，不得向意根下思量卜度，不得向扬眉瞬目处寻根，下得向语路上作活计，不得扬在无事匣里，下得向举处承当，不得向文字中引证，但向十二时中，四威仪内，时时提撕，时时举觉，狗子还有佛性也无？

很清楚：这是慧南活语设问运用于古则公案的结果。

相对于活语问话的流变来说，一些套用黄龙三关的做法，显然少了一些开创性，但它却是黄龙三关在丛林中深刻影响的极好见证。宝峰真净克文，机锋峻利，辩驳无碍，但他常以三关接人，他的著名弟子泐潭文准即死于"佛手二问之下。他的再传弟于兜率惠照则创立兜率三关。一曰："拨草瞻风，只图见性，即今上人性在何处？二曰："识得自性，方脱生死，眼光落地时，作么生脱？二曰："脱得生死，便知去处，四大分离向甚么处去？"。元初，杨岐派僧人高峰原妙也立三关，一曰："大彻的人，本脱生死，因甚命根不断？"二曰："佛祖公案，只是一个道理，因甚有明与不明？"三曰："大修行人，当遵佛行，因甚不守昆尼？"明朝僧恕中无愠也设瑞岩三关，居然在当时很有影响。

当然，从原妙等人的问话内容来看，大都从佛法理论的某一点而生发开，与慧南从生活日用小事随机设问又有了区别，本来在回避经论言句束缚，追求活泼自由风格以增强禅机，利于解悟的黄龙三关，到这里又回归到经论言句之中去讨生活，寻找羁绊。这不能不让人产生一种佛法江河日下，已呈强弩之末的嗟叹。

第二节　南岳下十二世

黄龙南禅师法嗣

黄龙祖心禅师

隆兴府黄龙祖心宝觉禅师，南雄邬氏子。

参雪峰悦禅师，三年无所得，辞去。悦曰："必往依黄檗南禅师。"师至黄檗，四年不大发明[1]。又辞，再上云峰，会悦谢世，就止石霜。因阅《传灯》，至"僧问多福：'如何是多福一丛竹？'福曰：'一茎两茎斜。'曰：'不会。'福曰：'三茎四茎曲。'"师于此开悟，彻见二师用处。径回黄檗，方展坐具，檗曰："子已入吾室矣。"师踊跃曰："大事本来如是，和尚何得教人看话，百计搜寻？"檗曰："若不教你如此究寻，到无心处自见自肯，即吾埋没汝也。"

住后，僧问："达磨九年面壁，意旨如何？"师曰："身贫无被盖。"曰："莫孤负他先圣也无？"师曰："阇黎见处又作么生？"僧画一圆相，师曰："燕雀不离窠。"僧礼拜，师曰："更深犹自可，午后始愁人。"

问："未登此座时如何？"师曰："一事全无。"曰："登后如何？"师曰："仰面观天不见天。"

上堂："愚人除境不忘心，智者忘心不除境。不知心境本如如，触目遇缘无障碍。"遂举拂子曰："看！拂子走过西天，却来新罗国里。知我者谓我拖泥带水，不知我者赢得一场怪诞[2]。"

上堂："大凡穷生死根源，直须明取自家一片田地，教伊去处分明，然后临机应用，不失其宜。只如锋芒未兆已前，都无是个非个。瞥尔爆动，便有五行金土相生相克。胡来汉现[3]，四姓杂居。各任方隅[4]，是非锋起。致使玄黄不辨，水乳不分，疾在膏肓，难为救疗。若不当阳[5]晓示，穷子无以知归。欲得大用现前，便可顿忘诸见。诸见既尽，昏雾不生。大智洞然，更非他物。珍重！"

上堂，击禅床曰："一尘才举，大地全收。诸人耳在一声中，一声遍在诸人耳。若是摩霄俊鹘，便合乘时；止泺困鱼[6]，徒劳激浪。"

上堂："不与万法为侣[7]，即是无诤三昧。便恁么去，争奈弦急则声促。若能向紫罗帐里撒真珠，未必善因而招恶果。"

上堂："有句无句，如藤倚树，且任诸人点头。及乎树倒藤枯，上无冲天之计，下无入地之谋，灵利汉这里著得一只眼，便见七纵八横[8]。"举拂子曰："看太阳溢目，万里不挂片云。若是覆盆之下，又争怪得老僧？"

上堂："若也单明自己，不悟目前，此人有眼无足。若悟目前，不明自己，此人有足无眼。据此二人，十二时中常有一物蕴在胸中。物既在胸，不安之相常在目前。既在目前，触途成滞，作么生得平稳去？祖不言乎：'执之失度，必入邪路。放之自然，体无去住。'"

上堂："良工未出，玉石不分。巧冶无人，金沙混杂。还有无师自悟底么？出来辨别看。"乃举拂子曰："且道是金是沙？"良久曰："见之不取，思之千里。"

上堂："有时开门待知识，知识不来过。有时把手上高山，高山人不顾。或作败军之将，向阇黎手里拱手归降。或为忿怒那吒，敲骨打髓。正当恁么时，还有同声相应、同气相求底么？有则向百尺竿头，进取一步。如无，少室峰前，一场笑具。"

上堂："心同虚空界，示等虚空法。证得虚空时，无是无非法。便恁么休去，停桡把缆，且向湾里泊船。若据衲僧门下，天地悬隔。且道衲僧门下，有甚长处？榔栗横担不顾人，直入千峰万峰去。"

上堂："一不向，二不开。翻思南岳与天台。堪笑白云无定止，被风吹去又吹来。"

上堂："不是风动，不是幡动，明眼汉谩他一点也不得。仁者心动且缓缓，你向甚处见祖师？"乃掷下拂子，曰："看！"

上堂："过去诸佛已灭，未来诸佛未生。正当现在，佛法委付黄龙。放行则恍恍惚惚，其中有物[9]。把住则杳杳冥冥，其中有精[10]。且道放行即是，把住即是？竿头丝线从君弄，不犯清波意自殊。"

上堂："虎头生角人难措，石火电光须密布。假饶烈士也应难，懵底那能善回互？手擎日月，背负须弥，掷向他方，其中众生不觉不知。其中众生骑驴入诸人眼里，诸人亦不觉不知。会么？将此深心奉尘刹，是则名为报佛恩。"

上堂："一沤[11]未发，古帆未征。风信不来，无人举棹。正当恁么时，水脉如何辨的？君不见，云门老，垂手处，落落清波无透路[12]。又不见，华亭叟，泄天机，夜深空载月明归。莫怪相逢不相识，从教万古漫漫黑。"

上堂："马祖升堂，百丈卷席。后人不善来风，尽道不留朕迹[13]。殊不知桃花浪里正好张帆，七里滩头更堪垂钓。如今必有辨浮沉、识深浅底汉，试出来定当水脉看！如无，且将渔父笛，闲向海边吹。"

上堂："风萧萧兮木叶飞，鸿雁不来音信稀。还乡一曲无人吹，令余拍手空迟疑。"

上堂："镜像或谓有，揽之不盈手。镜像或谓无，分明如俨图[14]。所以取不得，舍不得，不可得中只么得。还会么？不作维摩诘，又似傅大士。"

上堂："夫玄道者，不可以设功得。圣智者，不可以有心知。真谛者，不可以存我会。至功者，不可以营事为[15]。古人一期应病与药则不可。若是丈夫汉，出则经济[16]天下，不出则卷而怀之[17]。尔若一向声和响顺，我则排斥诸方。尔若示现酒肆淫坊，我则孤峰独宿。且道甚处是黄龙为人眼？”

师室中常举拳问僧曰：“唤作拳头则触，不唤作拳头则背[18]。唤作甚么？”

将入灭，命门人黄太史庭坚[19]主后事。荼毗日，邻峰为秉炬，火不续，黄顾师之得法上首死心新禅师曰：“此老师有待于吾兄也。”新以丧拒，黄强之，新执炬召众曰：“不是余殃累及我，弥天罪过不容诛。而今两脚捎空去，不作牛兮定作驴。”以火炬打一圆相曰：“只向这里雪屈。”掷炬，应手而爇。灵骨窆[20]于普觉塔之东。谥“宝觉禅师”。

【注释】

[1] 发明：①揭示，阐明。《云山法会录·为霖禅师说》：“虽五宗接人机用不同，无非发明世尊拈花一著子，直指人心，见性成佛而已。”②省悟，发现。本书第六章“亡名道婆”条：“温州陈道婆，尝遍扣诸方名宿，后于长老山净和尚语下发明。”又，本书第二章“牛头山智岩禅师”条：“师后谒融禅师，发明大事。”谓参学者明心见性，完成了领悟禅法、超脱生死的大事。

[2] 怪诞：离奇荒诞。

[3] 胡来汉现：亦作“胡来胡现，汉来汉现”。胡人来了它就显现胡人的样子，汉人来了它就显现汉人的样子。又作“胡来汉现”。一般形容宝珠或宝镜，以此比喻佛性。禅林谓悟道者随缘任运，平常作为，心如明镜，机用无碍；亦谓按来机之不同，采取不同的应机作略或接引施设。

[4] 方隅（yú）：四方和四隅。借指拘于一偏。如一隅之见，指偏于一方面的见解。

[5] 当阳：①对着阳光。《全唐诗》卷八〇六“寒山诗”条：“当阳拥裘坐，闲读古人诗。”②显露，明白。《景德传灯录》卷二十九“罗汉桂琛”条：“我宗奇特，当阳显赫。佛及众生，皆承恩力。”《惟则语录》卷二：“山河大地，当阳全露法王身；草木丛林，同时尽作师子吼。”又作“当扬”。③当面，当场，当下。《中峰广录》卷四之上《示日本空禅人》：“擘破面门，露出肝胆。当阳举似，亲面相呈。”《碧岩录》卷一“第七则”：“一句下便见，当阳便透。若向句下寻思，卒摸索不著。”又作“当扬”。此处属于第三个含义。

[6] 止泺（pō）困鱼：停留在小湖泊被困住的大鱼。泺，同"泊"，湖泊。

[7] 不与万法为侣：参见本书第四章"襄州居士庞蕴"注释。

[8] 七纵八横：形容领悟禅法明白彻底，运用自在通畅无碍。《嘉泰普灯录》卷二十五"佛鉴勤"条："明眼汉没窠臼，突然地荡荡无依，七纵八横，一切临时，把来便用。"

[9] 恍恍惚惚，其中有物：出自《老子》第二十一章："孔德之容，惟道是从。道之为物，惟恍惟惚。惚兮恍兮，其中有象。恍兮惚兮，其中有物。窈兮冥兮，其中有精。"恍惚：迷离，难以捉摸。王弼注："恍惚无形，不系之叹。"迷茫看不到形状，也没有任何羁绊。这是对"道"不可捉摸的感叹。什么是"物"，它是宇宙刚刚开始的"一"。河上公注："道唯恍惚，其中有一，经营生化，因气立质。"

[10] 杳（yǎo）杳冥冥，其中有精：同上出自《老子》第二十一章，原文作"窈兮冥兮，其中有精"。王弼注："窈，深远，微不可见。冥：暗昧，深不可测。窈、冥，深远之叹，深远不可得而见。然而万物由之，其可得见，以定其真。故曰，窈兮冥兮，其中有精也。"河上公注："道唯窈冥无形，其中有精实，神明相薄（依附），阴阳交会也。"精：隐微奥妙。《吕氏春秋·大乐》："道也者，至精也，不可为形，不可为名，强为之，谓之太一。"这个"精"虽然隐微奥妙，并非就是什么也没有，它可以最微小，又可以最伟大。小而无内，大而无外。

[11] 一沤（òu）：沤者，水泡也。海本澄湛，因风飘鼓，发起水泡。以譬大觉之性，真净明妙，因心妄动，生起虚空世界，虚空世界在大觉性中，如大海中之一沤耳。《楞严经》："空生大觉中，如海一沤发。"本书第六章"木平善道禅师"条："袁州木平山善道禅师初谒洛浦，问：'一沤未发已前，如何辨其水脉？'浦曰：'移舟谙水脉，举棹别波澜。'"

[12] 清波无透路：参见本书第十五章"云门文偃禅师"注释。

[13] 眹（zhèn）迹：指征兆，痕迹。

[14] 俨图：宛如图画分毫不差。俨：宛如，十分像。

[15] 营事为：谋求建立个人功业，有所作为。事为，作为。

[16] 经济：经世济民。

[17] 卷而怀之：出自《论语》："邦有道，则仕；邦无道，则可卷而怀之。"卷而怀之：卷：收；怀：藏。卷而怀之即收藏避祸，亦即"舍之则藏"的意思。这种躲藏不是害怕，而是韬光养晦，洁身自好，出污泥而不染。

[18] 唤作拳头则触，不唤作拳头则背：宋释惠洪《冷斋夜话》曰："宝觉禅师，见学者必举手示之。曰：'唤作拳是触，不唤拳是背。'莫有契之者。丛林谓之

触背关。"触：抵触，违背。"触"，指触犯真谛，因为拳头只是一个相，缘起而性空。称它为拳头，就看不到其性空的一面。"背"，指违背俗谛，世俗认为它就是一个拳头，如果你不称其为拳头，就违俗。禅师的这个问题，莫有契之者，禅林中称为"触背关"。

[19] 黄太史庭坚：指黄庭坚。参见本章"太史黄庭坚居士"。

[20] 窆（biǎn）：下葬。

【概要】

祖心禅师，宋代禅僧。俗姓邬，号晦堂。始兴（今属广东）人。十九岁依龙山寺惠全出家，次年试经得度，住受业院奉持戒律。参文峰文悦，随侍三年。又至黄檗山谒慧南，留侍四年。后依止石霜楚圆。一日阅《传灯录》，读多福禅师之语录而大悟，蒙慧南印证，嗣其法，为临济宗黄龙派传人。性恬退淳厚，博学多识，行持谨严。慧南寂，继其席，居十二年，法门大兴。诏入京师，驸马都尉王诜尽礼迎之，然祖心仅庵居国门之外。晚年移庵深入栈，卒谥"宝觉禅师"。

有《黄龙晦堂心和尚语录》一卷。又作《黄龙晦堂心和尚语录》《黄龙庵主语录》《晦堂和尚语录》。宋代晦堂祖心撰，子和录，仲介重编。辑录祖心的上堂语、室中垂问代答、室中举古、偈颂等。于宋元丰元年（1078 年）刊行，收入《黄龙四家录》卷二。

【参考文献】

《禅林僧宝传》卷二十三；《补续高僧传》卷八。

东林常总禅师

江州东林兴龙寺常总照觉禅师，延平施氏子。久依黄龙，密授大法决旨。出住泐潭，次迁东林，皆符谶记。

僧问："乾坤之内，宇宙之间，中有一宝，秘在形山。如何是宝？"师曰："白月现，黑月隐。"曰："非但闻名，今日亲见。"师曰："且道宝在甚么处？"曰："古殿户开光灿烂，白莲池畔社中人。"师曰："别宝还他碧眼胡。"

又僧出众，提起坐具曰："请师答话。"师曰："放下著。"僧又作展势，师曰："收。"曰："昔年寻剑客，今朝遇作家。"师曰："这里是甚么所在？"僧便喝，师曰："喝老僧那！"僧又喝，师曰："放过又争得！"

便打。

上堂："乾坤大地，常演圆音。日月星辰，每谈实相。翻忆先黄龙道：'秋雨淋漓，连宵彻曙，点点无私，不落别处。'"复云："滴穿汝眼睛，浸烂汝鼻孔。东林则不然，终归大海作波涛。"击禅床，下座。

上堂："老卢不识字，顿明佛意，佛意离文墨故。白兆不识书，圆悟宗乘，宗乘非言诠故。如此老婆心，分明入泥水。今时人犹尚抱桥柱澡洗，把缆放船。"良久曰："争怪得老僧！"

【概要】

常总禅师，宋代禅僧。俗姓施，字照觉。剑州（今四川剑阁）人。十一岁依宝云寺文兆出家，从契思受具足戒。后随黄龙慧南参究二十年，嗣其法，以大兴临济宗风为志，名噪丛林。慧南殁，住泐潭寺，其徒激赏，称之为"马祖再来"。元丰三年（1080 年），敕改庐山东林律寺为禅林，常总奉命驻锡说法，曾与苏轼交游。五年（1082 年），神宗敕主相国寺智海禅院，固辞不受，乃赐紫衣及"广惠禅师"之号。元祐三年（1088 年）赐号"照觉禅师"。嗣法弟子有印乾、行瑛、可仙等十余人。

【参考文献】

《禅林僧宝传》卷二十四；《续传灯录》卷十六。

宝峰克文禅师

隆兴府宝峰克文云庵真净禅师，陕府郑氏子。坐夏大沩，闻僧举："僧问云门：'佛法如水中月，是否？'门曰：'清波无透路。'"师乃领解。往见黄龙不契，却曰："我有好处，这老汉不识我。"遂往香城见顺和尚，顺问："甚处来？"师曰："黄龙来。"曰："黄龙近日有何言句？"师曰："黄龙近日州府委请黄檗长老，龙垂语云：'钟楼上念赞，床脚下种菜。有人下得语契，便往住持。'胜上座云：'猛虎当路坐。'龙遂令去住黄檗。"顺不觉云："胜首座只下得一转语，便得黄檗住，佛法未梦见在。"师于言下大悟，方知黄龙用处。遂回见黄龙，龙问："甚处来？"师曰："特来礼拜和尚。"龙曰："恰值老僧不在。"师曰："向甚么处去？"龙曰："天台普请，南岳游山。"师曰："恁么则学人得自在去也。"龙曰：

"脚下鞋甚处得来？"师曰："庐山七百五十文唱来。"龙曰："何曾得自在？"师指鞋曰："何尝不自在？"龙骇之。

开堂日，拈香祝圣问答罢，乃曰："问话且止，只知问佛问法，殊不知佛法来处。且道从甚么处来？"垂一足曰："昔日黄龙亲行此令，十方诸佛无敢违者；诸代祖师、一切圣贤无敢越者；无量法门、一切妙义、天下老和尚舌头始终一印，无敢异者。无异则且置，印在甚么处？还见么？若见，非僧非俗、无偏无党，一一分付。若不见，而我自收。"遂收足，喝一喝曰："兵随印转，将逐符行[1]。佛手驴脚生缘老，好痛与三十棒[2]。而今会中莫有不甘者么？若有，不妨奇特。若无，新长老谩你诸人去也。故我大觉世尊，昔于摩竭陀国，十二月八日，明星现时，豁然悟道。大地有情，一时成佛。今有释子沙门某，于东震旦[3]国，大宋筠阳城中，六月十三日，赫日现时，又悟个甚么？"以拂子画曰："我不敢轻于汝等，汝等皆当作佛[4]。"

僧问："如何是佛？"师呵呵大笑，僧曰："何哂之有？"师曰："笑你随语生解。"曰："偶然失利。"师喝曰："不得礼拜。"僧便归众，师复笑曰："随语生解。"

问："江西佛手驴脚接人，和尚如何接人？"师曰："鲇鱼上竹竿。"曰："全因今日。"师曰："乌龟入水。"

问："新丰吟，云门曲，举世知音能和续。大众临筵，愿清耳目。"师以右手拍禅床，僧曰："木人拊掌，石女扬眉。"师以左手拍禅床，僧曰："犹是学人疑处。"师曰："何不脚跟下荐取。"僧以坐具一拂，师曰："争奈脚跟下何？"

问："远远驰符命，禅师俯应机。祖令当行也，方便指群迷。"师曰："深。"曰："深意如何？"师曰："浅。"曰："教学人如何领会？"师曰："点。"

问："马祖下尊宿，一个个阿㴞㴞[5]地，唯有归宗老较些子。黄龙下儿孙，一个个硬剥剥地，只有真净老师较些子。学人恁么还扶得也无？"师曰："打叠[6]面前搐搦[7]。"却曰："若不同床睡，焉知被底穿？"师不答，僧曰："这个为上上根人，忽遇中下之流，如何指接？"师亦不答，僧曰："非但和尚憹㤍，学人亦乃一场败缺。"师曰："三十年后悟去在。"

问：“承古有言：‘众生日用而不知。’未审不知个甚么？”师曰：“道。”曰：“忽然知后如何？”师曰：“十万八千。”僧提起坐具，曰：“争奈这个何？”师便喝。

上堂：“天地与我同根，万物与我一体。脚头脚尾，横三竖四。北俱卢洲火发，烧著帝释眉毛。东海龙王忍痛不禁，轰一个霹雳，直得倾湫倒岳，云黯长空。十字街头廖[8]胡子，醉中惊觉起来，拊掌呵呵大笑曰：‘筠阳城中，近来少贼。’”乃拈拄杖曰：“贼！贼！”

上堂：“道泰不传天子令，行人尽唱太平歌[9]。五九四十五，莫有人从怀州来么？若有，不得忘却临江军豆豉。”

上堂：“世尊拈花，迦叶微笑。”拈拄杖曰：“洞山拈起拄杖子，你诸人合作么生？”击香卓，下座。

上堂：“裙无裆，裤无口，头上青灰三五斗，赵州老汉少卖弄。然则国清才子贵，家富小儿骄。其奈禾黍不阳艳，竞栽桃李春。翻令力耕者，半作卖花人。”

上堂：“佛法两字，直是难得人[10]。有底不信自己佛事，唯凭少许古人影响，相似般若，所知境界，定相法门，动即背觉合尘。粘将去，脱不得。或学者来，如印印泥，递相印授。不唯自误，亦乃误他。洞山门下无佛法与人，只有一口剑。凡是来者，一一斩断。使伊性命不存，见闻俱泯。却向父母未生前与伊相见，见伊才向前，便为斩断。然则刚刀虽利，不斩无罪之人。莫有无罪底么？也好与三十拄杖。”

上堂：“洞山门下，要行便行，要坐便坐。钵盂里屙屎，净瓶里吐唾。执法修行，如牛拽磨。”

上堂：“洞山门下，有时和泥合水，有时壁立千仞。你诸方拟向和泥合水处见洞山，洞山且不在和泥合水处。拟向壁立千仞处见洞山，洞山且不在壁立千仞处。拟向一切处见洞山，洞山且不在一切处。你拟不要见洞山，鼻索又在洞山手里。拟瞌睡也，把鼻索一掣，只见眼孔定动，又不相识也。不要你识洞山，但识得自己也得。”

上堂：“汾阳莫妄想，俱胝竖指头。古今佛法事，到此一时休。休休！却忆赵州勘婆子，不风流处也风流。”拈拄杖曰：“为众竭力。”

上堂：“头陀石被莓苔[11]里，掷笔峰遭薜荔[12]缠。罗汉院里一年度三个行者，归宗寺里参退吃茶。"

上堂："师子不食雕残[13]，快鹰不打死兔。放出临济大龙，抽却云门一顾。"拈起拄杖曰："云行雨施，三草二木。"

师崇宁改元十月旦示疾[14]，望[15]乃愈，出道具散诸徒。翌日中夜，沐浴更衣趺坐。众请说法，示偈及遗诫宗门大略，言卒而逝。火葬，焰成五色，白光上腾，烟所至处，皆设利。分骨塔于渤潭、新丰。

【注释】

[1] 兵随印转，将逐符行：谚语，意思是士兵随着命令行动，将军随着兵符行动。符：古时朝廷传达命令或调用兵将所用的凭证。

[2] 佛手驴脚生缘老，好痛与三十棒：旧校本标点有误。"佛手、驴脚、生缘"三问，称为"黄龙三关"，旧校本未弄清，标点打乱了。

[3] 震旦：对于印度等国而言，指中国本部及与中国相邻接之部分地方。

[4] 我不敢轻于汝等，汝等皆当作佛：出自《妙法莲华经·常不轻菩萨品第二十》："众人或以杖木瓦石而打掷之，避走远住，犹高声唱言：'我不敢轻于汝等，汝等皆当作佛。'以其常作是语故，增上慢比丘、比丘尼、优婆塞、优婆夷，号之为'常不轻'。"

[5] 阿㳠㳠：形容禅人不干脆爽利。又作"阿辘辘""㑔㳠㳠"。

[6] 打叠：扫除，收拾。

[7] 搕（kē）撮（zá）：禅林用语。本指粪、粪秽、杂秽，引申为无用而不值一顾之秽物。如禅宗之语录、公案系为导引开悟、打破执着所设之方便机法，故若不知融通无碍，反执着于语录、公案之文字语句，则犹如执取粪秽杂物一般，此即禅林每以"搕撮"戏称语录、公案之故。《云门录》卷上："若是一般掠虚汉，食人脓唾，记得一堆一担搕撮，到处驰骋，驴唇马嘴，夸我解问十转五转话。"（以上摘自《佛光大辞典》）又，《禅宗大词典》"搕撮"条："垃圾。多隐指言句知解，取其污秽、无用之喻义。"

[8] 廖（liào）：此为姓，续藏本作"瘳"有误，本书依宝祐本作"廖"。

[9] 道泰不传天子令，时人尽唱太平歌：国家太平，政通人和，无为而治，既用不着传天子之令，也用不着唱太平歌，因为这一切都是多余的。参见《禅宗颂古联珠通集》卷十："古佛场中不展戈，后人刚地起诪（náo，争辩）讹。道泰不传天子令，时清休唱太平歌。"

[10] 佛法两字，直是难得人：旧校本标点有误，"人"不能放入下句，致使

全段文字理解有误。

[11] 莓苔：青苔。

[12] 薜荔：植物名。又称木莲。常绿藤本，蔓生，叶椭圆形，花极小，隐于花托内。果实富胶汁，可制凉粉，有解暑作用。又，梵语，或译为"薜荔多"，义为饿鬼。此处含义指植物。

[13] 雕残：凋残，死亡。

[14] 师崇宁改元十月旦示疾：旧校本标点有误，参见项楚《五灯会元点校献疑续补一百例》。改元：君主改用新年号纪年。年号以一为元，故称"改元"。

[15] 望：旧历每月十五日（有时为十六日或十七日），地球运行到太阳与月亮之间，当月亮和太阳的黄经相差一百八十度，太阳从西方落下，月亮正好从东方升起之时，地球上看见的月亮最圆满，这种月相叫望。

【概要】

克文禅师，宋代禅僧。俗姓郑，号云庵。陕府（今河南陕县）人。二十五岁随北塔广公出家，通内外学。初参临济宗黄龙慧南不契，又往香城（今陕西朝邑）见顺和尚。顺和尚反问黄龙慧南之言语，克文闻而大省，方知黄龙慧南用意，仍归黄龙慧南处，并嗣其法。高安太守钱戈请住洞山，后迁隆兴（今江西南昌）宝峰。开堂说法，大为精进，又提携天下衲子。法嗣有三十八人，以从悦、文准、慧洪为上首。赐号"真净"。

有《云庵真净禅师语录》六卷，又称《云庵真净禅师语录》《真净大师语录》。宋代真净克文撰，法深、福深编录。集录云庵克文住筠州圣寿寺、洞山、金陵报宁寺、庐山归宗寺、宝峰禅院等处的语录、偈颂，并附录王安石的请疏、苏辙的序。收入《古尊宿语录》卷四十二至卷四十五。另有一种《云庵克文禅师语录》，则收录请疏、行状、祭文、真赞、手帖、跋等，可视为前者的补遗，收入《续藏经》。

【参考文献】

《联灯会要》卷十四；《嘉泰普灯录》卷四；《五灯严统》卷十七；《指月录》卷之二十六。

云居元祐禅师

南康军云居真如院元祐禅师，信州王氏子。

僧问："如何是道林的旨？"师曰："劄。"曰："随流认得性，无喜亦无忧。"师曰："汝皮袋[1]重多少？"曰："高著眼看。"师曰："自领出去。"

问："如何是祖师西来意？"师曰："胡天雪压玉麒麟。"

问："如龟藏六[2]时如何？"师曰："文彩已彰。"曰："争奈处处无踪迹。"师曰："一任拖泥带水。"曰："便与么去时如何？"师曰："果然。"

上堂："过去诸如来，更不再勘。现在诸菩萨，放过即不可。去来修学人，谩他一点不得。所以，教中道：'若人欲了知，三世一切佛，应观法界性，一切惟心造。'虽然如是，云居门下，正是金屑落眼。"

上堂："凡见圣见，春云掣电。真说妄说，空花水月。翻忆长髭见石头[3]，解道红炉一点雪[4]。"击禅床，下座。

上堂："龟毛为箭，兔角为弓。那吒忿怒，射破虚空。虚空扑落，倾湫倒岳[5]。墙壁瓦砾放光明，归依如来大圆觉。"击禅床，下座。

上堂："月色和雪白，松声带露寒。好个真消息，凭君子细看。黄龙先师和身放倒，还有人扶得起么？祖祢[6]不了，殃及儿孙。"击禅床，下座。

上堂："一切声是佛声。"以拂子击禅床曰："梵音深远，令人乐闻。"又曰："一切色是佛色，"乃拈起拂子曰："今佛放光明，助发实相义。已到之者，顶戴奉行。未到之者，应如是知，应如是信。"击禅床下座。

今诸方三塔[7]，师始创也。

【注释】

[1] 皮袋：言人畜之身体。本书一般指人的身体。又称"臭皮囊""皮囊""革囊"，就是皮革制成的袋子，比喻人身。"臭皮囊"这句俗语源于较早译出的《四十二章经》："天神献玉女于佛，欲以试佛意、观佛道。佛言：革囊众秽，尔来何为！以可诳俗，难动六通。去，吾不用尔。天神愈敬佛，因问道意。佛为解释，即得须陀洹（小乘初果）。"佛把天仙美女视为盛满污秽之物的皮袋子，这叫作"不净观"，专用以破除淫欲。明代屠隆《昙花记·超度沉迷》："任他天女，觑为革囊；岂放摩登，毁吾戒体。"即为直用此典。佛教还认为，人身是地水火风"四大"假合而成的，虚幻不实，污秽不净，不值得贪恋，故喻之为"臭皮囊"。

[2] 龟藏六：佛经典故，乃取龟之隐藏头、尾、四足等六处于甲壳内，能免他

物之迫害危难，以之比喻行者应深藏六根而防护之。谓众生之六识由六根门而驰散、攀缘于色、声、香等六尘之境，以致妄想杂起，故应如龟之内藏六根，以防魔害。《杂阿含经》四十三曰："过去世时，有河中草，有龟于中住止。时有野干，饥行觅食。遥见龟虫，疾来捉取。龟虫见来即便藏六，野干守伺，冀出头足，欲取食之。久守龟虫，永不出头，亦不出足。野干饥乏，嗔恚而去。诸比丘汝等，今日亦复如是……尔时世尊，即说偈曰：'龟虫畏野干，藏六于壳内。比丘善摄心，密藏诸觉想。'"（参见本书第十一章"谷隐蕴聪禅师"条）

[3] 长髭见石头：参见本书第五章"潭州长髭旷禅师"注释。

[4] 红炉一点雪：红炉：火势很旺盛的炉子。红炉上不可能有一点雪，这是禅家所谓之"奇特语"。隐指除尽分别情识，明悟真如本性。本书第五章"潭州长髭旷禅师"条："头问：'甚么处来？'曰：'岭南来。'头曰：'大庾岭头一铺功德成就也未？'师曰：'成就久矣，只欠点眼在。'头曰：'莫要点眼么？'师曰：'便请。'头乃垂下一足。师礼拜，头曰：'汝见个甚么道理便礼拜？'师曰：'据某甲所见，如红炉上一点雪。'"《圆悟语录》卷十三："且道，向什么处安身立命？到此须是有生机一路始得。若不如是，尔若道佛则著佛，尔若道祖则著祖。直须红炉一点雪相似始得。"

[5] 倾湫（qiū）倒岳：倾泻而来的大水推倒了山岳，形容巨龙呼风唤雨的力量。湫：或说古水名，或说水池、深潭。此处或解释为大水，或解释为藏在深潭的巨龙倾倒潭水推翻了山岳，都可形容巨龙的力量。

[6] 祖祢（nǐ）：先祖和先父。亦泛指祖先。

[7] 三塔：《佛祖历代通载》卷十九："疾诸方死必塔者，佑曰：'山川有限，僧死无穷，他日塔将无所容。'于是于开山'宏觉塔'之东作卵塔曰：'凡住持者非生身不坏火浴雨舍利者，皆以骨石填于此。'其西又作卵塔曰：'凡僧化皆以骨石填于此。'谓之三塔。"

【概要】

元祐禅师（1030～1095年），俗姓王，信州上饶（今属江西）人。为南岳下十二世，黄龙慧南禅师法嗣。历住道林、玉涧、云居诸寺。哲宗绍圣二年卒，年六十六。

【参考文献】

《禅林僧宝传》卷二十五，《佛祖历代通载》卷十九。

大沩怀秀禅师

潭州大沩怀秀禅师，信州应氏子。

僧问："昔日沩山水牯牛，自从放去绝踪由。今朝幸遇师登座，未审时人何处求？"师曰："不得犯人苗稼。"曰："恁么则头角已分明。"师曰："空把山童赠铁鞭。"

黄檗惟胜禅师

瑞州黄檗惟胜真觉禅师，潼川罗氏子。居讲聚时，偶以扇勒窗棂有声，忽忆教中道："十方俱击鼓，十处一时闻。"因大悟。白本讲，讲令参问，师径往黄龙。后因瑞州太守委龙遴选黄檗主人，龙集众垂语曰："钟楼上念赞，床脚下种菜。若人道得，乃往住持。"师出答曰："猛虎当路坐。"龙大悦，遂令师往。由是诸方宗仰之。

上堂："临济喝，德山棒，留与禅人作模范。归宗磨，雪峰球，此个门庭接上流。若是黄檗即不然，也无喝，也无棒，亦不推磨，亦不辊球。前面是案山，背后是主山。塞却你眼睛，拶破你面门。于此见得，得不退转地。尽未来际，不向他求。若见不得，醍醐上味，翻成毒药。"

上堂："寂兮寥兮，蟾蜍皎皎下空谷。宽兮廓兮，曦光赫赫流四海。曹溪路上，剿绝人行。多子塔前，骈阗[1]如市。直饶这里荐得偍偒分明，未是衲僧活计[2]。大丈夫汉，须是向黑暗狱中敲枷打锁，饿鬼队里放火夺浆。推倒慈氏楼，拆却空王殿。灵苗瑞草和根拔，满地从教荆棘生。"

【注释】

[1] 骈（pián）阗（tián）：亦作"骈田"。聚集一起。

[2] 直饶这里荐得偍（tì）偒（tǎng）分明，未是衲僧活计："偍偒分明"（形容明悟禅法，洞察禅机）乃禅林习语，旧校本中间点开有误。参见任连明、孙祥愉《中华本〈五灯会元〉句读疑误类举》。

祐圣法宣禅师

隆兴府祐圣法宣[1]禅师，潮阳郑氏子。晚见黄龙，深蒙印可。

上堂：“此事如医家验病方，且杂毒满腹，未易攻治，必瞑眩[2]之药，而后可瘳。就令徇意[3]投之，适足狂惑，增其沉痼。求其已病，不亦左乎？法堂前草深，于心无愧。”

【注释】

[1] 宮（jū）：同“居”。

[2] 瞑眩：指用药后而产生的头晕目眩的强烈反应。《书》：“若药不瞑眩，厥疾不瘳。”《尚书》上说：“如果药力不能使病人头晕目眩，那病是治不好的。”瞑眩反应是指人的体质或身体机能由不好转好。

[3] 徇意：顺适心意。

开元子琦禅师

蕲州开元子琦禅师，泉州许氏子。依开元智讷，试经得度。精《楞严》《圆觉》。弃谒翠岩真禅师，问佛法大意，真唾地曰：“这一滴落在甚么处？”师扪膺曰：“学人今日脾疼。”真解颜[1]。

辞参积翠，岁余尽得其道。乘间侍翠，商榷古今。适大雪，翠指曰：“斯可以一致苕帚否？”师曰：“不能。然则天霁日出，云物解驳，岂复有哉？知有底人，于一切言句如破竹，虽百节当迎刃而解，讵[2]容声于拟议乎？”

一日，翠遣僧逆问：“老和尚三关语如何？”师厉声曰：“你理会久远时事作么？”翠闻益奇之，于是名著丛席。

翠殁，四祖演禅师命分座，室中垂语曰：“一人有口，道不得姓字为谁？”后传至东林，总禅师叹曰：“琦首座如铁山万仞，卒难逗他语脉。”

未几以开元为禅林，请师为第一世。

上堂：“虚空无内外，事理有短长。顺则成菩提，逆则成烦恼。灯笼常瞌睡，露柱亦懊恼。大道在目前，更于何处讨？”以拂子击禅床。

上堂：“四面亦无门，十方无壁落。头鬅松[3]，耳卓朔[4]，个个男儿大丈夫，何得无绳而自缚？且道透脱一句作么生道？”良久曰：“踏破草鞋赤脚走。”

僧问：“须弥纳芥子即不问，微尘里转大法轮时如何？”师曰：“一步进一步。”曰：“恁么则朝到西天，暮归唐土。”师曰：“作客不如归家。”

曰：“久向道风，请师相见。”师曰：“云月是同，溪山各异。”

【注释】

[1] 解颜：开颜欢笑。《列子·黄帝》：“自吾之事夫子友若人也……五年之后心庚念是非，口庚言利害。夫子始一解颜而笑。”

[2] 讵（jù）：岂，怎。

[3] 髼（péng）松：亦作“鬅松”。指毛发散乱貌、松散纷乱貌。

[4] 卓朔：直竖。

仰山行伟禅师

袁州仰山行伟禅师，河朔人也。东京大佛寺受具，听习《圆觉》，微有所疑。挈囊游方，专扣祖意。至南禅师法席，六迁星序[1]。一日扣请，寻被喝出。足拟跨门，顿省玄旨。出世仰山，道风大著。

上堂：“大众会么？古今事掩不得，日用事藏不得。既藏掩不得，则日用现前。且问诸人，现前事作么生？参！”

上堂：“大众见么？开眼则普观十方，合眼则包含万有。不开不合，是何模样？还见模样么？久参高德，举处便晓。后进初机，识取模样。莫只管贪睡，睡时眼见个甚么？若道不见，与死人何别？直饶丹青处士，笔头上画出青山绿水、夹竹桃花，只是相似模样。设使石匠锥头，钻出群羊走兽，也只是相似模样。若是真模样，任是处士、石匠，无你下手处。诸人要见，须是著眼始得。”良久曰：“广则一线道[2]，狭则一寸半。”以拂子击禅床。

上堂：“鼓声才动，大众云臻。诸人上观，山僧下觑。上观观个甚么？下觑觑个甚么？”良久曰：“对面不相识。”

上堂：“道不在声色而不离声色。凡一语一默、一动一静、隐显纵横，无非佛事。日用现前，古今凝然，理何差互？”

师自题其像曰：“吾真难邈，斑斑驳驳[3]。拟欲安排，下笔便错。”

示寂，阇维，获五色舍利骨石，栓索勾连。塔于寺之东。

【注释】

[1] 星序：本指官阶位次，此指禅院里面的职位。

[2] 一线道：禅林用语常作"放一线道"或"开一线道"。谓禅法固密难入，禅师以方便法门，放开一线之道，让学人有路可循。系禅家接引学人时的方便法门。

[3] 斑斑驳驳：一种颜色中夹杂有别的颜色，或颜色深浅不一。

福严慈感禅师

南岳福严慈感禅师，潼川杜氏子。

上堂："古佛心，只如今。若不会，苦沈吟。秋雨微微，秋风飒飒。乍此乍彼，若为酬答。沙岸芦花，青黄交杂。禅者何依？"良久曰："劄。"

云盖守智禅师

潭州云盖守智禅师，剑州陈氏子。游方至豫章大宁，时法昌遇禅师韬藏[1]西山，师闻其饱参，即之。昌问曰："汝何所来？"师曰："大宁。"又问："三门夜来倒，汝知么？"师愕然，曰："不知。"昌曰："吴中石佛，大有人不曾得见。"师惘然，即展拜，昌使谒翠岩真禅师。虽久之无省，且不舍寸阴。及谒黄龙于积翠，始尽所疑。

后首众石霜，遂开法道吾，徙云盖。

僧问："有一无弦琴，不是世间木，今朝负上来，请师弹一曲。"师拊膝一下，僧曰："金风飒飒和清韵，请师方便再垂音。"师曰："陕府出铁牛。"

上堂："紧峭离水靴，踏破湖湘月。手把铁蒺藜，打破龙虎穴。翻身倒上树，始见无生灭。却笑老瞿昙，弹指超弥勒。"

上堂："昨日高山看钓鱼，步行骑马失却驴。有人拾得骆驰去，重赏千金一也无。若向这里荐得，不著还草鞋钱。"

上堂，举："赵州问僧：'向甚么处去？'曰：'摘茶去。州曰：'闲。'"师曰："道著不著，何处摸索？背后龙鳞，面前驴脚。翻身筋斗，孤云野鹤。阿呵呵。"

示众："不离当处常湛然，觅即知君不可见。虽然先圣恁么道，且作个模子搭却。若也出不得，只抱得古人底。若也出得，方有少分相应。云盖则不然，骑骏马，绕须弥，过山寻蚁迹，能有几人知？"

师居院之东堂。政和辛卯，死心[2]谢事[3]黄龙，由湖南入山奉觐。日已夕矣，侍僧通谒，师曳履，且行且语曰："将烛来，看其面目何似生？而致名喧宇宙[4]。"死心亦绝叫："把近前来，我要照是真师叔，是假师叔？"师即当胸驱一拳，死心曰："却是真个。"遂作礼，宾主相得欢甚。及死心复领黄龙，至政和甲午示寂时，师住开福得讣。上堂："法门不幸法幢摧，五蕴山中化作灰。昨夜泥牛通一线，黄龙从此入轮回。"

【注释】

[1] 韬（tāo）藏：隐藏。韬，弓或剑的套子。

[2] 死心：禅师名，参见本章"黄龙悟新禅师"注释。

[3] 谢事：辞去担任的差事。

[4] 将烛来，看其面目何似生？而致名喧宇宙：旧校本标点有误。"生"是语气助词，常在句后，旧校本却放在句前作"生而致名喧宇宙"。

福州玄沙合文明慧禅师

僧问："如何是道？"师曰："私通车马。"僧进一步，师曰："官不容针。"

扬州建隆院昭庆禅师

上堂："始见新岁倏忽，早是二月初一。天气和融。拟举个时节因缘与诸人商量，却被帝释梵王在门外柳眼[1]中努出头来，先说偈言：'袅袅[2]扬轻絮，且逐风来去。相次走绵球，休言道我絮。'当时撞著阿修罗，把住云：'任你絮，忽逢西风吹渭水，落叶满长安一句作么生道？'于是帝释缩头入柳眼中。"良久曰："参！"

【注释】

[1] 柳眼：早春初生的柳叶如人睡眼初展，因以为称。唐代元稹《生春》诗之九："何处生春早，春生柳眼中。"

[2] 袅袅：纤长柔美貌。南朝梁代王台卿《陌上桑》诗之四："郁郁陌上桑，袅袅机头丝。"原刻作"裹裹"，音义皆同"袅袅"。

报本慧元禅师

安吉州报本慧元禅师，潮州倪氏子。十九为大僧，遍历丛席。于黄龙三关语下悟入。

住后，僧问："诸佛不出世，达磨不西来，正当恁么时，未审来不来？"师曰："撞著你鼻孔。"

上堂："白云消散，红日东升，仰面看天，低头觑地。东西南北，一任观光。达磨眼睛，斗量不尽。演若何曾认影？善财不往南方。衲僧鼻孔辽天，到此一时穿却。"僧出礼拜，曰："学人有一问，和尚还答否。"师曰："昨日答汝了也。"曰："今日作么生？"师曰："明日来。"

上堂，僧问："诸佛所说法，种种皆方便，是否？"师曰："是。"曰："为甚么'诸法寂灭相，不可以言宣[1]'？"师曰："且莫错会。"僧以坐具一画，师喝曰："'诸法寂灭相，不可以言宣。'今之学者，方见道'不可以言宣'，便拟绝虑忘缘，杜塞视听。如斯见解，未有自在分。诸人要会寂灭相么？出门不见一纤毫，满目白云与青嶂。"

师坐而不卧，余三十年。示寂，塔全身于岘山。

【注释】

[1] 诸法寂灭相，不可以言宣：出自《妙法莲华经·方便品第二》："诸法寂灭相，不可以言宣，以方便力故，为五比丘说。"

隆庆庆闲禅师

吉州仁山隆庆院庆闲禅师，福州卓氏子。母梦胡僧授以明珠，吞之而娠。及生，白光照室。幼不近酒胾[1]。年十一弃俗，十七得度，二十遍参。后谒黄龙于黄檗。

龙问："甚处来？"师曰："百丈。"曰："几时离彼？"师曰："正月十三。"龙曰："脚跟好痛与三十棒[2]。"师曰："非但三十棒。"龙喝曰："许多时行脚，无点气息。"师曰："百千诸佛亦乃如是。"曰："汝与么来，何曾有纤毫到诸佛境界？"师曰："诸佛未必到庆闲境界。"

龙问："如何是汝生缘处？"师曰："早晨吃白粥，如今又觉饥。"问："我手何似佛手？"师曰："月下弄琵琶。"问："我脚何似驴脚？"师曰：

"鹭鸶立雪非同色。"龙嗟咨而视曰："汝剃除须发，当为何事?"师曰："只要无事。"曰："与么则数声清磬是非外，一个闲人天地间也。"师曰："是何言欤?"曰："灵利衲子。"师曰："也不消得。"龙曰："此间有辩上座者，汝著精彩。"师曰："他有甚长处?"曰："他扪汝背一下又如何?"师曰："作甚么?"曰："他展两手。"师曰："甚处学这虚头来?"龙大笑。师却展两手，龙喝之。

又问："懵懵[3]松松，两人共一碗作么生会?"师曰："百杂碎。"曰："尽大地是个须弥山，撮来掌中，汝又作么生会?"师曰："两重公案。"曰："这里从汝胡言汉语[4]，若到同安，如何过得?"（时英邵武在同安作首座，师欲往见之）师曰："渠也须到这个田地始得。"曰："忽被渠指火炉曰：'这个是黑漆火炉，那个是黑漆香卓? 甚处是不到处?'"师曰："庆闲面前，且从恁么说话，若是别人，笑和尚去。"龙拍一拍，师便喝。

明日，同看僧堂，曰："好僧堂!"师曰："极好工夫。"曰："好在甚处?"师曰："一梁挂一柱。"曰："此未是好处。"师曰："和尚又作么生?"龙以手指曰："这柱得与么圆? 那枋得与么匾?"师曰："人天大善知识，须是和尚始得。"即趋去。

明日，侍立，龙问："得坐披衣，向后如何施设?"师曰："遇方即方，遇圆即圆。"曰："汝与么说话，犹带唇齿在。"师曰："庆闲即与么，和尚作么生?"曰："近前来，为汝说。"师扪掌曰："二十年用底，今朝捉败[5]。"龙大笑曰："一等是精灵。"师拂袖而去。

由是学者争归之，庐陵太守张公鉴请居隆庆。

僧问："铺席新开，不可放过。"师曰："记取话头。"曰："请师高著眼。"师曰："蹉过了也。"

室中垂问曰："祖师心印，篆作何文? 诸佛本源，深之多少?"又曰："十二时中，上来下去，开单展钵，此是五蕴败坏之身，那个是清净法身?"又曰："不用指东画西，实地上道将一句来。"又曰："十二时中，著衣吃饭，承甚么人恩力?"又曰："鱼行水浊，鸟飞毛落。亮座主[6]一入西山，为甚么杳无消息?"

师居隆庆未期年，锺陵太守王公韶请居龙泉，不逾年以病求去。庐陵道俗，舟载而归，居隆庆之东堂，事之益笃。元丰四年三月七日，将示寂，遗偈曰："露质浮世，奄质浮灭。五十三岁，六七八月。南岳天台，松风涧雪。珍重知音，红炉优钵。"泊然坐逝。俾画工就写其真，首忽自举，次日仍平视。阇维日，云起风作，飞瓦折木，烟气所至，东西南北四十里，凡草木沙砾之间，皆得舍利如金色，计其所获几数斛。

阅世五十五，坐夏三十六。初，苏子由[7]欲为作记，而疑其事，方卧痁[8]，梦有呵者曰："闲师事何疑哉？疑即病矣。"子由梦中作数百言，其铭略曰："稽首三界尊，闲师不止此。悯世狭劣故，聊示其小者。"子由其知言哉！

【注释】

[1] 截（zì）：切成大块的肉。

[2] 脚跟好痛与三十棒：旧校本标点有误，中间不能点断。参见本章"宝峰克文禅师"条"佛手驴脚生缘老，好痛与三十棒"注释。

[3] 憹（lǒng）：与"恢"连在一起，其词义为凶狠难以制服或多恶之意。

[4] 胡言汉语：胡言乱语。《嘉泰普灯录》卷二五"真净文"条："见我怎么胡言汉语，便好近前蓦口搯，拽下倚子，掷向三门外。"

[5] 捉败：挫败，受挫。《圆悟语录》卷四："僧问：'祖师门下，水泄不通。明眼人前，固难启口。未审和尚如何为人？'师云：'无孔铁锤当面掷。'进云：'剑阁路虽险，夜行人更多。'师云：'捉败这汉。'"

[6] 亮座主：参见本书第三章"亮座主"注释。

[7] 苏子由（1039～1112年）：即苏辙，与父亲苏洵、兄长苏轼齐名，合称"三苏"。北宋时期官员、文学家，"唐宋八大家"之一。

[8] 卧痁（shān）：卧病。痁：疟病，泛指疫病。

舒州三祖山法宗禅师

僧问："如何是佛？"师曰："吃盐添得渴。"问："如何是道？"师曰："十里双牌，五里单堠[1]。"曰："如何是道中人？"师曰："少避长，贱避贵。"

问："如何是善知识所为底心？"师曰："十字街头一片砖。"曰："如何是十字街头一片砖？"师曰："不知。"曰："既不知，却恁么说？"师曰："无人踏著。"

上堂："五五二十五，时人尽解数。倒拈第二筹，茫茫者无据。为甚么无据？爱他一缕，失却一端[2]。"

上堂："明晃晃，活鱍鱍[3]，十方世界一毫末。抛向面前知不知，莫向意根上拈掇。"拍一拍。

上堂："架梯可以攀高，虽升而不能达河汉[4]。铸锹可以掘凿，虽利而不能到风轮[5]。其器者费功，其谋者益妄。不如归家坐，免使走尘壤。大众！那个是尘壤祖佛禅道？"

【注释】

[1] 堠（hòu）：古代记里程或分界的土坛。《北史·韦孝宽传》："先是，路侧一里置一土堠，经雨颓毁，每须修之。自孝宽临州，乃勒部内，当堠处植槐树代之。既免修复，行旅又得庇荫。"

[2] 为甚么无据？爱他一缕，失却一端：旧校本标点有误。句末不是问号，问号在"为甚么无据"后。

[3] 鱍（bō）鱍：鲜活貌。

[4] 河汉：指银河。《古诗十九首·迢迢牵牛星》："河汉清且浅，相去复几许？"旧校本标点有误，"河汉"下不能有专有名词线。

[5] 风轮：世界之最底部。世界之成必先立于虚空之上，称为空轮，依此空轮而上生风轮、水轮、金轮，合称四轮，四轮之上乃有九山八海。风轮其广无数，厚有十六亿逾缮那。称之为轮，乃取其形横圆、其体坚密之义。

泐潭洪英禅师

隆兴府泐潭洪英禅师，邵武陈氏子。幼颖迈，一目五行。长弃儒得度，访道曹山，依雅禅师。久之，辞登云居，睹[1]其胜绝，殆终于此山。因阅《华严十明论》，乃证宗要。即诣黄檗南禅师席，檗与语达旦，曰："荷担大法，尽在尔躬厚自爱[2]。"所至议论夺席。晚游西山，与胜首座栖双岭，后开法石门。久之迁泐潭。

僧问："逢场作戏时如何？"师曰："红炉爆出铁乌龟。"曰："当轩布鼓师亲击，百尺竿头事若何？"师曰："山僧不作这活计。"僧拟议，师曰："不唧𠺕[3]汉。"又僧礼拜起，便垂下袈裟角，曰："脱衣卸甲时如何？"师曰："喜得狼烟息，弓弰[4]壁上悬。"僧却揽上袈裟，曰："重整衣甲时如何？"师曰："不到乌江畔，知君未肯休。"僧便喝，师曰："惊杀我！"僧拍一拍，师曰："也是死中得活。"僧礼拜，师曰："将谓是收燕破赵之才，元来是贩私盐贼。"

问："临济栽松即不问，百丈开田事若何？"师曰："深著锄头。"曰："古人犹在。"师曰："更添锄头。"僧礼拜，师扣禅床一下，乃曰："问也无穷，答也无尽。问答去来，于道转远。何故？况为此事，直饶棒头荐得，不是丈夫；喝下承当，未为达士。那堪更向言中取则？句里驰求语路尖新、机锋捷疾。如斯见解，尽是埋没宗旨，玷污先贤。于吾祖道，何曾梦见？只如我佛如来，临般涅槃，乃云：'吾有正法眼藏，涅槃妙心，付嘱摩诃大迦叶。'迦叶遂付阿难，暨商那和修、优波鞠多，诸祖相继。至于达磨西来，直指人心，见性成佛，不立文字语言，岂不是先圣方便之道？自是当人不信，却自迷头认影，奔逐狂途，致使玲瑓[5]流浪生死。诸禅德！若能一念回光返照到自己脚跟下，褫剥[6]究竟将来，可谓洞门豁开，楼阁重重，十方普现，海会齐彰。便乃凡圣贤愚，山河大地，以海印三昧，一印印定，更无纤毫透漏。山僧如是举唱，若是众中有本色衲僧闻之，实谓掩耳而归，笑破他口。大众且道，本色衲僧门下一句作么生道？"良久曰："天际雪埋千尺石，洞门冻折数株松。"

上堂："释迦老子，当时一手指天，一手指地，云：'天上天下，唯我独尊。'释迦老子，旁若无人。当时若遇个明眼衲僧，直教他上天无路，入地无门。然虽如是，也须是铜沙锣里满盛油始得。"

上堂，顾视大众曰："青山重叠叠，绿水响潺潺。"遂拈拄杖曰："未到悬崖处，抬头子细看。"卓一下。

上堂："宝峰高士罕曾到，岩前雪压枯松倒。岭前岭后野猿啼，一条古路清风扫。禅德！虽然如是，且道山僧拄杖长多少？"遂拈起曰："长者随长使，短者随短用。"卓一下。

上堂，顾视大众曰："石门竞崄[7]铁关牢，举目重重万仞高。无角铁牛冲得破，毗卢海内作波涛。且道不涉波涛一句作么生道？"良久曰："一句不遑无著问[8]，迄今犹作野盘僧[9]。"

师因知事纷争，止之不可，乃谓众曰："领众不肃，正坐无德，吾有愧黄龙。"叙行脚始末，曰[10]："吾灭后火化，以骨石藏普同塔，明生死不离清众也。"言卒而逝。

【注释】

[1] 睠（juàn）：同"眷"。垂爱，依恋。

[2] 尽在尔躬厚自爱：旧校本标点为"尽在尔躬，厚自爱"有误。"躬厚"出自《论语》："躬自厚而薄责于人，则远怨矣。"这句话的意思是，多责备自己，少责备别人，就可以化解怨恨了。

[3] 不唧（jī）𠺕（liū）：①不中用，没出息。《云门广录》卷下："因普请般（搬）米了，坐次云：'近日不唧𠺕，只担得一斗米，不如快脱去。'"本书第二十章"荐福悟本"条："这一队不唧𠺕汉，无端将祖父田园私地结契，各至四至界分，方圆长短，一时花擘了也。致令后代儿孙，千载之下，上无片瓦盖头，下无卓锥之地。"②不机灵，不敏捷。《明觉语录》卷一："相逢不拈出，举意便知有，早是不唧𠺕汉。更乱蹋步向前，实谓苦屈。"《中峰广录》卷四之上"示日本空禅人"："棒头领旨，喝下明宗，已是第一等不唧𠺕底钝汉。"此处为第二个含义。

[4] 弓弰（shāo）：亦作"弓梢"。弓的两端末梢，此处借指弓。

[5] 岭（líng）娉（píng）：孤单貌。《法华经·信解品》："此是我子，我之所生，于某城中，舍吾逃走，岭娉辛苦五十余年。"

[6] 褫（chǐ）剥：犹剥夺。褫剥究竟将来，指得到最彻底的解脱。

[7] 竸（xī）岭：险要。

[8] 一句不遑无著问：无著禅师一句话没有来得及问，指无著禅师遇见文殊菩萨的事，参见本书第九章"无著文喜禅师"注释。

[9] 野盘僧：奔走四方而无闲暇之村野僧。或指露宿山野之行脚僧。野盘者，盘旋草野之意。

[10] 叙行脚始末，曰：旧校本作"叙《行脚始末》曰"有误。"叙行脚始末"是追述自己一生行脚的经历，"曰"则是临终告别语。

【概要】

洪英禅师（1012～1070年），宋代临济宗黄龙派僧。福建邵武人，俗姓陈。世称"英邵武"。幼颖慧，读书一目数行，敏记不忘。出家后，阅《华严十明论》，悟入宗要。闻黄龙慧南于黄檗山积翠寺宣说法要，遂前往依止，慧南一见倾心，与语达旦。其后并入室嗣法。后游西山，住于双岭。熙宁二年（1069年），慧南示寂，乃于渤潭寺（江西）开法，世称渤潭洪英。熙宁三年六月入寂，世寿五十九，法腊四十三。撰有《泐潭英禅师语要》一卷传世。

【参考文献】

《续传灯录》卷十二；《联灯会要》卷十四。

保宁圆玑禅师

金陵保宁寺圆玑禅师，福州林氏子。

僧问："生死到来，如何回避？"师曰："堂中瞌睡，寮里抽解。"曰："便恁么时如何？"师曰："须知有转身一路。"曰："如何是转身一路？"师曰："倾出你脑髓，拽脱你鼻孔。"曰："便从今日无疑去也。"师曰："作么生会？"曰："但知行好事，不用问前程。"师曰："须是恁么。"

上堂："道源不远，性海非遥。但向己求，莫从他觅。古人与么说话，大似认奴作郎[1]，指鹿为马。若是翠岩即不然，也不向己求，亦不从他觅。何故？双眉本来自横，鼻孔本来自直。直饶说得天花乱坠，顽石点头，算来多虚不如少实。且道如何是少实底事？"良久曰："冬瓜直儱侗，瓠子曲弯弯[2]。"

上堂："春雨微微，百事皆宜。禾苗发秀，蔬菜得时。阿难如合掌，迦叶亦攒眉。直饶灵山会上，拈花微笑，算来犹涉离微[3]。争似三家村里，老翁深耕浅种，各知其时。有事当面便说，谁管瞬目扬眉[4]？更有一般奇特事，末后一著更须知。"击拂子下座。

上堂："广寻文义，镜里求形。息念观空，水中捉月。单传心印，特地多端。德山、临济枉用工夫，石巩、子湖翻成特地。若是保宁总不恁么，但自随缘饮啄，一切寻常，深遁白云，甘为无学之者。敢问诸人，保宁毕竟将何报答四恩三有[5]？"良久曰："愁人莫向愁人说，说向愁人愁杀人[6]。"

师示寂，阇维，有终不坏者二，糁以五色舍利，塔于雨花台之左。

【注释】

[1] 认奴作郎：将奴仆错认作主人。喻参学者不明自心是佛，自我为主，却向外寻觅成佛之道，将种种言教施设、权宜法门认作佛法。郎：主人。《景德传灯录·良价禅师》："师曰：'城中不颠倒，因什么认奴作郎？'"

[2] 冬瓜直儱侗，瓠子曲弯弯：参见本书第十六章"云居晓舜禅师"注释。

[3] 涉离微：涉及离（道法之体）和微（道法之用）的对立，也就是未能除尽区分对立之妄心。佛家称法性之体为"离"，因其离诸相而空寂；称法性之用为"微"，因其微妙、不可思议。禅录中"离微"指禅法宗旨与道法运用，强调离、微相通合一，不应区分对立。

[4] 瞬目扬眉：禅家示机、应机的特殊动作，亦泛指禅机作略。《汾阳语录》卷下《德学歌》："道中人，数相觅，瞬目扬眉便端的。"本书第十三章"琅邪慧觉"条："拈椎竖佛即不问，瞬目扬眉事若何？"本书第十五章"开先善暹"条："一棒一喝，犹是葛藤；瞬目扬眉，拖泥带水。"亦作"扬眉瞬目"。

[5] 四恩三有：四恩：指父母恩（家庭）、众生恩（社会）、国土恩（国家）、三宝恩（宗教）。三有：指三界众生。三有指欲有、色有、无色有，义同三界，即欲界、色界、无色界。

[6] 愁人莫向愁人说，说向愁人愁杀人：谚语。指和忧愁的人谈论忧愁事，彼此会更觉忧愁。

【概要】

圆玑禅师（1036~1118 年），北宋江西洪州翠岩寺僧。俗姓林，自号无学老，闽县（今福建省福州市）人。年十六得度，游东吴，依天衣怀禅师。怀殁，师事黄檗南禅师，与俱迁黄龙寺。神宗熙宁二年（1069 年），南殁，辞去。宋哲宗元祐年间（1086~1093 年），曾任洪州翠岩寺住持。宋徽宗崇宁初年（1102 年），转住金陵保宁寺。政和五年（1115 年），易保宁为神霄宫，即日退，庵于城南。政和八年卒，年八十三。能诗，与张商英等人时有唱和，诗多不传。

【参考文献】

《禅林僧宝传》卷三十。

雪峰道圆禅师

南安军雪峰道圆禅师，南雄人也。依积翠日，宴坐下板。时二僧论野狐话。一云："不昧因果，也未脱得野狐身。"一云："不落因果，又何曾堕野狐来？"师闻之悚然。因诣积翠庵，渡涧猛省，述偈曰："不落不昧，僧俗本无忌讳。丈夫气宇如王，争受囊藏被盖。一条栗任纵横，野狐跳入金毛队。"翠见为助喜。

住后，上堂，举风幡话，颂曰："不是风兮不是幡，白云依旧覆青山。年来老大浑无力，偷得忙中些子闲。"

四祖法演禅师

蕲州四祖山法演禅师，桂州人也。

僧问："如何是心相？"师曰："山河大地。"曰："如何是心体？"师曰："汝唤甚么作山河大地？"

上堂："叶辞柯[1]，秋已暮。参玄人，须警悟。莫谓来年更有春，等闲蹉了岩前路。且道作么生是岩前路？"良久曰："险。"

上堂："主山吞却案山，寻常言论；拄杖子普该尘刹，未足为奇。光境两亡，复是何物？"良久曰："劫火洞然毫末尽，青山依旧白云中。"

上堂："佛祖之道，壁立千仞。拟议驰求，还同点额[2]。识不能识，智不能知。古圣到这里，垂一言半句，要你诸人有个入处。所以道：'低头不见地，仰面不见天。欲识白牛处，但看髑髅前。'如今头上是屋，脚下是地，面前是佛殿。且道白牛在甚么处？"乃召："大众！"众举头，师叱之[3]。

【注释】

[1] 叶辞柯：叶子枯萎飘落，从枝干上掉下来。柯，草木的枝茎。宋代王安石《送石赓归宁》："忽随雁南飞，当此叶辞柯。"

[2] 点额：传说每年三月间，黄河龙门有成群鲤鱼跳渡，跳过者成为龙，未跳过者，额头被点上记号而退回。一般诗文中常以"点额"喻指科场考试落第，禅录中则以"点额"喻指未能契悟禅机。

[3] 乃召："大众！"众举头，师叱之：旧校本标点有误，与"师召"句式相同，失误亦相似。

清隐清源禅师

南康军清隐潜庵清源禅师，豫章邓氏子。

上堂："寒风激水成冰，杲日照冰成水。冰水本自无情，各各应时而至。世间万物皆然，不用强生拟议。"

上堂："先师初事栖贤諟、泐潭澄，历二十年，宗门奇奥、经论玄要，莫不贯穿。及因云峰指见慈明，则一字无用，遂设三关语以验学者。而学者如叶公画龙，龙现即怖。"

安州兴国院契雅禅师

僧问："请师不于语默里答话。"师以拄杖卓一下，僧曰："和尚莫草草匆匆[1]。"师曰："西天斩头截臂。"僧礼拜，师曰："堕也！堕也！"

上堂："心如朗月连天静。"遂打一圆相曰："寒山子聻？性似寒潭彻底清，是何境界？"良久曰："无价夜光人不识，识得又堪作甚么？凡夫虚度几千春。"乃呵呵大笑曰："争如独坐明窗下，花落花开自有时。"下座。

【注释】

[1] 草草匆匆：十分匆忙仓促的样子，随便、潦草。

齐州灵岩山重确正觉禅师

上堂："祖师心印，状以铁牛之机，针挑不出，匙挑不上。过在阿谁？绿虽千种草，香只一株兰。"

上堂："不方不圆，不上不下。驴鸣狗吠，十方无价。"拍禅床，下座。

虔州廉泉院昙秀禅师

僧问："满口道不得时如何？"师曰："话堕也。"

问："不与万法为侣时如何？"师曰："自家肚皮自家画。"

问："如何是学人转身处？"师曰："扫地浇花。"曰："如何是学人亲切处？"师曰："高枕枕头。"曰："总不恁么时如何？"师曰："莺啼岭上，花发岩前。"

问："如何是衲僧口？"师曰："杀人不用刀。"

南岳高台寺宣明佛印禅师

僧问："正法眼藏、涅槃妙心，便请拈出。"师直上觑，僧曰："恁么则人天有赖。"师曰："金屑虽贵。"

蕲州三角山慧泽禅师

僧问："师登宝座，大众侧聆。"师卓拄杖一下，僧曰："答即便答，又卓个甚么?"师曰："百杂碎。"

南岳法轮文昱禅师

上堂，以拄杖卓一卓，喝一喝曰："雪上加霜，眼中添屑。若也不会，北郁单越。"

信州灵鹫慧觉禅师

上堂："大众! 百千三昧、无量妙义，尽在诸人脚跟下，各请自家回互取。会么? 回互不回互，认取归家路。智慧为桥梁，柔和作依怙。居安则虑危，在乐须知苦。君不见，庞居士，黄金抛却如粪土。父子团圞[1]头，共说无生语。无生语，仍记取。九夏雪花飞，三冬汗如雨。"

【注释】

[1] 团圞（luán）：月圆。圆貌。前蜀牛希济《生查子》词："新月曲如眉，未有团圞意。"

黄檗积翠永庵主

示众："山僧住庵来，无禅可说，无法可传，亦无差珍异宝。只收得续火柴头一个，留与后人。令他烟焰不绝，火光长明。"遂掷下拂子。时有僧就地拈起，吹一吹，师便喝曰："谁知续火柴头，从这汉边烟消火灭去。"乃拂袖归庵，僧吐舌而去。

归宗志芝庵主

庐山归宗志芝庵主，临江人也。壮为苾刍[1]，依黄龙于归宗，遂领深旨。有偈曰："未到应须到，到了令人笑。眉毛本无用，无渠底波俏[2]。"未几，龙引退，芝陆沈[3]于众。一日普请罢，书偈曰："茶芽蔍蔌[4]初离焙[5]，笋角狼忙[6]又吐泥。山舍一年春事办，得闲谁管板头低。”由是衲子亲之，师不怿[7]，结茅绝顶，作偈曰：“千峰顶上一间屋，老僧半间云半间。昨夜云随风雨去，到头不似老僧闲。”

【注释】

[1] 苾（bì）刍（chú）：亦作“苾刍”。即比丘。出家的男性佛弟子，为受具足戒者之通称。唐代玄奘《大唐西域记·僧诃补罗国》：“大者谓苾刍，小者称沙弥。”丁福保《佛学大辞典》：“以此方无正翻之语，故经论中多存比丘、苾刍之梵名，或以乞士，破烦恼之二义解之，或以净乞食，破烦恼，净持戒，能怖魔之四义释之。乞士者，以彼自无所营，乞人之信施而清净活命故也。破烦恼者，以修圣道而破烦恼故也。净持戒者，以受持尽形净戒故也。能怖魔者，以必入涅槃使魔畏怖故也。”

[2] 波俏：形容人俊俏，伶俐；形容物精巧。（参考《汉语方言大词典》本条注释）

[3] 陆沈：同“陆沉”。陆地无水而沉，比喻隐居。《庄子·则阳》：“方且与世违而心不屑与之俱，是陆沈者也。”郭象注：“人中隐者，譬无水而沈也。”

[4] 蔍（cū）蔌（sù）：粗菜，形容生活简单。蔍：有两个含义，一读 lù，指鹿蹄草，叶形似鹿蹄，全草用为止血药。二是读 cū，同“粗”。蔌：蔬菜。《尔雅·释器》：“菜，谓之蔌。”

[5] 焙：本指围火烘烤，特指制茶场所。用微火把茶烤干，如白居易《题施山人野居》：“夜火焙茶香。”

[6] 狼忙：急忙，匆忙。

[7] 不怿（yì）：不悦，不欢愉，不高兴。

第三节　南岳下十三世（上）

黄龙心禅师法嗣

黄龙悟新禅师

隆兴府黄龙死心悟新禅师，韶州黄氏子。生有紫肉幕左肩，右袒如僧伽梨[1]状。壮依佛陀院德修，祝发进具后，游方至黄龙，谒晦堂。堂竖拳问曰："唤作拳头则触，不唤作拳头则背[2]。汝唤作甚么？"师罔措，经二年，方领解。然尚谈辩，无所抵捂[3]。堂患之，偶与语至其锐，堂遽曰："住，住！说食岂能饱人？"师窘，乃曰："某到此弓折箭尽，望和尚慈悲，指个安乐处。"堂曰："一尘飞而翳天，一芥堕而覆地[4]？安乐处政忌[5]上座许多骨董[6]，直须死却无量劫来全心乃可耳。"师趋出。

一日，闻知事捶行者，而迅雷忽震，即大悟。趋见晦堂，忘纳其屦，即自誉曰："天下人总是参得底禅，某是悟得底。"堂笑曰："选佛得甲科，何可当也！"因号"死心叟"。

僧问："如何是黄龙接人句？"师曰："开口要骂人。"曰："骂底是接人句，验人一句又作么生？"师曰："但识取骂人。"

问："弓箭在手，智刃当锋，龙虎阵圆，请师相见。"师曰："败将不斩。"曰："恁么则铜柱近标修水侧，铁关高锁凤凰峰。"师曰："不到乌江未肯休[7]。"曰："若然者，七擒七纵[8]，正令全提[9]。"师曰："棺木里瞠眼[10]。"僧礼拜，师曰："苦！苦！"

问："承师有言：'老僧今夏向黄龙潭内，下三百六十个钓筒，未曾遇著个锦鳞红尾。'为复是钩头不妙，为复是香饵难寻？"师曰："雨过竹风清，云开山岳露。"曰："恁么则已得真人好消息，人间天上更无疑。"师曰："是钩头不妙？是香饵难寻？"曰："出身犹可易，脱体道应难。"

师曰：“乱统禅和[11]，如麻似粟。”

上堂：“深固幽远，无人能到。释迦老子到不到？若到，因甚么无人？若不到，谁道幽远？”

上堂：“祖师心印，状似铁牛之机[12]，去即印住，住即印破。只如不去不住，印即是，不印即是？金果早朝猿摘去，玉花晚后凤衔归。”

上堂：“行脚高人解开布袋，放下钵囊，去却药忌。一人所在须到，半人所在须到，无人所在也须亲到。”

上堂：“拗折拄杖，将甚么登山渡水？拈却[13]钵盂匙箸，将甚么吃粥吃饭？不如向十字街头东卜西卜，忽然卜著，是你诸人有彩；若卜不著，也怪云岩不得。”

上堂：“文殊骑师子，普贤骑象王，释迦老子足蹑红莲，且道黄龙骑个甚么？”良久曰：“近来年老，一步是一步。”

上堂：“清珠下于浊水，浊水不得不清；念佛投于乱心，乱心不得不佛。佛既不乱，浊水自清。浊水既清，功归何所？”良久曰：“几度黑风翻大海，未曾闻道钓舟倾。”

上堂：“有时破二作三，有时会三归一，有时三一混同，有时不落数量。且道甚么处是黄龙为人处？”良久曰：“珍重！”

僧问：“如何是四大毒蛇？”师曰：“地水火风。”曰：“如何是地水火风？”师曰：“四大毒蛇。”曰：“学人未晓，乞师方便。”师曰：“一大既尔，四大亦同。”

室中问僧：“月晦之阴，以五色彩著于暝中，令百千万人夜视其色，宁有辨其青黄赤白者么？”僧无语，师代曰：“个个是盲人。”

师因王正言问：“尝闻三缘和合而生，又闻即死即生。何故有夺胎[14]而生者，某甚疑之。”师曰：“如正言作漕使[15]，随所住处即居其位，还疑否？”王曰：“不疑。”师曰：“复何疑也？”王于言下领解。

师临寂，示偈曰：“说时七颠八倒，默时落二落三。为报五湖禅客，心王自在休参。”茶毗，设利五色。后有过其区所者，获之尤甚。塔于晦堂丈室之北。

【注释】

[1] 僧伽梨：简称“伽黎”。僧人的衣服。为三衣中之最大者，故称为大衣。

以其条数最多，称为杂碎衣。

[2] 唤作拳头则触，不唤作拳头则背：宋释惠洪《冷斋夜话》曰："宝觉禅师，见学者必举手示之。曰：'唤作拳是触，不唤拳是背。'莫有契之者。丛林谓之触背关。"触：抵触，违背。"触"，指触犯真谛，因为拳头只是一个相，缘起而性空。称它为拳头，就看不到其性空的一面。"背"，指违背俗谛，世俗认为它就是一个拳头，如果你不称其为拳头，就违俗。禅师的这个问题，莫有契之者，禅林中称为"触背关"。

[3] 抵（dǐ）捂（wú）：同"抵梧"。《汉语大词典》解释为抵触、矛盾，引申谓用言语顶撞、冒犯。例证有《汉书·司马迁传》："至于采经撌传，分散数家之事，甚多疏略，或有抵梧。"此处"无所抵捂"，依《禅宗大辞典》："意谓无人能对付他"。《禅宗大辞典》"抵捂"条：对付，抵敌。本书第十七章"黄龙悟新"条："游方至黄龙，谒晦堂。堂竖拳问曰：'唤作拳头则触，不唤作拳头则背。汝唤作甚么？'师罔措。经二年，方领解。然尚谈辩，无所抵捂。"（意谓无人能对付他）《续传灯录》卷二八"瞎堂远"条："一日圆悟普说，举庞居士问马祖：'不与万法为侣者是什么人？'马祖云：'待汝一口吸尽西江水，即向汝道。'师闻举，豁然大悟，仆于众中。众以为中风，共掖起之。师乃曰：'吾梦觉矣。'……自此机锋峻发，无所抵捂矣。"

[4] 一尘飞而翳天，一芥堕而覆地：难道一粒微尘在空中飞就把天都障住了，一粒芥子落到地下就把地也盖住了？这是堂禅师批评悟新禅师"无所抵捂"不自量力。

[5] 政忌：正要忌讳。政：同"正"，正好，正要。

[6] 骨董：指价值不大的杂碎旧物，禅家多指陈旧落套的言句话头等。本书第十五章"云门文偃禅师"条："若是一般掠虚汉，食人涎唾，记得一堆一担骨董到处驰骋，驴唇马嘴夸我解问十转五转话。"

[7] 不到乌江未肯休：犹不到黄河心不死。同"不到乌江不尽头"。乌江：项羽兵败的地方。

[8] 七擒七纵：同"七纵七禽"。《三国演义》第九十回："孟获垂泪言曰：'七擒七纵，自古未尝有也。吾虽化外之人，颇知礼义，直如此无羞耻乎？'"清代魏源《寰海》："七擒七纵谈何易，三覆三翻局愈奇。"

[9] 正令全提：正宗本色的禅机施设，完全彻底的教法提示。系禅家特有的传授心印之法。《密庵语录》："正令全提，十方坐断。千差万别，一句该通。佛与众生，皆为剩法。全宾是主，全主是宾。"亦作"全提正令"。（摘自《禅宗大词典》）

[10] 棺木里瞠眼：亦作"髑髅里眼睛"（参见本书第八章"白云智作禅师"

条）。死中得活之意。谓至道者非识之所识，此道之不现，实由于此识。一旦心识丧尽了，即有大活处，此为髑髅无识之活境界。

[11] 乱统禅和：与"杜撰禅和"（参见本章"天童昙华禅师"条）意义相似。"统"指禅宗一脉相承的系统，他却以继承人自居，在那里胡说八道。这种人也就是尚未真正悟道却又好施言句作略的禅僧。

[12] 铁牛之机：禅林以譬不可动，又譬无容嘴之处。丁福保《佛学大词典》举例："《碧岩》三十八则曰：'祖师心印，状似铁牛之机。'同著语曰：'千人万人撼不动。'《五灯会元·药山章》曰：'某甲在石头，如蚊子上铁牛。'"

[13] 拈却：取掉，取走，拿走。

[14] 夺胎：根据佛教轮回观，人在未出生之前，每个生命的诞生都先有一神识投胎，当母亲怀孕的时候这个人的神识就在母胎了。但有福报的人，不经过十月怀胎的痛苦，在胎儿快要出生的时候，他直接取代胎儿的神识而出生。也就是说十月怀胎的时候是一个人，出生的时候则是另外一个人了。这就叫作"夺胎"。

[15] 漕使：官名。唐转运使别称，宋转运使、副使别称。

【概要】

悟新禅师（1043～1114 年），宋代临济宗黄龙派僧。号死心。广东省曲江人。俗姓黄。从佛陀院德修剃发受具，后杖笠游方。熙宁八年（1075 年）至黄龙寺谒晦堂祖心，嗣其法，并依师命上堂示众。元祐七年（1092 年）在云岩出世。绍圣四年（1097 年）至翠岩，政和（1111～1118 年）初年住黄龙。政和四年十二月十四日示寂，世寿七十二，法腊四十六。又，依《嘉泰普灯录》所记，其寂年为政和五年。

撰有《死心悟新禅师语录》一卷。收录悟新初住云岩开堂语录、住翠岩广化法语、再住云岩语录、迁住黄龙语录、小参、示众、偈颂等。收入《黄龙四家语录》。

【参考文献】

《补禅林僧宝传》卷三十；《联灯会要》卷十五；《嘉泰普灯录》卷六；《佛祖历代通载》卷十九；《释氏稽古略》卷四。

黄龙惟清禅师

隆兴府黄龙灵源惟清禅师，本州陈氏子。印心于晦堂。每谓人曰："今之学者未脱生死，病在甚么处？病在偷心未死耳。然非其罪，为师者之罪也。如汉高帝绐[1]韩信而杀之，信虽死，其心果死乎？古之学者，言下脱生死，效在甚么处？在偷心已死。然非学者自能尔，实为师者钳锤[2]妙密也。如梁武帝御大殿见侯景[3]，不动声气而景之心已枯竭无余矣。诸方所说非不美丽，要之如赵昌[4]画花，花虽逼真而非真花也。"

上堂："鼓声才动，大众云臻。无限天机，一时漏泄。不孤正眼，便合归堂。更待繁词，沉埋宗旨。纵谓释迦不出世，四十九年说，达磨不西来，少林有妙诀，修山主也似万里望乡关。"又道："若人识祖佛，当处便超越。直饶怎么悟入亲切去，更有转身一路。勘过了打。"以拂子击禅床，下座。

上堂："江月照，松风吹，永夜清宵更是谁？雾露云霞遮不得，个中犹道不如归。复何归，荷叶团团团似镜，菱角尖尖尖似锥[5]。"

上堂："三世诸佛，不知有恩无重报；狸奴白牯，却知有功不浪施。明大用，晓全机。绝踪迹，不思议。归去好，无人知。冲开碧落松千尺，截断红尘水一溪。"

上堂："至道无难，唯嫌拣择[6]。但莫憎爱，洞然明白。祖师怎么说话，瞎却天下人眼。识是非、别缁素底衲僧，到这里如何辨明？未能行到水穷处，难解坐看云起时。"

【注释】

[1] 绐（dài）：欺骗。

[2] 钳锤：钳者以铁束物之谓，称铁铗之类，锤谓铁锤。冶工以钳铗赤热铁，以锤锻炼之于铁床上，喻师家接得僧众，使其器成者。《大慧普觉语录》"鼓山宗逮"条所谓："故一味本分以钳锤似之，后来自在打发别处，大法既明，向所受过底钳锤，得一时受用。"《碧岩录》"普照序"所谓："秉烹佛锻祖之钳锤，颂出衲僧向上之巴鼻。"是也。（摘自丁福保《佛学大辞典》）

[3] 侯景：南朝梁叛将。字万景，鲜卑化羯人，怀朔镇（今内蒙古包头东北）人。善骑射，有勇力。初为北魏边镇戍兵，跟随尔朱荣镇压葛荣，屡立战功。后转附高欢。东魏时，历任尚书左仆射、司空、司徒、大行台等职，拥兵专制于河南。高欢死后，因与高澄不和，投靠西魏。547年降梁，次年举兵叛变，攻破建康（今南京），囚死梁武帝，立简文帝，并发兵四出攻掠，长江下游地区遭严重破坏。551年废简文帝，立萧栋为梁帝，后又废梁帝自立，国号汉。次年为梁军所破，败死。

[4] 赵昌：北宋著名画家。字昌之。广汉（今四川梓潼）人。善画花果、草虫，师法滕昌祐，设色明润，笔迹柔美，具有形神兼备之妙。常在晓露未干时，仔细观察花卉姿态，在手中调色绘写，自号"写生赵昌"。存世作品有《杏花图》等。

[5] 荷叶团团团似镜，菱角尖尖尖似锥：谚语。意思是比喻温和对人有利，尖刻对人有害。

[6] 至道无难，唯嫌拣择：出自三祖僧璨《信心铭》。其谓佛祖之大道，本来平等、无阶级差别，自由自在，因众生之拣择、憎恨而生难易之别。参见本书第二章"三祖僧璨鉴智禅师"注释。

泐潭善清禅师

隆兴府泐潭草堂善清禅师，南雄州何氏子。初谒大沩喆禅师，无所得。后谒黄龙，龙示以风幡话，久而不契。

一日，龙问："风幡话，子作么生会？"师曰："迥无入处，乞师方便。"龙曰："子见猫儿捕鼠乎？目睛不瞬，四足踞地，诸根顺向，首尾一直，拟无不中。子诚能如是，心无异缘，六根自静，默然而究，万无失一也。"师从是屏去闲缘。

岁余，豁然契悟，以偈告龙曰："随随随，昔昔昔，随随随后无人识。夜来明月上高峰，元来只是这个贼。"龙颔之，复告之曰："得道非难，弘道为难。弘道犹在己，说法为人难。既明之后，在力行之。大凡宗师说法，一句中具三玄，一玄中具三要。子入处真实，得坐披衣，向后自看，自然七通八达去。"

师复依止七年，乃辞。遍访丛林，后出世黄龙，终于泐潭。

僧问："牛头未见四祖时如何？"师曰："京三卞四。"曰："见后如何？"师曰："灰头土面。"曰："毕竟如何？"师曰："一场懡㦬。"

开堂，上堂举："浮山远和尚云：'欲得英俊么？仍须四事俱备，方显宗师蹊径。何谓也？一者祖师巴鼻，二具金刚眼睛，三有师子爪牙，四得衲僧杀活拄杖。得此四事，方可纵横变态，任运卷舒，高耸人天，壁立千仞。傥不如是，守死善道者，败军之兆。何故？捧打石人，贵论实事。是以到这里，得不修江耿耿[1]，大野云凝，缘竹含烟，青山锁翠。风云一致，水月齐观；一句该通，已彰残朽。'"师曰："黄龙今日出世，时当末季[2]，佛法浇漓[3]，不用祖师巴鼻，不用金刚眼睛，不用师子爪牙，不用杀活拄杖。只有一枝拂子以为蹊径，亦能纵横变态，任运卷舒。亦能高耸人天，壁立千仞。有时逢强即弱，有时遇贵即贱。拈起则群魔屏迹，佛祖潜踪；放下则合水和泥[4]，圣凡同辙。且道拈起好，放下好？竿头丝线从君弄，不犯清波意自殊。"

上堂："色心不异，彼我无差。"竖起拂子曰："若唤作拂子，入地狱如箭。不唤作拂子，有眼如盲。直饶透脱两头，也是黑牛卧死水。"

【注释】

[1] 修江耿耿：长长的江水波光明亮。耿耿：明亮貌。

[2] 末季：末世。从佛教来看，指末法时代。丁福保《佛学大辞典》："末世：浇末之世代也。释迦入灭后五百年为正法时，次一千年为像法时，后万年为末法时。末世者，即末法时也。"

[3] 浇漓：浮薄不厚。

[4] 合水和泥：指用言语等方式启发、接引学人。从禅宗不立文字语言、要求当下省悟的角度来看，这并非高明的传授方式，只是随宜通融，应机接物，使中下根器者易于接受而已。如本书第二十章"开善道谦禅师"条："放一线道，十方刹海，放光动地。是则是，争奈和泥合水！"亦作"和泥合水"。

吉州青原惟信禅师

上堂："老僧三十年前未参禅时，见山是山，见水是水。及至后来，亲见知识，有个入处，见山不是山，见水不是水。而今得个休歇处，依前见山只是山，见水只是水。大众！这三般见解，是同是别？有人缁素得出，许汝亲见老僧。"

夹山晓纯禅师

潭州夹山灵泉院晓纯禅师，尝以木刻作一兽，师子头，牛足马身。每升堂时，持出示众曰："唤作师子，又是马身。唤作马身，又是牛足。且道毕竟唤作甚么？"令僧下语，莫有契者。师示颂曰："轩昂师子首，牛足马身材。三道如能入，玄门叠叠开。"

上堂："有个汉，自从旷大劫，无住亦无依，上无片瓦盖头，下无寸土立足。且道十二时中，在甚么处安身立命？若也知得，朝到西天，暮归东土。”

三圣继昌禅师

汉州三圣继昌禅师，彭州黎氏子。

上堂：“木佛不度火，甘露台前逢达磨。惆怅洛阳人未来，面壁九年空冷坐。金佛不度炉，坐叹劳生走道途。不向华山图上看，岂知潘阆[1]倒骑驴？泥佛不度水，一道灵光照天地。堪羡玄沙老古锥，不要南山要鳖鼻。”

上堂，举“赵州访二庵主”，师曰：“五陵公子争夸富，百衲高僧不厌贫。近来世俗多颠倒，只重衣衫不重人。”

【注释】

[1] 潘阆（làng）（？～1009 年）：宋初著名隐士、文人。字梦空，一说字逍遥，号逍遥子，大名（今属河北）人，一说扬州（今属江苏）人。性格疏狂，曾两次坐事亡命。真宗时释其罪，任滁州参军。有诗名，风格类孟郊、贾岛，亦工词，今仅存《酒泉子》十首。

隆兴府双岭化禅师

上堂：“翠竹黄花非外境，白云明月露全真。头头尽是吾家物，信手拈来不是尘。”遂举拂子曰：“会么？认著依前还不是。”击禅床，下座。

泗州龟山水陆院晓津禅师

僧问：“如何是宾中宾？”师曰：“巢父饮牛[1]。”曰：“如何是宾中主？”师曰：“许由洗耳。”曰：“如何是主中宾？”师便喝。曰：“如何是主中主？”师曰：“礼拜了，退！”

上堂：“田地稳密，过犯弥天，灼然抬脚不起；神通游戏，无疮自伤，特地下脚不得[2]。且道过在甚么处？具参学眼底出来，共相理论。要见本分家山，不支岐路。莫只管自家点头，蹉过岁月。他时异日，顶上一椎，莫言不道。”

【注释】

[1] 巢父饮牛：巢父和许由都是历史上蔑视爵禄名位，风操高洁的隐士，故有成语"巢父饮牛"与"许由洗耳"。晋皇甫谧《高士传》记载："尧让天下于许由，许由不受而逃去，于是遁耕于中岳，颖水之阳，箕山之下。尧又召为九州长，由不欲闻也，洗耳于颖水滨。时其友巢父牵犊欲饮之，见由洗耳。问其故。对曰：'尧欲召我为九州长，恶闻其声，是故洗耳。'巢父曰：'子若处高岸深谷，谁能见之？子故浮游，欲闻求其名声，污吾犊口！'牵犊上流饮之。"

[2] 田地稳密，过犯弥天，灼然抬脚不起；神通游戏，无疮自伤，特地下脚不得：这是骈语组成对偶句，知道要相互对应就不会标点错误，旧校本标点有误。

保福本权禅师

漳州保福本权禅师，临漳人也。性质直而勇于道，乃于晦堂举拳处彻证根源，机辩捷出。黄山谷初有所入，问晦堂："此中谁可与语？"堂曰："漳州权。"师方督役开田，山谷同晦堂往，致问曰："直岁[1]还知露柱生儿么？"师曰："是男是女？"黄拟议，师挥之。堂谓曰："不得无礼！"师曰："这木头，不打更待何时？"黄大笑。

上堂，举："寒山偈曰：'吾心似秋月，碧潭清皎洁。无物堪比伦，教我如何说？'老僧即不然。吾心似灯笼，点火内外红。有物堪比伦，来朝日出东。"传者以为笑，死心和尚见之，叹曰："权兄提唱若此，诚不负先师所付嘱也。"

【注释】

[1] 直岁：直：当值之义。禅宗寺院中，称一年之间担任干事之职务者为直岁。乃禅宗六知事之一。本为负责接待客僧之职称，但在禅林中则为掌管一切杂事者之称，为一重要职务。原值一年之务，故称直岁。后演变为一月、半月或一日任其职，乃至不定其期限。

潭州南岳双峰景齐禅师

上堂，拈拄杖曰："横拈倒用，诸方虎步龙行。打狗撑门，双峰掉在无事甲里。因风吹火，别是一家。"以拄杖靠肩，顾视大众曰："唤作无事得么？”良久曰：“刀尺高悬著眼看，志公不是闲和尚。”卓拄杖一下。

护国景新禅师

温州护国寄堂景新禅师，郡之陈氏子。

上堂：“三界无法，何处求心？欲知护国当阳句，且看门前竹一林。”

鄂州黄龙智明禅师

一日上堂，众才集，师乃曰：“不可更开眼说梦去也。”便下座。

上堂：“南北一诀，斩钉截铁。切忌思量，翻成途辙。”

师同胡巡检到公安二圣，胡问：“达磨对梁武帝云：‘廓然无圣[1]。’公安为甚么却有二圣？”师曰：“一点水墨，两处成龙。”

【注释】

[1] 廓然无圣：公案。参见本书第一章“初祖菩提达磨大师”注释。此公案后世多见拈提。《大慧语录》卷二：“廓然无圣，不用蹰躇。盖色骑声，全承渠力。诸佛以此度生，衲僧以此为命。露裸裸，赤洒洒，没可把。行但行，坐但坐。饥来吃饭，寒来向火。”《碧岩录》第一则即举唱此公案。

潭州道吾仲圆禅师

上堂：“不是心，不是佛，不是物。古人恁么道，譬如管中窥豹，但见一斑。设或入林不动草，入水不动波，亦如骑马向冰凌上行。若是射雕手，何不向蛇头上揩痒？具正眼者试辨看。”良久曰：“鸳鸯绣出自金针。”

太史黄庭坚居士

太史山谷居士黄庭坚，字鲁直。以般若夙习，虽膴仕[1]澹如[2]也。出入宗门，未有所向。好作艳词[3]，尝谒圆通秀禅师，秀呵曰：“大丈夫翰墨之妙，甘施于此乎？”秀方戒李伯时[4]画马事，公诮之曰：“无乃复置我于马腹中邪？”秀曰：“汝以艳语动天下人淫心，不止马腹中，正恐生泥犁[5]耳。”公悚然[6]悔谢，由是绝笔。惟孳孳[7]于道，著《发愿文》，痛戒酒色，但朝粥午饭而已。

往依晦堂，乞指径捷处，堂曰："只如仲尼道'二三子！以我为隐乎？吾无隐乎尔[8]，'者，太史居常如何理论。"公拟对，堂曰："不是！不是！"公迷闷不已。

一日，恃堂山行次，时岩桂盛放，堂曰："闻木犀华香么？"公曰："闻。"堂曰："吾无隐乎尔。"公释然，即拜之，曰："和尚得恁么老婆心切。"堂笑曰："只要公到家耳。"

久之，谒云岩死心新禅师，随众入室。心见，张目问曰："新长老死，学士死，烧作两堆灰，向甚么处相见？"公无语，心约出曰："晦堂处参得底，使未著在。"

后左官[9]黔南，道力愈胜。于无思念中顿明死心所问，报以书曰："往年尝蒙苦苦提撕，长如醉梦，依稀在光影中。盖疑情不尽，命根不断，故望崖而退耳。谪官在黔南道中，昼卧觉来，忽尔寻思，被天下老和尚谩了多少！唯有死心道人不肯，乃是第一相为也，不胜万幸。"

后作《晦堂塔铭》曰："某夙承记莂[10]，堪任大法。道眼未圆，而来瞻窣堵[11]，实深宗仰之叹。乃勒坚珉[12]，敬颂遗美。"

公复设苹蘩[13]之供，祭之以文，吊之以偈曰："海风吹落楞伽山，四海禅徒著眼看。一把柳丝收不得，和烟搭在玉栏干。"

【注释】

[1] 膴（wǔ）仕：高官厚禄。《诗·小雅·节南山》："琐琐姻亚，则无膴仕。"毛传："膴，厚也。"郑玄笺："琐琐昏姻妻党之小人，无厚任用之，置之大位，重其禄也。"

[2] 澹如：恬淡貌。此处指山谷居士淡泊名利，不为高官厚禄所诱惑。

[3] 艳词：常指描写情爱的诗词。或指情话、浮艳轻薄的话。

[4] 李伯时：名公麟，号龙眠居士，宋代安徽舒州人。元祐（1086～1094年）进士，元符年间（1098～1100年）拜御史大夫。博学好古，尤善画山水、佛像。晚年归佛受戒，能通禅法，而雅好净土。隐居龙眠山庄，时与高僧谈论，并结社念佛。绍兴四年（1134年）预知时至，施财，书偈，念佛而化。享年八十六。遗墨传世颇多，画家奉为典则。

[5] 泥犁：梵语。意即地狱。又作泥黎、泥梨。即无有、无福处之义。彼处喜乐之类一切全无，为十界中最劣之境界。

[6] 悚（sǒng）然：惊慌恐怖的样子。

[7] 孳孳：同"孜孜"。孳，通"孜"。指勤勉、努力不懈。或指一心一意、用心力的样子。

[8] 二三子！以我为隐乎？吾无隐乎尔：出自《论语·述而》："二三子！以我为隐乎？吾无隐乎尔。吾无行而不与二三子者，是丘也。"孔子说："同学们，以为我对你们有什么隐瞒的吗？我是没有什么隐瞒你们的。我没有什么事不是和你们一起做的。我孔丘就是这样的人。"

[9] 左官：指降官、贬职。

[10] 记莂：同"记别"。指佛为弟子预记死后生处及未来成佛因果、国名、佛名等事。《集一切福德三昧经》卷中："尔时那罗延菩萨语净威力士：'汝住何法得无生忍而受记别？'净威答言：'我以生起诸凡夫法得受记别。'"此处指高僧为其弟子记别。

[11] 窣（sū）堵：即窣堵波，又作率都婆，舍利塔。在古代印度原为形如馒头之墓。释尊灭后，率都婆不止为坟墓之意，已有纪念物之性质，尤以孔雀王朝建设许多由炼瓦构筑之塔，埋有佛陀之遗骨、所持品、遗发等，故渐演变为圣地之标帜及庄严伽蓝之建筑。

[12] 坚珉（mín）：墓碑的美称。汉代蔡邕《太傅安乐侯胡公夫人灵表》："遂及斯表，镌着坚珉。"珉，像玉的石头，似玉而非玉。《说文》："珉，石之美者"。

[13] 苹蘩（fán）：苹和蘩。两种可供食用的水草，古代常用于祭祀。《左传·隐公三年》："苹蘩蕰藻之菜……可荐于鬼神，可羞于王公。"亦泛指祭品。唐代杜牧《闻开江相国宋下世》诗之二："月落清湘棹不喧，玉杯瑶瑟奠苹蘩。"

【概要】

黄庭坚（1045～1105年），宋代居士。字鲁直，号山谷道人、涪翁。洪州分宁（江西省九江市修水县）人。治平四年（1067年）进士。历任国子监教授、起居舍人、秘书丞。以修《神宗实录》不实之罪贬为涪州别驾。后又以"文章谤国"的罪名，羁管宜州。黄庭坚政治上倾向旧党，为蜀学派代表人物之一。创"江西诗派"，对后世影响甚大。曾向晦堂禅师问道，又参谒死心禅师，有所省悟。又为翠岩真、云居祐、大沩喆、翠岩悦等禅师的语录作序，还为黄龙心、福昌信、法安、智悟诸大师作塔铭。屡遭贬官的政治生涯，更使他接受了"诸行无常"的说教，更加看淡名利，在禅悟中改过自新。著有《山谷集》。

作品《山谷词》，与杜甫、陈师道和陈与义素有"一祖三宗"（黄庭坚为其中一宗）之称。与张耒、晁补之、秦观都游学于苏轼门下，合称为"苏门四学士"。生前与苏轼齐名，世称"苏黄"。书法独树一格，为"宋四家"之一。

【参考文献】

《宋史》卷四四四；《居士传》卷二十六。

观文王韶居士

观文[1]王韶居士，字子淳。出刺洪州，乃延晦堂问道，默有所契，因述《投机颂》曰："昼曾忘食夜忘眠，捧得骊珠欲上天。却向自身都放下，四棱塌地恰团圆。"呈堂，堂深肯之。

【注释】

[1] 观文：宋代观文殿学士的简称。

【概要】

王韶（1030~1081年），北宋大臣。字子纯，宋江州德安（今属江西）人，嘉祐进士，试制科不中，乃客游陕西访采西北边境事谊。熙宁元年（1068年），上《平戎策》三篇，提出"收复河湟，招抚羌族，孤立西夏"方略，神宗任以西北边事，被任命为秦凤路经略司机宜文字。累进观文殿学士、礼部侍郎等职，官至枢密副使，以"奇计、奇捷、奇赏"著称，戏称之"三奇副使"。王安石变法失败后，贬知洪州，迁知鄂州。元丰二年（1079年），拜观文殿学士、知洪州，封太原郡开国侯。元丰四年（1081年），王韶去世，年五十二，追赠金紫光禄大夫，谥号"襄敏"。政和四年（1114年），追赠太尉、司空、燕国公。

秘书吴恂居士

秘书[1]吴恂居士，字德夫。居晦堂，入室次，堂谓曰："平生学解，记忆多闻即不问，你父母未生已前道将一句来。"公拟议，堂以拂子击之，即领深旨，连呈三偈，其后曰："咄！这多知俗汉，咬尽古今公案。忽于狼藉[2]堆头，舍得芋蛲[3]粪弹。明明不直分文，万两黄金不换。等闲拈出示人，只为走盘[4]难看。咦！"堂答曰："水中得火世还稀，看著令人特地疑。自古不存师弟子，如今却许老胡知。"

【注释】

[1] 秘书：官名。古代称掌管图书之官。如汉以来之秘书监、秘书郎皆是。

[2] 狼藉：纵横散乱貌。

[3] 芊（qiāng）蜋（láng）：同"蜣蜋"，亦作"蜣螂"。芊：同"蜣"。昆虫。全体黑色，背有坚甲，胸部和脚有黑褐色的长毛，会飞，吃粪屎和动物的尸体，常把粪滚成球形，产卵其中。俗称屎壳郎、坌屎虫。晋代葛洪《抱朴子·广譬》："玄蝉之洁饥，不愿为蜣螂之秽饱。"

[4] 走盘：即"如珠走盘"。①比喻禅悟者自我为主，超越分别，运用无碍。《大慧语录》卷四《答汤丞相（进之）》："自然头头上明，物物上显，日用应缘处。或净或秽，或喜或怒，或顺或逆。如珠走盘，不拨而自转矣。"②喻机锋迅疾，稍纵即逝。《从容庵录》二第二十九则"风穴铁牛"："此棒头喝下钻锤，电光石火机变，皆暂时光境。慎勿以定夺得失，决断胜负。如珠走盘，眨眼蹉过也。"③比喻熟谙经文言教，讲说流畅。《梵琦语录》卷四："直饶古今言教，一时明得，如珠走盘，敢保此人，未出阴界，碍膺之物，谁与消除？"（摘自《禅宗大词典》）

【概要】

吴恂，字德夫，兴元府（今陕西汉中）人。神宗元丰元年（1078 年），任豫章法曹。

【参考文献】

《罗湖野录》卷三。

东林总禅师法嗣

泐潭应乾禅师

隆兴府泐潭应乾禅师，袁州彭氏子。

上堂："灵光洞耀，迥脱根尘。体露真常，不拘文字。心性无染，本自圆成。但离妄缘，即如如佛[1]。古人恁么道，殊不知是个坑窖[2]？贴肉汗衫脱不去，过不得，直须如师子儿壁立千仞，方能剿绝去。然虽如是，也是布袋里老鸦[3]。"拍禅床，下座。

【注释】

[1] 如如佛：觉悟如如理体之佛。什么叫如如？《三藏法数》："如如者，不变不异，真如之理也。谓由前正智，观察名相，皆悉如幻，非有非无，名相本空，即真如理。理因智明，智因理发；以智如理，以理如智；是为如如也。"

[2] 穽（jǐng）：同"阱"。

[3] 布袋里老鸦：比喻虽然活着，但像死了一样。本书第十三章"钦山文邃禅师"条："布袋里老鸦，虽活如死。"

【概要】

应乾禅师，宋代禅僧。俗姓彭，萍乡（今属江西）人。出家受具足戒后，遍参诸方尊宿。参东林常总而大悟，嗣其法，为临济宗黄龙派传人。元丰三年（1080年），常总受命住持庐山东林寺时，应乾继掌泐潭宝峰禅院。

【参考文献】

《嘉泰普灯录》卷六；《续传灯录》卷二十；《五灯全书》卷三十八。

开先行瑛禅师

庐山开先行瑛广鉴禅师，桂州毛氏子。

僧问："如何是道？"师曰："良田万顷。"曰："学人不会。"师曰："春不耕，秋无望。"

问："如何是祖师西来意？"师曰："君山点破洞庭湖。"曰："意旨如何？"师曰："白浪四边绕，红尘何处来？"

上堂："谈玄说妙，譬如画饼充饥。入圣超凡，大似飞蛾赴火。一向无事，败种焦芽[1]。更若驰求，水中捉月。"以拂子一拂云："适来许多见解拂却了也，作么生是诸人透脱一句？"良久曰："铁牛不吃栏边草，直向须弥顶上眠。"以拂子击禅床。

上堂："弯石巩弓，架兴化箭，运那罗延[2]力，定烁迦罗眼[3]。不射大雄虎，不射药山鹿，不射云岩师子，不射象骨猕猴。且道射个甚么？"良久曰："放过一著。"

上堂："登山须到顶，入海须到底，学道须到佛祖道不得处。若不如是，尽是依草附木底精灵，吃野狐涕唾底鬼子[4]。《华严》恁么道，譬如良药，然则苦口，且要治疾。阿哪哪！"

【注释】

[1] 败种焦芽：亦作"焦芽败种"。指不能发无上道心之二乘。因与草芽之枯焦、种子之腐败者无异，故称为焦芽败种。如《维摩诘经》谓，二乘如焦芽败种，不能发无上道心。

[2] 那罗延：具有大力之印度古神（婆罗门教），译为金刚力士。佛教称那罗延为那罗延天或毗纽天（即"毗湿奴天"、遍入天），并说他常与阿修罗王争斗。

[3] 烁迦罗眼：指金刚眼、坚固眼，即指明定正邪、辨别得失之眼。

[4] 鬼子：骂人的话，犹言鬼东西。南朝宋代刘义庆《世说新语·方正》："士衡（陆机）正色曰：'我父祖名播海内，宁有不知，鬼子敢尔！'"在帝国主义侵华时期，转化为对侵略者的一种蔑称，如日本鬼子。

圆通可仙禅师

庐山圆通可仙法镜禅师，严州陈氏子。

僧问："如何是佛法大意？"师曰："寸钉牛力。"曰："学人不会。"师曰："参取不会底。"

象田梵卿禅师

绍兴府象田梵卿禅师，嘉兴人，姓钱氏。

僧问："大悲菩萨用许多手眼作甚么？"师曰："富嫌千口少。"曰："毕竟如何是正眼？"师曰："从来共住不知名。"

问："寒风乍起，衲子开炉，忽忆丹霞烧木佛，因何院主堕眉须？"师曰："张公吃酒李公醉。"曰："为复是逢强即弱？为复是妙用神通？"师曰："堂中圣僧却谙此事。"

僧问："象田有屠龙之剑，欲借一观时如何？"师横按拄杖，僧便喝。师掷下拄杖，僧无语。师曰："这死虾蟆！"

上堂："春已暮，落花纷纷下红雨。南北行人归不归，千林万林鸣杜宇[1]。我无家兮何处归？十方刹土奚相依？老夫有个真消息，昨夜三更月在池。"

上堂："佛法到此，命若悬丝。异目超宗，亦难承绍。"竖起拂子曰："赖有这个，堪作流通。于此觑得，便见三世诸佛，向灯笼露柱里转大法轮，六趣众生于铁围山得闻法要。声非声见，色非色随，异类四生，各得解脱。如斯举唱，非但埋没宗风，亦乃平沉[2]自己。且道如何得不犯令去？"拍禅床，下座。

【注释】

[1] 杜宇：鸟名。指杜鹃。相传蜀主名杜宇，号望帝，死化为鹃。春月昼夜悲鸣，蜀人闻之，曰："我望帝魂也。"故称。唐代李商隐《燕台诗·春》："蜀魂寂寞有伴未？几夜瘴花开木棉。"

[2] 平沉：沉没，隐没。

褒亲有瑞禅师

东京褒亲旌德院有瑞佛海禅师，兴化军陈氏子。

初参黄龙南禅师，龙问："汝为人事来，为佛法来？"师曰："为佛法来。"龙曰："若为佛法来，即今便分付。"遂打一拂子，师曰："和尚也不得恼乱人。"龙即器之。

后依照觉，深悟玄奥。

上堂："有佛世界，以一尘一毛而作佛事，令见一法者而具足一切法故，权为架阁[1]。有佛化内，以忘言寂默为大佛事，使其学者离一切相即名诸佛故，好与三下火抄[2]。有佛土中，以黄花、翠竹而为佛事，令睹相者见色即空故，且付与弥勒。有佛宝刹，以法空为座而示佛事，俾[3]其行人不著佛求故，勘破了勾下[4]。有佛道场，以四事供养而成佛事，使知足者断异念故，可与下载[5]。有佛妙域，以一切语言三昧作其佛事，令随机入者不舍动静故，为渠装载大众。且道于中还有优劣也无？"良久曰："到者须知是作家。参！"

【注释】

[1] <u>有佛世界，以一尘一毛而作佛事，令见一法者而具足一切法故，权为架阁</u>：旧校本标点有误，其他版本标点亦有误，包括下面整段标点都有误。这一段开示，禅师排列了"有佛世界""有佛化内""有佛土中""有佛宝刹""有佛道场"

"有佛妙域"六种诸佛净土接引众生的方法，因此这四个字适宜断句，让读者看清楚排列次序。从"有佛世界"一直到"故"是一整句，"故"不能移入下一句的开头，即"故权为架阁"这样标点则有误。下面均如此。旧校本与其他版本标点均乱，会使读者误解。架阁：建造楼阁。

〔2〕好与三下火抄：常常要打三下火夹（棒喝以警悟）。火抄：铁制烧火器具，火钳，火夹。禅师们棒喝的工具。参见本书第三章"池州鲁祖山宝云禅师"条："罗山云：'陈老师当时若见，背上与五火抄。何故？为伊解放不解收。'玄沙云：'我当时若见，也与五火抄。'云居锡云：'罗山、玄沙总恁么道，为复一般？别有道理？若择得出，许上座佛法有去处。'玄觉云：'且道玄沙五火抄，打伊着不着？'"

〔3〕俾：续藏本注"禅疑俾"，此处作"禅"明显不对，而宝祐本就是"俾"，于是可知宝祐本更好。

〔4〕勘破了勾下：看破了向外求佛之心亦是虚妄，于是就把这种妄心勾除。

〔5〕下载：接引到这个道场来。

临江军慧力院可昌禅师

僧问："佛力法力即不问，如何是慧力？"师曰："踏倒人我山，扶起菩提树。"曰："菩提本无树，向甚么处下手？"师曰："无下手处，正好著力。"曰："今日得闻于未闻。"师曰："莫把真金唤作输[1]。"

上堂："佛法根源，非正信妙智不能悟入。祖师关键，非大悲重愿何以开通！具信智则权实双行，如金在矿；全悲愿则善恶可辨，似月离云。大众！只如父母未生时，许多譬喻向甚么处吐露？"良久曰："十语九中，不如一默[2]。"

【注释】

〔1〕输（tōu）：输石，又简称"输"。一种黄色有光泽的矿石，即黄铜矿或自然铜输石似金而非金也。

〔2〕十语九中，不如一默：十次说话九次说对了，仍旧不如沉默不语的好。

黄州柏子山栖真院德嵩禅师

上堂："天地一指[1]，绝净竞之心。万物一马，无是非之论。由是魔罗[2]潜迹，佛祖兴隆。寒山拊掌欣欣，拾得呵呵大笑。大众！二古圣笑个甚么？"良久，呵呵大笑曰："昙花一朵再逢春。"

【注释】

[1] 天地一指：庄子齐万物而为一的命题。《庄子·齐物论》："以指喻指之非指，不若以非指喻指之非指也；以马喻马之非马，不若以非马喻马之非马也。天地一指也，万物一马也。"这是庄子针对公孙龙等辩者关于"指物"辩与"白马非马"辩的命题而发的。若有个人把自己的手指拿来做标准，而说他人的手指不是手指。又把自己的马拿来做标准，而说他人的马不是马。可是，事实上，无论谁的手指都是手指，任何一匹马还都是马。这就说明万物的本质是没有差别的，一切区分都是人为的。

[2] 魔罗：简称为"魔"。意译为杀者、夺命、能夺、能夺命者、障碍。又称恶魔。指夺取吾人生命，而妨碍善事之恶鬼神。

万杉绍慈禅师

庐山万杉院绍慈禅师，桂州赵氏子。

参照觉，问曰："世尊付金襕[1]外，别传何物？"觉举拂子，师曰："毕竟作么生？"觉以拂子蓦口打。师拟开口，觉又打。师于是有省，遂夺拂子，便礼拜。觉曰："汝见何道理，便礼拜？"师曰："拂子属某甲了也。"觉曰："三十年老将，今日被小卒折倒。"自此玄风大振，推为东林上首。

上堂："先行不到，若须弥立乎巨川；末后太过，犹猛士发乎狂矢。或高或下，未有准绳。似是还非，遭人点检。且道如何得相应去？"良久曰："红炉焰里重添火，煓赫[2]金刚眼自开。咄！"

上堂："我祖别行最上机，纵横生杀绝猜疑。虽然塞断群狐路，返掷须还师子儿。众中还有金毛煓赫、牙爪生狞者么？试出哮吼一声看。"良久曰："直饶有，也不免玉溪寨主撩钩搭索[3]。参！"

【注释】

[1] 金襕：金缕织成的袈裟。相传释迦牟尼佛于灵山会上向摩诃迦叶传法之时，又将金襕袈裟作为法信传付给他。

[2] 煓（dá）赫：火旺的样子。宝祐本"煓"作"瘑"。

[3] 撩钩搭索：撩钩和搭索均为钩物器具。比喻禅家作略东拉西扯、陷入言辞知见而非直截了当。《云门广录》卷中："师有时云：'弹指謦欬，扬眉瞬目，拈槌竖拂，或即圆相，尽是撩钩搭索。佛法两字未曾道著，道著即撒屎撒尿。'"《密庵语录》："释迦掩室，净名杜词，以至诸方横拈倒用，总是撩钩搭索。毕竟直截一句，作么生道？"（摘自《禅宗大词典》）

南岳衡岳寺道辩禅师

僧问："拈槌举拂即且置，和尚如何为人？"师曰："客来须接。"曰："便是为人处也？"师曰："粗茶澹饭。"僧礼拜，师曰："须知滋味始得。"

吉州禾山甘露志传禅师

僧问："一等没弦琴，请师弹一曲。"师曰："山僧耳聋。"曰："学人请益。"师曰："去！"曰："慈悲何在？"师曰："自有诸方眼。"

东京褒亲旌德寺谕禅师

上堂："新罗打鼓，大宋上堂。庭前柏子问话，灯笼露柱著忙。香台拄杖起作舞，卧病维摩犹在床。这老汉我也识得，你病休讶郎当[1]。咄！"

【注释】

[1] 郎当：本有疲软、松垮等义，转谓某些禅师接人，啰唆拖沓，不干脆利落。

隆兴府西山龙泉夔禅师

上堂，众集，师乃曰："只恁么便散去，不妨要妙。虽然如是，早是无风起浪，钉橛空中。岂况牵枝引蔓，说妙谭玄？正是金屑眼中翳，衣珠法上尘。且道拂尘出屑是甚么人？"卓拄杖，下座。

南康军兜率志恩禅师

上堂："落落魄魄[1]，居村居郭。莽莽卤卤[2]，何今何古？不重己灵，休话佛祖。搊[3]定释迦鼻孔，揭却观音耳朵。任他雪岭辊球，休管禾山打鼓。若是本色衲僧，终不守株待兔。参！"

【注释】

[1] 落落魄魄：即落魄，指穷困失意或放荡不羁。

[2] 莽莽卤卤：即莽卤，指马虎、糊涂。

[3] 搊（chōu）：执持，抓。宝祐本作"揫"，同"搊"。

福州兴福院康源禅师

上堂："山僧有一诀，寻常不漏泄。今日不囊藏[1]，分明为君说。"良久曰："寒时寒，热时热。"

【注释】

[1] 囊藏：藏在袋子里。

慧圆上座

慧圆上座，开封酸枣干氏子。世业农，少依邑之建福寺德光为师。性椎鲁[1]，然勤渠祖道，坚坐不卧，居数岁得度。

出游庐山，至东林，每以己事请问，朋辈见其貌陋，举止乖疏[2]，皆戏侮之。

一日，行殿庭中，忽足颠而仆，了然开悟，作偈俾行者书于壁曰："这一交，这一交，万两黄金也合消。头上笠，腰下包，清风明月杖头桃。"即日离东林，众传至照觉，觉大喜，曰："衲子参究若此，善不可加。"令人迹其所往，竟无知者。

（大慧《武库》谓证悟颠语，非也。）

【注释】

[1] 椎鲁：愚钝，鲁钝。宋代苏轼《六国论》："其力耕以奉上，皆椎鲁无能为者。"

[2] 乖疏：差错疏漏。

内翰苏轼居士

内翰东坡居士苏轼，字子瞻。因宿东林，与照觉论无情话，有省。黎明献偈曰："溪声便是广长舌，山色岂非清净身？夜来八万四千偈，他日如何举似人！"

未几抵荆南，闻玉泉皓禅师机锋不可触，公拟抑之，即微服求见。泉问："尊官高姓？"公曰："姓秤，乃秤天下长老底秤。"泉喝曰："且道这一喝重多少？"公无对，于是尊礼之。

后过金山，有写公照容者，公戏题曰："心似已灰之木，身如不击之舟。问汝平生功业，黄州、惠州、琼州。"

【概要】

苏轼（1036～1101年），宋代居士。北宋四川眉山人。字子瞻，自号东坡。嘉祐元年（1056年）举进士。多次出任地方官，有惠政。后官至礼部尚书兼端明殿、翰林侍读两学士。晚年贬官儋州。为唐宋八大家之一。工诗词，并擅书画。开词中豪放之一派，诗文气势雄浑，想象丰富，善用夸张手法，水调歌头、念奴娇诸词，广为后人传诵。书法擅长行、楷，用笔丰腴跌宕，有天真烂漫之趣。虽以文人、诗人著称，但除儒学外，亦亲炙佛教，其诗作常涉及佛法，主张禅净兼修。熙宁年间（1068～1077年），在汴京作大阁以安置四菩萨像，写《法华经》。于天竺寺慧辩示寂之际，作三诗追悼。元丰三年（1080年），访江州东林禅院常总禅师，于对谈中有悟，遂赠诗偈一首："溪声便是广长舌，山色岂非清净身？夜来八万四千偈，他日如何举似人！"吐露其悟境，至今仍脍炙人口。与契嵩、慧辩等僧人为友，好谈三教合一，但更多地是接受佛学的影响，曾说："孔老异门，儒释分官，又于其间，禅律交攻。我见大海，有此南东，江河虽殊，其至则同。"（《东坡后集》卷十六）为当时融合三教的蜀学派代表人物。

遗作有《东坡全集》一一五卷、《东坡易传》九卷、《东坡书传》十三卷、《东坡志林》五卷、《东坡词》一卷等。

【参考文献】

《佛祖统纪》卷四十六；《嘉泰普灯录》卷二十三；《宋史》卷三三八；《居士传》卷二十六。

宝峰文禅师法嗣

兜率从悦禅师

隆兴府兜率从悦禅师，赣州熊氏子。初首众于道吾，领数衲谒云盖智和尚。智与语，未数句尽知所蕴，乃笑曰："观首座气质不凡，奈何出言吐气如醉人邪？"师面热汗下，曰："愿和尚不吝慈悲！"智复与语："锥劄之[1]。"师茫然，遂求入室。智曰："曾见法昌遇和尚否[2]？"师曰："曾看他语录，自了可也，不愿见之。"智曰："曾见洞山文和尚否？"师曰："关西子没头脑，拖一条布裙，作尿臭气，有甚长处？"智曰："你但向尿臭气处参取。"师依教，即谒洞山，深领奥旨。复谒智，智曰："见关西子后大事如何？"师曰："若不得和尚指示，洎乎蹉过一生。"遂礼谢。师复谒真净，后出世鹿苑。

有清素者，久参慈明，寓居一室，未始与人交。师因食蜜渍荔枝，偶素过门，师呼曰："此老人乡果也，可同食之。"素曰："自先师亡后，不得此食久矣。"师曰："先师为谁？"素曰："慈明也，某忝执侍十三年耳。"师乃疑骇，曰："十三年堪忍执侍之役，非得其道而何？"遂馈以余果，稍稍亲之。素问："师所见者何人？"曰："洞山文。"素曰："文见何人？"师曰："黄龙南。"素曰："南匾[3]头见先师不久，法道大振如此。"师益疑骇，遂袖香[4]诣素作礼，素起避之曰："吾以福薄，先师授记，不许为人。"师益恭，素乃曰："怜子之诚，违先师之记。子平生所得，试语我。"师具通所见，素曰："可以入佛而不能入魔。"师曰："何谓也？"素曰："岂不见古人道：'末后一句，始到牢关[5]。'"如是累月，素乃印可，仍戒之曰："文示子者，皆正知正见。然子离文太早，不能尽其妙。吾今为子点破，使子受用得大自在。他日切勿嗣吾也。"师后嗣真净。

僧问："提兵统将，须凭帝主虎符；领众匡徒，密佩祖师心印。如何是祖师心印？"师曰："满口道不得。"曰："只这个，别更有？"师曰："莫将支遁鹤[6]，唤作右军鹅[7]。"

问："如何是兜率境？"师曰："一水挼[8]蓝色，千峰削玉青。"曰："如何是境中人？"师曰："七凹八凸无人见，百手千头只自知。"

上堂："耳目一何清，端居幽谷里。秋风入古松，秋月生寒水。衲僧于此更求真，两个猢狲垂四尾。"喝一喝。

上堂："兜率都无辨别，却唤乌龟作鳖。不能说妙谈真，只解摇唇鼓舌。遂令天下衲僧，觑见眼中滴血。莫有翻嗔作喜、笑傲烟霞者么？"良久曰："笛中一曲升平乐，算得生平未解愁。"

上堂："始见新春，又逢初夏。四时若箭，两曜如梭。不觉红颜翻成白首。直须努力，别著精神。耕取自己田园，莫犯他人苗稼。既然如是，牵犁拽杷，须是雪山白牛始得。且道鼻孔在甚么处？"良久曰："叱！叱！"

上堂："常居物外度清时，牛上横将竹笛吹。一曲自幽山自绿，此情不与白云知。庆快诸禅德！翻思范蠡[9]，谩泛沧波。因念陈抟[10]，空眠太华。何曾梦见？浪得高名。实未神游，闲漂野迹。既然如此，具眼衲僧，莫道龙安非他是己好！"

上堂："无法亦无心，无心复何舍？要真尽属真，要假全归假。平地上行船，虚空里走马。九年面壁人，有口还如哑。参！"

上堂："夜夜抱佛眠，朝朝还共起。起坐镇相随，语默同居止。欲识佛去处，只这语声是。诸禅德！大小傅大士，只会抱桥柱澡洗，把缆放船，印板上打将来，模子里脱将去。岂知道本色衲僧，塞除佛祖窟，打破玄妙门，跳出断常坑，不依清净界？都无一物，独奋双拳，海上横行，建家立国。有一般汉，也要向百尺竿头凝然端坐，泊乎翻身之际，舍命不得。岂不见云门大师道：'知是般事，拈放一边。直须摆动精神，著些筋骨，向混沌未剖已前荐得，犹是钝汉，那堪更于他人舌头上，哑㖘[11]滋味，终无了日？'诸禅客！要会么？剔起眉毛[12]有甚难！分明不见一毫端。风吹碧落浮云尽，月上青山玉一团。"喝一喝，下座。

一日，漕使无尽居士张公商英[13]按部过分宁，请五院长老就云岩说法。师最后登座，横拄杖曰："适来诸善知识，横拈竖放，直立斜抛，换步移身，藏头露角。既于学士面前各纳败阙，未免吃兜率手中痛棒。到这里不由甘与不甘。何故？见事不平争忍得，衲僧正令自当行。"卓拄杖，下座。

室中设三语以验学者："一曰拨草瞻风[14]，只图见性。即今上人[15]性在甚么处？二曰识得自性，方脱生死。眼光落地时，作么生脱？三曰脱得生死，便知去处。四大分离，向甚么处去？"

元祐六年冬，浴讫集众，说偈曰："四十有八，圣凡尽杀。不是英雄，龙安路滑。"奄然而化。其徒遵师遗诫，欲火葬捐骨江中。得法弟子无尽居士张公遣使持祭，且曰："老师于祖宗门下有大道力，不可使来者无所起敬。"俾塔于龙安之乳峰。谥"真寂禅师"。

【注释】

[1] 锥劄（zhā）之：旧校本与其他版本均当作叙述语言，而无引号，此处应是禅师答语。"锥劄之"可参见本书第十四章"净慈慧晖禅师"条："云门寻常干爆爆地，锥劄不入。到这里，也解拖泥带水。诸人只今要见这一头么？天色稍寒，各自归堂。"劄：同"扎"，针刺。锥劄不入，指没有下针之处，即可检验开悟境界。

[2] 曾见法昌遇和尚否："法昌遇和尚"指"法昌倚遇禅师"，参见本书第十六章。旧校本标点有误，将"遇"当成遇见之意，故只在"法昌"下画专有名词线。

[3] 擂：方言。谓把裤脚、衣袖等向上折迭。此处以"擂头"形容南禅师劳动的外貌，作为他的外号。

[4] 袖香：将香藏在袖中。

[5] 末后一句，始到牢关：至极重要的最后一句，才到达彻底省悟的禅关。牢关：喻锁断一切言诠与分别心，不让通过。指迷与悟的关口。《祖堂集》卷九"落浦"条："末后一句，始到牢关。锁断要津，不通凡圣。任你天下忻忻，老僧独然不顾。"《碧岩录》卷一"第九则"："末后一句，始到牢关。指南之旨，不在言诠。"《圆悟语录》卷十四："末后一句，始到牢关。诚哉是言！透脱死生，提持正印，全是此个时节。唯踏著上头关捩子底，便谙悉也。"（摘自《禅宗大词典》）

[6] 支遁鹤：支遁爱鹤，以鹤为伴。支遁（314～366年），东晋僧。二十五岁出家，游京师建康，每至讲肆，善标宗会，颇为名士所激赏。时尚老庄，支遁每与当世倜傥之流王蒙、孙绰、许洵、殷浩、谢安、王羲之等畅谈庄子，言说数千，才藻惊绝，为时人所叹服。师形貌丑异，而玄谈妙美，养马放鹤，优游山林，又善草隶，文翰冠世。

[7] 右军鹅：王羲之爱鹅，写道经与道士换鹅。王羲之（303～361年，一说321～379年），字逸少，东晋时期书法家，有"书圣"之称。琅琊临沂（今山东临沂）人，南渡后居会稽山阴（今浙江绍兴），晚年隐居剡县金庭。历任秘书郎、宁远将军、江州刺史，后为会稽内史，领右将军。故称"王右军"。"右军换鹅"出自《晋书》卷八十《王羲之传》："羲之性喜鹅，会稽有孤居姥养一鹅，善鸣，求市未能得，遂携亲友命驾就观。姥闻羲之将至，烹以待之。羲之叹惜弥日。又山阴有一道士，养好鹅，羲之往观焉，意甚悦，固求市之。道士云：'为写《道德经》，当奉群相赠耳。'羲之欣然写毕，笼鹅而归，甚以为乐。"

[8] 挼（ruó）：续藏本作"樱"，宝祐本则作"挼"。"挼"有两个含义。一是排挤。《说文》："挼，摧也。"段玉裁注："摧，各本作推，今依《玉篇》《韵会》。摧者，挤也。"二是揉搓。唐代韩愈《读东方朔杂事》："瞻相北斗柄，两手自相挼。"

[9] 范蠡（公元前536—前448年）：春秋末政治家和著名商业家。字少伯。楚国宛（今河南南阳）人。曾辅佐越王勾践，经十年生聚，十年教训，灭吴而称霸。范蠡认为勾践"可与共患难，不可与共享乐"。灭吴后，遂乘扁舟游江湖，入齐易名鸱夷子皮。期间三次经商成巨富，三散家财。后定居于宋国陶丘（今山东省菏泽市定陶区南），自号"陶朱公"。

[10] 陈抟（tuán）（871～989年）：北宋著名的道家学者、养生家，尊奉黄老之学。字图南，号扶摇子，赐号"白云先生""希夷先生"，亳州真源（今河南省鹿邑县）人。少有奇才，经纶《易》象，玄机尤所精穷。因服气辟谷历二十余年，但日饮酒数杯。移居华山云台观，又止少华石室。每寝处，多百余日不起。周世宗召入禁，欲试之，乃闭户月余，始启，抟方睡熟发鼾，醒即辞去。赋诗云："十年踪迹走红尘，回首青山入梦频。紫陌纵荣争及睡，朱门虽贵不如贫。愁闻剑戟扶危主，闷见笙歌聒醉人。携取旧书归旧隐，野花啼鸟一般春。"留有诗集，今佚。

[11] 咂（zā）啖（dàn）：吸饮嚼食。

[12] 剔起眉毛：①禅家劝诫学人振作精神顿悟禅旨的习语。《圆悟语录》卷七："僧问：'古释迦不先，新弥勒不后。正当今日，佛法委付云居，千圣不借底机，如何提掇？'师云：'剔起眉毛直下行。'"本书第十八章"万寿念"条："赵州相唤吃茶来，剔起眉毛须瞥地。"（瞥地：领悟）②形容领会禅义、应接禅机极为快捷。《明觉语录》卷二："上堂云：'胡蜂不恋旧时窠，猛将不在家中死。若是个汉，聊闻举著，剔起眉毛便行。'"亦作"眉毛剔起"。此处属于第一个含义。（摘自《禅宗大词典》）

[13] 张公商英：张商英（1043～1121年），北宋蜀州（四川崇庆）新津人。

字天觉，号无尽居士。自幼即锐气倜傥，日诵万言。初任通州主簿，一日入寺见藏经之卷册齐整，怫然曰："吾孔圣之书，乃不及此。"欲著《无佛论》，后读《维摩诘经》有感，乃归信佛法。神宗时，受王安石推举入朝，大观年间，为尚书右仆射。未久因事谪于外，曾至五台山祈文殊像，有灵验，乃塑文殊像供奉于山寺，又撰发愿文。不久，值天大旱，入山祈雨，三度皆验，遂闻名于朝。又还僧寺田三百顷，致崇佛之诚。及迁江西运使，礼谒东林寺常总禅师，得其印可；复投兜率寺之从悦禅师，就岩头末后之句有所参究。绍圣初年，受召为左司谏，因上书论司马光、吕公著而左迁。又常诋当时宰相蔡京，故屡受贬。大观四年（1110 年）六月，天久旱，乃受命祈雨，晚忽雨，徽宗大喜，赐"商霖"二字。后受蔡京谗言，贬知河南府。宣和四年殁，世寿七十九，赐谥"文忠"，著有《护法论》一卷。（参见《释氏稽古略》卷四、《居士传》卷二十八、《宋史》卷三五一）

[14] 拨草瞻风：禅宗用语。亦作"拨草参玄"。意为拨开无明愚痴的荒草，瞻仰觉悟的玄风。禅家引申为历经艰险，寻求善知识的指点。

[15] 上人：对智德兼备而可为众僧及众人师者之高僧的尊称。《释氏要览》卷上谓，内有智德，外有胜行，在众人之上者为上人。《大品般若经》卷十七"坚固品"则载，若菩萨摩诃萨能一心行阿耨多罗三藐三菩提，护持心不散乱，称为上人。

【概要】

从悦法师（1044~1091 年），宋代禅僧，俗姓熊，虔州（今江西赣州）人。十五岁出家，十六岁受具足戒，参宝峰克文禅师得法，为临济宗黄龙派传人。住隆兴（今江西南昌）兜率院，学通内外，能文善诗，率徒以勤谨，远近景仰。无尽居士张商英，经常随侍，受其指教。兜率设立三关，模仿黄龙三转语而接化学徒。宣和三年（1121 年），丞相张商英奏请谥号"真寂禅师"。有《兜率悦禅师语要》一卷行世。

【参考文献】

《建中靖国续灯录》卷二十三；《续传灯录》卷二十二；《嘉泰普灯录》卷七。

法云杲禅师

东京法云佛照杲禅师，自妙年游方，谒圆通玑禅师。

入室次，玑举："僧问投子：'大死底人却活时如何？'子曰：'不许夜行，投明须到。'意作么生？"师曰："恩大难酬。"玑大喜，遂命首众。至晚，为众秉拂。机迟而讷，众笑之。师有赧色[1]。次日于僧堂点茶，因触茶瓢坠地，见瓢跳，乃得应机三昧。

后依真净，因读祖偈曰："心同虚空界，示等虚空法。证得虚空时，无是无非法。"豁然大悟，每谓人曰："我于绍圣三年十一月二十一日，悟得方寸禅[2]。"

出住归宗，诏居净因。

僧问："达磨西来传个甚么？"师曰："周、秦、汉、魏。"

问："昔日僧问云门：'如何是透法身句？'门曰：'北斗里藏身。'意旨如何？"师曰："赤心片片。"曰："若是学人即不然。"师曰："汝又作么生？"曰："昨夜抬头看北斗，依稀却似点糖糕。"师曰："但念水草，余无所知。"

上堂："西来祖意，教外别传，非大根器，不能证入。其证入者，不被文字语言所转，声色是非所迷，亦无云门临济之殊、赵州德山之异。所以，唱道：'须明有语中无语，无语中有语。'若向这里荐得，可谓终日著衣，未尝挂一缕丝；终日吃饭，未尝咬一粒米。直是呵佛骂祖，有甚么过？虽然如是，欲得不招无间业，莫谤如来正法轮。"喝一喝，下座。

上堂，拈拄杖曰："归宗会斩蛇，禾山解打鼓，万象与森罗，皆从这里去。"掷下拄杖曰："归堂吃茶！"

师以力参深到，语不入时，每示众，常举："老僧熙宁八年，文帐在凤翔府供申，当年崩了华山四十里，压倒八十村人家[3]。汝辈后生，茄子瓢子[4]，几时知得？"或同曰："宝华玉座上，因甚么一向世谛？"师曰："痴人！佛性岂有二种邪[5]？"

【注释】

[1] 赧（nǎn）色：羞愧的脸色。赧，同"赧"。

[2] 方寸禅：即直指人心、以心传心的禅法。方寸：心。本指一寸见方的心部，又作寸心。

[3] 老僧熙宁八年，文帐在凤翔府供申，当年崩了华山四十里，压倒八十村人家：旧校本："老僧熙宁八年，文帐在凤翔府，供申当年崩了华山四十里，压倒八十村人家。"有误，参见冯国栋《〈五灯会元〉校点疏失类举》。"文帐"指官府的

文书案卷。而"供帐"是指记录僧尼名称及出家得度等事的账簿。

[4] 茄子瓠（hù）子：平常之物，比喻没有见过世面。

[5] 痴人！佛性岂有二种邪：旧校本："痴人佛性，岂有二种邪？"有误，参见冯国栋《〈五灯会元〉校点疏失类举》。

泐潭文准禅师

隆兴府泐潭湛堂文准禅师，兴元府梁氏子。

初谒真净，净问："近离甚处？"师曰："大仰。"净曰："夏在甚处？"师曰："大沩。"净曰："甚处人？"师曰："兴元府。"净展手曰："我手何似佛手？"师罔措，净曰："适来祗对，一一灵明，一一天真。及乎道个'我手何似佛手'，便成窒碍。且道病在甚处？"师曰："某甲不会。"净曰："一切见成，更教谁会？"师当下释然。服勤十载，所往必随。

绍圣三年，真净移石门，众益盛。凡衲僧扣问，但瞑目危坐，无所示见。来学则往治蔬圃，率以为常。师谓同行恭上座曰："老汉无意于法道乎？"一日，举杖决渠，水溅衣，忽大悟。净诟曰："此乃敢尔蘦苴[1]邪？"自此迹愈晦而名益著。

显谟[2]李公景直守豫章，请开法云岩。未几，移居泐潭。

僧问："教意即且置，未审如何是祖意？"师曰："烟村三月里，别是一家春。"

问："寒食[3]因悲郭外[4]春，墅田[5]无处不伤神。林间垒垒添新冢，半是去年来哭人。这事且拈放一边，如何是道？"师曰："苍天！苍天！"曰："学人特伸请问。"师曰："十字街头吹尺八[6]，村酸冷酒两三巡。"

问："一法若有，毗卢堕在凡夫；万法若无，普贤失其境界。去此二途，请师一决。"师曰："大黄、甘草[7]。"曰："此犹是学人疑处。"师曰："放待冷来看。"

问："向上一路，千圣不传，未审如何是向上一路？"师曰："行到水穷处，坐看云起时。"曰："为甚不传？"师曰："家家有路透长安[8]。"曰："只如衲僧门下，毕竟作么生？"师曰："放你三十棒。"

上堂曰："五九四十五，圣人作而万物睹[9]。秦时轹钻[10]头尖，汉祖殿前樊哙[11]怒。曾闻黄鹤楼，崔颢[12]题诗在上头：'晴川历历汉阳树，芳草萋萋鹦鹉洲[13]。'可知礼也？君子务本，本立而道生[14]。道生一，一生二，二生三，三生万物[15]。"蓦拈拄杖，起身云："大众！宝峰何似孔夫子？"良久曰："酒逢知己饮，诗向会人吟[16]。"卓拄杖，下座。

上堂："劄！久雨不晴[17]。直得五老峰头黑云嵯巇[18]，洞庭湖里白浪滔天。云门大师忍俊不禁，向佛殿里烧香，三门头合掌，祷祝咒愿：'愿黄梅石女生儿，子母团圆；少室无角铁牛，常甘水草。'"喝一喝："有甚么交涉？"顾众曰："不因杨得意，争见马相如[19]？"

上堂："混元未判，一气岑寂。不闻有'天地玄黄，宇宙洪荒，日月盈昃，秋收冬藏[20]'？正当恁么时，也好个时节。叵耐[21]雪峰老汉，却向虚空里钉橛，辊三个木毬[22]，直至后人构占不上。便见沩山水牯牛，一向胆大心粗。长沙大虫，到处咬人家猪狗。虽然无礼难容，而今放过一著。《孝经》序云：'朕闻上古，其风朴略。'山前华尧民[23]解元[24]，且喜尊候安乐。参！"

上堂："今朝腊月十，夜来天落雪。群峰极目高低白，绿竹青松难辨别。必是来年蚕麦熟，张公李公皆忻悦。皆忻悦，鼓腹[25]讴歌笑不彻。把得云箫缭乱吹，依稀有如杨柳枝。又不觉手之舞之，足之蹈之，左之右之。"喝曰："禅客相逢只弹指，此心能有几人知？"

上堂："太阳门下，日日三秋。明月堂前，时时九夏。洞山和尚，只解夜半捉乌鸡，殊不知惊起邻家睡。宝峰相席打令[26]，告诸禅德，也好冷处著把火。咄！"

上堂："古人道，不看经，不念佛，看经念佛是何物？自从识得转经人，"举拂子曰："龙藏圣贤都一拂。"以拂子拂一拂，曰："诸禅德！正当恁么时，且道云岩土地向甚么处安身立命？"掷下拂子，以两手握拳叩齿[27]曰："万灵千圣，千圣万灵。"

上堂，僧问："教中道：'若有一人发真归源，十方虚空悉皆消殒。'未审此理如何？"师遂展掌点指曰："子丑寅卯，辰巳午未。一罗二土，三水四金，五太阳，六太阴、七计都[28]。今日计都星入巨蟹宫。宝峰不打这鼓笛。"便下座。

上堂："大道纵横，触事现成。云开日出，水绿山青。"拈拄杖，卓一下，曰："云门大师来也，说道：'观音菩萨将钱买胡饼，放下手，元来却是馒头。'大众！云门只见锥头利，不见凿头方[29]。宝峰即不然。"掷下拄杖曰："勿于中路事空王，策杖须还达本乡。昨日有人从淮南来，不得福建信，却道嘉州大象，吞却陕府铁牛。"喝一喝，曰："是甚说话，笑倒云居土地。"

上堂："祖师关捩子，幽隐少人知。不是悟心者，如何举似伊！"喝一喝，曰："是何言欤？若一向恁么，达磨一宗扫土而尽。所以大觉世尊初悟此事，便开方便门，示真实相。普令南北东西、四维上下、郭大李二、邓四张三，同明斯事。云岩今日不免效古去也。"击拂子曰："方便门开也。作么生是真实相？"良久云："十八十九，痴人夜走。"

示众，拈拄杖曰："衲僧家竿木随身，逢场作戏[30]。倒把横拈，自有意思。所以，昔日药山和尚问云岩曰：'闻汝解弄师子，是否？'岩曰：'是。'山曰：'弄得几出？'岩曰：'弄得六出。'山曰：'老僧亦解弄。'岩曰：'和尚弄得几出？'山曰：'老僧只弄得一出。'岩曰：'一即六，六即一。'山便休。大众，药山云岩钝置杀人，两子父[31]弄一个师子也弄不出。若是准上座，只消得自弄。拽得来拈头作尾，拈尾作头，转两个金睛，攫几钩铁爪，吼一声，直令百里内猛兽潜踪，满空里飞禽乱坠。准上座未弄师子，请大众高著眼，先做一个定场。"掷下拄杖曰："个中消息子，能有几人知？"

师自浙回溈潭，谒深禅师，寻命分座。闻有悟侍者，见所掷爨余[32]有省，诣方丈通所悟。深喝出，因丧志[33]，自经[34]于延寿堂厕后，出没无时，众惮[35]之。师闻，中夜[36]特往登溷[37]，方脱衣，悟即提净水至。师曰："待我脱衣。"脱罢悟复至。未几，悟供筹子[38]。师涤净已，召："接净桶去。"悟才接，师执其手问曰："汝是悟侍者那！"悟曰："诺。"师曰："是当时在知客寮，见掉火柴头，有个悟处底么？参禅学道，只要知个本命元辰下落处，汝划[39]地作此去就。汝在藏殿移首座鞋，岂不是汝当时悟得底？又在知客寮移他枕子，岂不是汝当时悟得底？汝每夜在此提水度筹，岂不是汝当时悟得底？因甚么不知下落，却在这里恼乱大众？"师猛推之，索然如倒垒甓[40]，由是无复见者。

政和五年夏，师卧病，进药者令忌毒物，师不从。有问其故，师曰："病有自性乎？"曰："病无自性。"师曰："既无自性，则毒物宁有心哉？

以空纳空，吾未尝颠倒。汝辈一何昏迷？"十月二十日，更衣说偈而化。
阇维，得设利，晶圆光洁，睛、齿、数珠不坏。塔于南山之阳。

【注释】

[1] 藞（lǎ）苴（jū）：犹邋遢。不整洁，不利落，不端庄。

[2] 显谟：官名。显谟阁，专藏宋神宗御制、御书。显谟阁建立后，久未设官。宋徽宗建中靖国元年（1101 年），显谟阁改名为"熙明阁"，置学士、直学士、待制，其序位在宝文阁学士、直学士、待制下。崇宁元年（1102 年），恢复原名。

[3] 寒食：节日名。在清明前一日或二日。

[4] 郭外：城外。

[5] 墅田：指村舍、田野。墅：指田庐、村舍。

[6] 尺八：古管乐器名。竹制，竖吹，六孔，旁一孔蒙竹膜。因管长一尺八寸而得名。今仍流行于日本，形制稍异，仅五孔，前四后一。也称箫管、中管、竖篍。唐代张鷟《游仙窟》："五嫂咏筝，儿咏尺八。"

[7] 大黄、甘草：两种中药。

[8] 家家有路透长安：比喻各自都有通向美好生活的道路。

[9] 圣人作而万物睹：谓圣人奋起治世而万物昌盛、尽皆瞻睹。出自《周易》中的《乾》卦《文言传》。旨在衍发《乾》九五"飞龙在天，利见大人"的象征意蕴。圣人，犹"飞龙"之象；万物睹，犹"利见"之象。李鼎祚《周易集解》引陆绩曰："阳气至五，万物茂盛，故譬以圣人在天子之位，功成制作，万物咸见之。"

[10] 秦时䡍辘钻：䡍辘，转动。秦代的锥钻，钻刃已腐蚀无用，禅林喻机思迟钝，机锋陈旧。后喻指公案古则，此义较为晚出。

[11] 樊哙（？—前 189 年）：秦末汉初沛县（今属江苏）人。初以屠狗为业。秦末农民战争中，随刘邦起义，由舍人以军功升为部将，封贤成君。秦亡后，项羽在鸿门宴会上拟杀刘邦，他排禁直入营门，面斥项羽，使刘邦得借故乘机逃走。汉朝建立，又从刘邦击破臧荼，陈狶与韩王信等人反叛，取楚王韩信，封舞阳侯，任左丞相，因娶吕后妹吕须为妻，特受殊宠。（参见《史记》）

[12] 崔颢（hào）（704～754 年）：唐朝诗人。汴州（今河南开封）人。开元十年（722 年）或次年登进士第。开元年间，曾任职于代州都督府。天宝初，入朝为太仆寺丞，官终尚书司勋员外郎。天宝十三年（754 年）卒。殷璠云："颢年少为诗，名陷轻薄。晚节忽变常体，风骨凛然，一窥塞垣，说尽戎旅。"（殷璠《河岳英灵集》）最为人称道的是他那首《黄鹤楼》，据说李白为之搁笔，曾有"眼前

有景道不得，崔颢题诗在上头"的赞叹。《全唐诗》收录诗四十二首。他秉性耿直，才思敏捷，其作品激昂豪放，气势宏伟。著有《崔颢集》。

[13] 晴川历历汉阳树，芳草萋萋鹦鹉洲：出自崔颢《黄鹤楼》："昔人已乘黄鹤去，此地空余黄鹤楼。黄鹤一去不复返，白云千载空悠悠。晴川历历汉阳树，芳草萋萋鹦鹉洲。日暮乡关何处是？烟波江上使人愁。"其中"晴川历历汉阳树"，宝祐本与其他各种版本版本均作"晴川历历汉阳戍"，均错。

[14] 君子务本，本立而道生：出自《论语·学而》："其为人也孝弟，而好犯上者，鲜矣；不好犯上，而好作乱者，未之有也。君子务本，本立而道生。孝弟也者，其为仁之本与！"

[15] 道生一，一生二，二生三，三生万物：出自《老子》第四十二章："道生一，一生二，二生三，三生万物。万物负阴而抱阳，冲气以为和。"

[16] 酒逢知己饮，诗向会人吟：情意相投，思想认识一致才能在一起融洽相处。这是流传已久的谚语，后收入《增广贤文》。

[17] 劄！久雨不晴：旧校本标点有误。"劄"是禅师常用语，要移入引号内。"劄"，参见本书注释。

[18] 靉（ài）靆（dài）：云盛貌。《敦煌变文集·频婆娑罗王后宫彩女功德意供养塔生天因缘变》："波旬自领军众，来至林中，先铺靉靆之云，后降拔霖之雨。"

[19] 不因杨得意，争见马相如：如果没有杨得意的引荐，司马相如怎能入朝见汉武帝？杨得意，西汉人，为汉武帝掌管猎狗的官，称"狗监"，举荐司马相如。相关诗句："杨意不逢，抚凌云而自惜；钟期既遇，奏流水以何惭！"

[20] 天地玄黄，宇宙洪荒，日月盈昃，秋收冬藏：出自《千字文》开头。

[21] 叵（pǒ）耐：亦作"叵奈"。不可容忍，可恨。《敦煌曲子词·鹊踏枝》："叵耐灵鹊多漫语，送喜何曾有凭据。"叵：不，不可。

[22] 毬（qiú）：同"球"。旧校本作"毯"有误，形近而误。

[23] 华尧民：人名，旧校本标点有误，没加专有名词线。

[24] 解元：古代科举乡试第一名。唐制，投考进士的考生随地方贡品解送入京赴试，称之为"解"或"解送"。故后世称乡试为"解试"，而以乡试第一名为"解元"，即解送者中之冠。宋、元以后解元又作为对读书人的通称或尊称。

[25] 鼓腹：拍击腹部，以应歌节。

[26] 相席打令：本谓视筵席、主宾之具体情况而行酒令，多喻禅家言句作略之随机应变。此处旧校本标点错误，标点为"宝峰相席打，令告诸禅德"，显然没有明白"相席打令"的意义。

[27] 叩齿：佛教的仪式，祷告时，往往用指头敲击牙齿，这样才可以灵验。又，道家所行的祝告仪式之一。叩左齿为鸣天鼓，叩右齿为击天磬，驱祟降妖用之。当门上下八齿相叩，为鸣法鼓，通真、朝奏用之。

[28] 计都：梵历中的九星之一。译为旗星，即彗星。与罗睺星相对，十八日行天上一度，十八年行一周天。常隐不现，遇其它星即蚀。这也是佛教所说的天魔。

[29] 只见锥头利，不见凿头方：只看见锥子头是尖的，没看见凿子头是方的。比喻只了解事情的一个方面，不了解另一方面。或比喻见小不见大，只顾小利，不顾大的危害。

[30] 竿木随身，逢场作戏：本指江湖艺人随身带着竹木道具等，遇上适合的场所便可随时演出。比喻悟道者随处作主，自在无碍之机用。

[31] 两子父：旧校本作"父子"，并注："父子，原舛作'子父'，今据改。"虽然龙藏本作"父子"，但宝祐本、续藏本均作"子父"，古代白话中"子父"亦常用，故此处不用改。唐代韩愈《论变盐法事宜状》："臣以为盐商纳榷，为官粜盐，子父相承，坐受厚利。"《孟子·离娄下》："夫章子，子父责善，而不相遇也。"参见冯国栋《〈五灯会元〉校点疏失类举》。

[32] 爨（cuàn）余：烧剩的木柴头。爨：焚烧。

[33] 丧志：常理解为丧失志气或斗志。但实际上此处应当是因情志抑郁而致神志失常，我们通俗说法得了精神病，精神分裂。

[34] 自经：上吊自杀。《论语·宪问》："岂若匹夫匹妇之为谅也，自经于沟渎而莫之知也。"

[35] 惮（dàn）：指畏难、畏惧、敬畏等意。此处指畏惧、害怕。

[36] 中夜：宝祐本作"中夜"，其他版本作"半夜"，意义相同。

[37] 登溷（hùn）：如厕，上厕所。

[38] 筹子：古时大便后用以拭秽之具。也称"厕简""厕坑子"或"厕筹"。

[39] 划（chǎn）：同"铲"。如"铲草"。

[40] 甓（pì）：砖。

【概要】

文准禅师（1061～1115年），宋代临济宗黄龙派僧。字湛堂，俗姓梁。兴元（今陕西汉中）人。少年出家，参谒真净克文禅师，随侍十年，并嗣其法。其后，应豫章太守李景直之请住法云岩。复移住隆兴府泐潭，以临众有方，学侣海会。政和五年十月二十二日示寂，世寿五十五。法嗣有云岩天游、三角智尧等。注意与儒家伦理学说的结合，强调禅僧自身的道德修养。著有《湛堂文准禅师语要》一卷，收录于《续古尊宿语要》卷一。

文准对稍后的宋代名僧大慧宗杲颇有启发之功。大慧宗杲曾追随前后凡六年，颇受影响。大慧尝云："宗杲虽参圆悟和尚打失鼻孔，元初与我安鼻孔者，却得湛堂（文准）和尚。"此外，在大慧宗杲之著述中亦曾有提及湛堂文准之行事、作略之若干事例。《大慧禅师禅宗杂毒海》卷上载：

"湛堂准和尚，兴元府人，真净之的嗣，分宁云岩虚席。郡牧命黄龙死心禅师举所知者，以补其处。死心曰：'准山主住得，某不识他，只见有赵州洗钵颂甚好。'郡牧曰：'可得闻乎？'死心举云："之乎者也，衲僧鼻孔，大头向下，禅人若也不会，问取东村王大姐。'郡牧奇之，具礼敦请，准亦不辞。平生律身以约，虽领徒弘法，不异在众时。晨兴后架只取小杓汤洗面，复用濯足。其他受用，率皆类此。才放晚参，方丈行者人力便如路人，扫地煎茶，皆躬为之，有古人风度，真后昆良范也。"

【参考文献】

《联灯会要》卷十五；《嘉泰普灯录》卷七；《释氏稽古略》卷四；《续传灯录》卷二十二。

庐山慧日文雅禅师

受请日，僧问："向上宗乘，乞师不吝。"师曰："拄杖正开封。"曰："小出大遇也。"师曰："放过即不可。"便打。

洞山梵言禅师

瑞州洞山梵言禅师，太平州人也。

上堂，有二僧齐出。一僧礼拜，一僧便问："得用便用时如何？"师曰："伊兰作旃檀之树。"曰："有意气时添意气，不风流处也风流。"师曰："甘露乃蒺藜[1]之园。"

上堂："吾心似秋月，碧潭清皎洁。无物堪比伦，教我如何说？寒山子劳而无功，更有个拾得，道不识这个意，修行徒苦辛。怎么说话，自救不了。寻常拈粪箕，把扫帚，掣风掣颠[2]，犹较些子。直饶是文殊普贤再出，若到洞山门下，一时分付与直岁，烧火底烧火，扫地底扫地，前廊后架切忌搋匙乱箸。丰干老人更不饶舌。参！退，吃茶。"

上堂：“一生二，二生三。遏捺不住，廓周沙界。德云直上妙峰，善财却入楼阁。新妇骑驴阿家牵[3]。山青水绿，桃华红，李华白。一尘一佛土，一叶一释迦。”乃合掌曰：“不审诸佛子，今晨改旦[4]，季春极暄，起居轻利，安乐行否？少间专到上寮问讯，不劳久立。”

上堂：“腊月二十日，一年将欲尽，万里未归人。大众！总是他乡之客，还有返本还源者么？”击拂子曰：“门前残雪日轮消，室内红尘遣谁扫？”

【注释】

[1] 蒺（jí）藜（lí）：即蒺藜。蒺藜为一种药草，蔓生，果实有锐刺五对。

[2] 掣风掣颠：疯疯颠颠，形容言语行动不合常态。实际上指禅师装疯卖傻。外表如疯子，但内心有智慧，疯疯癫癫就接引众生进入了解脱门。本书第四章“镇州普化和尚”条：“临济一日与河阳、木塔长老同在僧堂内坐，正说师每日在街市掣风掣颠，知他是凡是圣。”

[3] 新妇骑驴阿家牵：禅宗公案，北宋首山省念之机语，亦作“首山新妇”。参见本书第十一章“首山省念禅师”条注释。

[4] 改旦：中国农历每月初一。本书第十八章“真如戒香”条：“孟冬改旦晓天寒，叶落归根露远山。”（孟冬改旦：农历十月初一）

德安府文殊宣能禅师

僧问：“如何是祖师灯？”师曰：“四生无不照，一点任君看。”

上堂：“石巩箭，秘魔叉，直下会得，眼里空华。堪悲堪笑少林客，暗携只履度流沙。”

桂州寿宁善资禅师

上堂：“若论此事，如鸦啄铁牛，无下口处，无用心处。更向言中问觅，句下寻思，纵饶卜度将来，翻成戏论边事。殊不知本来具足，直下分明，佛及众生，纤毫不立。寻常向诸人道：凡夫具足圣人法，凡夫不知；圣人具足凡夫法，圣人不会。圣人若会，即同凡夫；凡夫若知，即是圣人。然则凡圣一致，名相互陈。不识本源，迷其真觉。所以，逐境生心，徇情附物。苟能一念情忘，自然真常体露。”良久曰：“便请荐取！"

上堂："诸方五日一参，寿宁日日升座。莫怪重说偈言，过在西来达磨。上士处处逢渠，后学时时蹉过。且道蹉过一著，落在甚么处？"举起拂子曰："一片月生海，几家人上楼！"

南岳祝融上封慧和禅师

上堂："未升此座已前，尽大地人成佛已毕，天有何法可说，更有何生可利？况菩提烦恼，本自寂然。生死涅槃，犹如昨梦。门庭施设，诳諕[1]小儿。方便门开，罗纹结角。于衲僧面前，皆成幻惑。且道衲僧有甚么长处？"拈起挂杖曰："孤根自有擎天势，不比寻常曲录[2]枝。"卓挂杖，下座。

【注释】

[1] 诳諕（xià）：欺骗，恐吓。諕，古同"諕"，惊吓。其他版本作"诳諕"，含义相同。

[2] 曲录：亦作"曲录"。指弯曲貌、屈曲貌。后蜀欧阳炯《贯休应梦罗汉画歌》："曲录腰身长欲动，看经子弟拟闻声。"

瑞州五峰净觉本禅师

僧问："同声相应时如何？"师曰："鹁鸠[1]树上啼。"曰："同气相求时如何？"师曰："猛虎岩前啸。"

问："一进一退时如何？"师曰："脚在肚下。"曰："如何是不动尊？"师曰："行住坐卧。"

上堂，僧问："宝座既升，愿闻举唱。"师曰："雪里梅花火里开。"曰："莫便是为人处也无？"师曰："井底红尘已涨天。"

上堂："恁么也不得，不恁么也不得，恁么不恁么总不得。诸人作么生会？直下会得，不妨奇特。更或针锥，西天此土。"

上堂："五峰家风，南北西东。要用便用，以楔钉空。咄！"

【注释】

[1] 鹁（bó）鸠（jiū）：鸟名。天将雨时其鸣甚急，俗称水鹁鸠。

永州太平安禅师

上堂："有利无利，莫离行市。镇州萝卜极贵，庐陵米价甚贱。争似太平这里，时丰道泰，商贾骈阗？白米四文一升，萝卜一文一束。不用北头买贱，西头卖贵。自然物及四生，自然利资王化。又怎生说个佛法道理？"良久云："劝君不用镌顽石，路上行人口似碑。"

潭州报慈进英禅师

僧问："远涉长途即不问，到家一句事如何？"师曰："雪满长空。"曰："此犹是时人知有，转身一路又作么生？"师便喝。

上堂："报慈有一公案，诸方未曾结断。幸遇改旦拈出，各请高著眼看。"遂趯[1]下一只鞋，曰："还知这个消息也无？达磨西归时，提携在身畔。"

上堂："与么上来，猛虎出林。与么下去，惊蛇入草。不上不下，日轮杲杲[2]。"喝一喝，曰："潇湘江水碧溶溶，出门便是长安道。"

上堂，掷下拄杖，却召大众曰："拄杖吞却祖师了也，教甚么人说禅？还有人救得也无？"喝一喝。

上堂，蓦拈拄杖曰："三世一切佛，同入这窠[3]窟，衲僧唤作辽天鹘。"卓拄杖一下。

【注释】

［1］趯（tì）：踢。

［2］杲（gǎo）杲：明亮貌。《诗·卫风·伯兮》："其雨其雨，杲杲出日。"

［3］窠（kē）：昆虫、鸟兽的巢穴。如鸟窠，指鸟窝。①窠臼，指文章所依据的老套子，陈旧的格调。②禅林有草窠，喻言句纠缠，情识妄解。③葛藤窠，指纠缠言语知解的机锋施设。④窠道，窠巢与道路，喻指形式、规矩等束缚。⑤圣凡窠臼，指区分圣人与凡人的世俗之见，禅家认为这是区别妄心的表现。⑥圣贤窠窟，指区分圣贤与凡夫的世俗之见。

瑞州洞山至乾禅师

上堂："洞山不会谈禅，不会说道，只是饥来吃饭，困来打睡。你诸人必然别有长处，试出来尽力道一句看。有么，有么？"良久曰："睦州道底。"

宝华普鉴禅师

平江府宝华普鉴佛慈禅师，本郡周氏子。幼不茹荤，依景德寺清智下发。十七游方，初谒觉印英禅师，不契，遂扣真净之室。净举石霜虔侍者话问之，释然契悟，作偈曰："枯木无华几度秋，断云犹挂树梢头。自从斗折泥牛角，直至如今水逆流。"净肯之，命侍巾钵。晚徇众[1]开法宝华，次移高峰。

上堂："参禅别无奇特，只要当人命根断，疑情脱，千眼顿开，如大洋海底辊一轮赫日，上升天门照破四天之下，万别千差，一时明了。便能握金刚王宝剑，七纵八横，受用自在，岂不快哉！其或见谛不真，影像仿佛，寻言逐句，受人指呼，驴年得快活去。不如屏净尘缘，竖起脊梁骨，著些精彩。究教七穿八穴，百了千当。向水边林下长养圣胎，亦不枉受人天供养。然虽如是，卧云门下，有个铁门限，更须猛著气力，跳过始得。拟议之间，堕坑落堑[2]。"以拂子击禅床，下座。

上堂："月圆，伏惟三世诸佛、狸奴白牯，各各起居万福！时中淡薄，无可相延，切希宽抱。老水牯牛近日亦自多病多恼，不甘水草。遇著暖日和风，当下和身便倒。教渠拽杷牵犁，直是摇头摆脑。可怜万顷良田，一时变为荒草。"

【注释】

[1] 徇众：顺从大家的要求。

[2] 堕坑落堑：跌落进坑里沟里。多喻陷入言辞知解，不契禅法。本书第十九章"龙门清远"条："圆明了知，不由心念。抵死要道，堕坑落堑。"

九峰希广禅师

瑞州九峰希广禅师，游方日谒云盖智和尚，乃问："兴化打克宾[1]，意旨如何？"智下禅床，展两手吐舌示之。师打一坐具，智曰："此是风力所转。"又问石霜琳禅师，琳曰："你意作么生？"师亦打一坐具，琳曰："好一坐具，只是不知落处。"又问真净，净曰："你意作么生？"师复打一坐具，净曰："他打你也打。"师于言下大悟。净因有颂曰："丈夫当断不自断，兴化为人彻底汉。已后从教眼自开，棒了罚钱趁出院。"后住九峰，衲子宗仰。

【注释】

[1] 兴化打克宾：公案。参见本书第十一章"兴化存奖禅师"注释。此则公案中，兴化对克宾是否具备教化资格之数次问答申辩中，克宾未能契悟，兴化乃击槌宣示克宾之失败，克宾因此离开兴化院（兴化寺）。禅林乃以此一事缘，拈出"克宾出院"一语，以为后代禅徒参悟之古则。又克宾悟道之后，住持大行山，后又归返兴化寺，嗣兴化存奖之法。

瑞州黄檗道全禅师

上堂，以拂子击禅床曰："一槌打透无尽藏，一切珍宝吾皆有。拈来普济贫乏人，免使波咤路边走[1]。"遂喝曰："谁是贫乏者？"

【注释】

[1] 拈来普济贫乏人，免使波咤路边走："波咤"是什么意思呢？冯国栋《〈五灯会元〉校点疏失类举》将"波咤"误作"波咤釐子"，"波咤利补怛罗"之简称，意译作"华氏城"，为中印度摩揭陀国之都。因此，认为旧校本"波咤"应作专有名词而下划线。通观前后意义以及佛典所载，此处"波咤"显然不是"波咤利补怛罗"，故不宜作专有名词看。只要联系文中所阐述的内容进行综合分析，就知道"波咤"与"华氏城"无关。"波咤："波波咤咤"之略，亦作"波波劫劫""劫劫波波"。波波者，奔波流浪也；劫劫者，汲汲不息也。《类书纂要》九曰："波咤，劳苦也。劳碌奔波也。"《丛林盛事》下曰："我波波咤咤出岭来。"《六祖坛经》曰："离道别觅道，终身不见道，波波度一生，到头还自懊。"因此，"波咤"在这里就是"劳碌奔波，没有停息"的意思。整个禅师所说的话，可以这样理解："我宗现成的公案已经很多了，怎么还要去别人家找归宿呢？见面就要当下承当，何必劳碌奔波，行脚四方，毫无休止地去寻找自己的归宿呢？"综合禅诗的意境分析，显然"波咤"与"华氏城"毫无联系。卷十七"瑞州黄檗道全禅师"说了一首相同意境的禅诗："一槌打透无尽藏，一切珍宝吾皆有。拈来普济贫乏人，免使波咤路边走。"此处项楚先生把"波咤"与地狱联系起来。诚然，"波咤"又是地狱之名，但此处的整体意思是，把那些珍宝拿来普济贫苦的人，以免使他们劳

碌奔波在流浪的路上。

清凉慧洪禅师

瑞州清凉慧洪觉范禅师，郡之彭氏子。年十四，父母俱亡，乃依三峰靓[1]禅师为童子。日记数千言，览群书殆尽，靓器之。十九，试经于东京天王寺，得度。从宣秘讲《成实》《唯识论》。逾四年，弃谒真净于归宗。净迁石门，师随至。净患其深闻之弊，每举玄沙未彻之语，发其疑。凡有所对，净曰："你又说道理邪？"一日顿脱所疑，述偈曰："灵云一见不再见，红白枝枝不著华。叵耐钓鱼船上客，却来平地搊鱼虾。"净见为助喜，命掌记。未久，去谒诸老，皆蒙赏音。由是名振丛林。显谟朱公彦请开法抚州北景德，后住清凉。

示众，举："《首楞严》如来语阿难曰：'汝应嗅此炉中旃檀，此香若复然于一铢，室罗筏城四十里内同时闻气。于意云何？此香为复生旃檀木？生于汝鼻？为生于空？阿难，若复此香生于汝鼻，称鼻所生，当从鼻出。鼻非旃檀，云何鼻中有旃檀气？称汝闻香，当于鼻入，鼻中出香，说闻非义。若生于空，空性常恒，香应常在，何藉炉中爇此枯木？若生于木，则此香质，因爇成烟。若鼻得闻，合蒙烟气。其烟腾空，未及遥远，四十里内，云何已闻？是故，当知香鼻与闻，俱无处所。即嗅与香，二处虚妄。本非因缘，非自然性。"师曰："入此鼻观，亲证无生。"

又《大智度论》，问曰："闻者云何闻？用耳根闻邪？用耳识闻邪？用意识闻邪？若耳根闻，耳根无觉识知故，不能闻。若耳识闻，耳识一念故，不能分别，不应闻[2]。若意识闻，意识亦不能闻。何以故？先五识识五尘，然后意识识意识，不能识现在五尘，唯识过去未来五尘。若意识能识现在五尘者，盲聋人亦应识声也。何以故？意识不破故。"师曰："究此闻尘，则合本妙。既证无生，又合本妙。毕竟是何境界？"良久曰："白猿已叫千岩晚，碧缕初横万字炉。"

住景德日，僧问："南有景德，北有景德。德即不问，如何是景？"师曰："颈在项上。"

崇宁二年，会无尽居士张公[3]于峡之善溪。张尝自谓得龙安悦禅师末后句，丛林畏与语。因夜话及之，曰："可惜云庵不知此事。"师问所以，张曰：“商英顷自金陵酒官移知豫章，过归宗见之，欲为点破。方叙悦末后句未卒，此老大怒，骂曰：‘此吐血秃丁，脱空妄语，不得信。’既见其盛怒，更不欲叙之。”师笑曰：“相公但识龙安口传末后句，而真药现前不能辨也。”张大惊，起执师手曰：“老师真有此意邪？”曰：“疑则别参。”乃取家藏云庵顶相，展拜赞之，书以授师。其词曰：“云庵纲宗，能用能照。天鼓希声，不落凡调。冷面严眸，神光独耀。孰传其真，觌面为肖。前悦后洪，如融如肇。”

大慧处众日，尝亲依之，每叹其妙悟辩慧。

建炎二年五月，示寂于同安。太尉郭公天民奏赐“宝觉圆明”之号。

【注释】

[1] 黱（qìng）：青黑色。

[2] 闻者云何闻？用耳根闻邪？用耳识闻邪？用意识闻邪？若耳根闻，耳根无觉识知故，不能闻。若耳识闻，耳识一念故，不能分别，不应闻：旧校本标点有误，不符合佛经句法。参见项楚《五灯会元点校献疑续补一百例》。

[3] 无尽居士张公：即张商英，参见本书第十八章“丞相张商英居士”注释。

【概要】

慧洪禅师，宋代禅僧，俗姓喻，字觉范，初名慧洪，号寂音尊者，瑞州（治今江西高安）人。十九岁于东京（今河南开封）天王寺试经得度，能通《唯识论》奥义，并博览子、史奇书，书一过目毕生不忘，落笔万言了无停思，以诗名轰动京师。后南返参谒真净克文，嗣其法，为临济宗黄龙派传人。崇宁（1102～1106 年）中，住持临川（今属江西）北禅院，迁金陵（今江苏南京）清凉寺。不久，为僧控以冒籍讪谤，诬陷入狱，丞相张商英、太尉郭天民等为之奏免，准更“德洪”之名，并赐紫衣。政和元年（1111 年），张商英、郭天民获遣外谪，有人诬指德洪与二人交通，诏夺袈裟，发配崖州（今海南三亚），三年后始得归。遂弃僧服入九峰洞山，以文章自娱。其后将赴湘西，途经南昌（今属江西），又为道士诬陷下狱，幸遇赦得免，遂入居南台明白庵。靖康元年（1126 年），蒙赐再度剃度，恢复“慧洪”旧名。高宗建炎二年（1128 年），寂于同安，寿五十八，赐“宝觉圆明”之号。著述甚富，有《林间录》二卷、《禅林僧宝传》三十卷、《高僧传》十二卷、《智证传》十卷、《志林》十卷、《冷斋夜话》十卷、《石门文字禅》三十卷、《法华合论》七卷、《楞严尊顶义》十卷、《金刚法源论》一卷。

【参考文献】

《佛祖历代通载》卷十九；《嘉泰普灯录》卷七。

衢州超化净禅师

上堂："声前认得，已涉廉纤。句下承当，犹为钝汉。电光石火，尚在迟疑。点著不来，横尸万里。"良久云："有甚用处？咄！"

石头怀志庵主

南岳石头怀志庵主，婺州吴氏子。年十四，师智慧院宝偶。二十二试所习，落发。肄讲十二年，宿学敬慕。尝欲会通诸宗，正一代时教。

有禅者问曰："杜顺乃贤首宗祖师也，谈法身则曰：'怀州牛吃禾，益州马腹胀。'此偈合归天台何义邪？"[1]师无对。

即出游方，晚至洞山，谒真净，问："古人一喝不作一喝用，意旨如何？"净叱之，师趋出，净笑呼曰："浙子斋后游山好！"师忽领悟。久之辞去，净曰："子所造虽逸格[2]，惜缘不胜耳。"因识其意。自尔诸方力命出世，师却之，庵居二十年，不与世接，士夫踵门，略不顾。

有偈曰："万机休罢付痴憨，踪迹时容野鹿参。不脱麻衣拳作枕，几生梦在绿萝庵。"

或问："住山多年，有何旨趣？"师曰："山中住，独掩柴门无别趣。三个柴头品字煨，不用援毫[3]文彩露。"

崇宁改元[4]冬，曳杖造龙安，人莫之留。明年六月晦，问侍僧曰："早暮？"曰："已夕矣。"遂笑曰："梦境相逢，我睡已觉。汝但莫负丛林，即是报佛恩德。"言讫，示寂于最乐堂。荼毗，收骨，塔于乳峰之下。

【注释】

[1] 有禅者问曰："杜顺乃贤首宗祖师也，谈法身则曰：'怀州牛吃禾，益州马腹胀。'此偈合归天台何义邪？"：这段话是一人之语，旧校本标点有误，作两人之语。参见项楚《〈五灯会元〉点校献疑三百例》。

[2] 逸格：超逸的格调。本书指境界非凡的禅师，不为一般人所理解，故其与

众生缘分不胜，难以出世度人。

　　[3] 援毫：执笔。

　　[4] 改元：君主改用新年号纪年。年号以一为元，故称"改元"。

双溪印首座

　　婺州双溪印首座，自见真净，彻证宗猷[1]，归遯[2]双溪。

　　一日，偶书曰："折脚铛儿谩自煨，饭余长是坐堆堆。一从近日生涯拙，百鸟衔华去不来。"

　　又以触衣[3]碎甚，作偈曰："不挂寸丝方免寒，何须特地褁长竿？而今落落零零也，七佛之名甚处安？"

【注释】

　　[1] 宗猷：禅法。

　　[2] 归遯（dùn）：避世隐居。遯，同"遁"。

　　[3] 触衣：不净之衣。指直接接触肌肤或床之衣类，如裙子、内衣、袜子等。《禅苑清规》卷一"装包"条："后包内安被单、绵衣、衬汗，应系触衣之类。"